Andreas Schmidt

Mehr Vater fürs Kind –
auch nach Trennung oder Scheidung

Andreas Schmidt

Mehr Vater fürs Kind

– auch nach Trennung oder Scheidung

Wege aus der vaterlosen Gesellschaft

© 1998 Beltz Verlag, Weinheim und Basel
Herstellung: Jutta Benedum
Umschlaggestaltung: Federico Luci, Mailand
Umschlagphoto: Bavaria München
Satz: Satz- und Reprotechnik GmbH, Hemsbach
Druck und Bindung: Druckhaus Beltz, Hemsbach
Printed in Germany
ISBN 3-407 – 85753-5

INHALT

Einleitung

»Es ist eines der fundamentalsten Grundrechte der
Menschen, Kontakt zu ihren Eltern bzw. der Eltern zu
ihren Kindern zu haben.«
(Willi Butollo, Psychotherapeut)

Wie kann Mann nach Trennung oder Scheidung Vater bleiben? In diesem Buch geht es um eine Entfremdung zwischen Vätern und Kindern nach Trennung oder Scheidung, die beide nicht wollen. Es geht um Väter, die zu »Besuchsvätern« werden, zu »Schattenvätern«, die plötzlich nur noch »Umgang« – welch ein Wort! – mit ihren Kindern haben. Um Väter, die für ihre Kinder sorgen, die ihnen nicht den Rücken kehren wollen –, auch jetzt, wo sie nicht mehr gemeinsam mit ihnen unter einem Dach leben.

Aber sie dürfen es nicht. Ihr »Umgangsrecht« reicht meist nicht aus, um eine lebendige und liebevolle Verbindung aufrechtzuerhalten oder wiederaufzubauen.

So wird nicht nur dem Vater, sondern auch den Kindern ein wichtiges Stück Leben gestohlen. Wie soll zum Beispiel eine (gute) Vater-Kind-Beziehung aussehen, wenn beide sich nur einmal im Monat für vier Stunden sehen dürfen? Wie kann ein Vater seinem Kind noch Vater sein, wenn seine Ex-Partnerin sein »Umgangsrecht« ignoriert, sabotiert oder ihm die Kinder vorsätzlich entfremdet, indem sie ihn systematisch fernhält? Wie kann er seinem Kind Vater sein, wenn die meisten Gerichte, Jugendämter und Gutachter dem Umgangsboykott der sorgeberechtigten Mütter tatenlos zusehen?

Es gibt rund 1,5 Millionen Trennungsväter in Deutschland. Jedes Jahr kommen 100 000 hinzu. 1997 hat *Der Spiegel* ihnen erstmals ein Titelgeschichte gewidmet: »Die vaterlose Gesellschaft – Geschlechterkampf um Kind und Geld« (Nr.

47/1997). »Sicher, es sind verantwortungslose Männer darunter, die sich nicht kümmern wollen«, schreibt *Der Spiegel.* »Doch daneben wächst, unbemerkt, ein Heer von verzweifelten Vätern, die als abgeliebter und ausgemusterter Beziehungs-Restmüll allenfalls alimentieren dürfen und ansonsten aus dem Leben ihrer Kinder gelöscht werden wie Unpersonen. Entsorgt von den Müttern, die die Kinderliebe, laut einer Umfrage des ›Deutschen Jugendinstituts‹, als Einmischung in die Erziehung mehrheitlich ablehnen.«

So wortgewaltig der *Spiegel*-Autor Matthias Matussek die Lage vieler Väter beschrieb, so wortkarg bleibt er, *wie* Väter die Beziehung zu ihren Kindern aufbauen und erhalten können. Genau darum geht es in diesem Buch, um die *Wege aus der vaterlosen Gesellschaft.* Natürlich soll Mann um sein Kind kämpfen, wenn die Ex-Partnerin, wenn Gesetze oder berufliche Trennungsbegleiter gegen *(Mehr) Vater fürs Kind* sind. Noch hat aber kein Vater eine gute Beziehung zu seinem Kind erhalten, indem er die Mutter »besiegt« hat.

Für Väter ohne Trauschein hieß es bislang nach Trennung von ihrer Partnerin besonders häufig: »Null-Umgang«. Denn im Vergleich zu verheirateten Vätern sicherte ihnen unser Bürgerliches Gesetzbuch nicht einmal ein »Umgangsrecht« zu.

Das hat sich dank der Reform des Kindschaftsrechts seit dem 1. Juli 1998 zum Glück geändert: Endlich haben Kinder ein Recht auf »Umgang« mit ihren Eltern, und die Eltern haben die Pflicht dazu – egal, ob sie verheiratet waren oder nicht. Endlich können Paare ohne Trauschein gemeinsam für ihre Kinder sorgen. Und endlich verbleibt allen Eltern das gemeinsame Sorgerecht, es sei denn, einer beantragt das alleinige. Dennoch werden viele Paare, die sich trennen, weiterhin um Kinder und Geld kämpfen.

Denn das neue Recht hat einen großen Fehler: *Es ist verfassungswidrig!* Es benachteiligt Väter ohne Trauschein und deren

Kinder. Wenn die Mutter nein sagt zum Sorgerecht, dann bleibt es allein bei ihr. Unser Grundgesetz aber sagt:»Männer und Frauen sind gleichberechtigt. Niemand darf wegen seines Geschlechts (...) bevorzugt werden« (Art. 3). Es sagt auch »Den unehelichen* Kindern sind durch die Gesetzgebung die gleichen Bedingungen für ihre leibliche und seelische Entwicklung und ihre Stellung in der Gesellschaft zu schaffen wie den ehelichen Kindern« (Art. 6).

Daß nun die Mutter ohne Trauschein entscheiden darf, ob dem Kind ein Vater zusteht oder nicht,»ist juristisch ein Unding«, schreibt der taz-Autor Christian Gampert trefflich (taz-Magazin, 23./24. Mai 1998). Denn in Artikel 6 heißt es auch: »Pflege und Erziehung sind das natürliche Recht der Eltern« – nicht der Mutter.

Wenn der Gesetzgeber der Mutter ohne Trauschein grundsätzlich alleine die Sorge gibt, dann nimmt er die Trennung der Eltern als Normalfall an. Tatsächlich leben Eltern ohne Trauschein in der Regel als Paar zusammen. Und wenn nicht, dann wollen die meisten Väter Verantwortung für ihre Kinder übernehmen. Trotzdem entsorgt das neue Recht viele Männer, bringt Kinder um ihren Vater und Väter um ihre Kinder.

Gampert:»Das Sorgerecht ist immer noch ein Instrument im Geschlechterkampf. Es ist eines der wenigen gesellschaftlichen Felder, wo Frauen tatsächlich einmal im Vorteil sind. Sie haben das Recht. Sie können dem Mann davon abgeben – wenn sie denn wollen. Auf Privilegien verzichten, das war noch nie einfach. Deshalb wird von vielen Frauenbewegten der Vorstoß gegen das Gleichheitsgebot fanatisch verteidigt –

---

* *Hat ein Kind die Eigenschaft,»ehelich« zu sein?* Nein. Alle Menschen kommen nichtehelich zur Welt: Ver-ehelichen tun sie sich ja erst – wenn überhaupt – als Erwachsene. Vielmehr als ehelich sind wir zunächst einmal alle nichtehelich. Auch »nichteheliche Mütter« und »nichteheliche Väter« sind nicht »nichteheliche Eltern«, sondern Unwörter: Denn solche Eltern kamen meist zur Welt, als ihre Eltern verheiratet waren – unseren Sprachgewohnheiten zufolge müßten sie also als »ehelich« klassifiziert werden ...

13

so schnell gehen bei mancher die Prinzipien der Aufklärung über Bord, wenn es nur zum eigenen Nutzen ist. Ein Zahlvater ist unter Umständen angenehmer als einer, der sich um das Kind kümmert – mit dem frau aber sprechen muß.«

Es ist nur eine Frage der Zeit, wann die ersten Verfassungsbeschwerden und Richtervorlagen beim Bundesverfassungsgericht eintreffen. Und wenn die Karlsruher Richter sprechen, dann ist das neue Jahrtausend schon ein paar Jahre alt.

So können Kinder und Väter vorerst nur hoffen, daß Richter und andere Trennungsbegleiter mehr Rücksicht nehmen auf ihre Bedürfnisse. Daß sie ohne Wenn und Aber nein sagen, wenn die Mutter nein sagt. Daß sie Eltern, die sich nicht mehr lieben, deutlich machen:»Euer Kind braucht Eure Liebe« Und daß sie nur dann einen Elternteil entsorgen, wenn das dem Kind hilft – und das ist der *Ausnahme*fall.

Zur Zeit gilt leider: So der Richter, so das Sorgerecht. Wie sonst ließe sich erklären, daß nach einer Erhebung des Justizministeriums in Rathenow 65,7 Prozent, in Groß-Gerau 47,9 Prozent, in Starnberg 35,2 Prozent der Geschiedenen das gemeinsame Sorgerecht ausüben – in Papenburg, Springe und Bad Gandersheim aber nur 0 (ja: null!) Prozent?

In Ortsgruppen der Verbände *Väteraufbruch für Kinder* sowie *DIALOG zum Wohle des Kindes* lernte ich Väter mit und ohne Trauschein kennen, die ihre Kinder lieben und unter dem Sichfremdwerden leiden. Väter, die ihre Kinder wenig bis gar nicht sehen dürfen. Enttäuschte, traurige und mutlose Väter. Und Väter, die sich auf keinen Fall mit ihrem schmalen Umgangsbudget abfinden werden, die ihre Kinder nicht aufgeben – niemals. Die solange prozessieren, diskutieren, demonstrieren, schreiben, schreien, weinen, mahnen, hungern und beten, bis kein Vater in Deutschland »zum Wohle des Kindes« entsorgt und entfernt wird.

Die Väter erzählten von ihren Kindern, die am meisten unter der mangelhaften Kooperation ihrer Eltern leiden. Kinder wollen ihre Väter nach Trennung oder Scheidung nicht verlieren – wie auch Väter ihre Kinder nicht verlieren wollen. Kinder brauchen eine gute, eine liebe- und würdevolle Beziehung zu beiden Eltern. Wenn Mütter und Väter ihren Kindern den Kontakt zum anderen Elternpart versagen, schaden sie ihnen in der Regel. Sie bürden ihnen traumatische Loyalitätskonflikte auf, die sie ein Leben lang begleiten werden.

Die Väter redeten auch über ihre Gefühle, über ihre Sehnsucht nach den Kindern. Sie berichteten von den Problemen, aber auch von den Möglichkeiten, die ihnen und ihren Kindern die neue »Besuchsvater-Rolle« eröffnete. Die meisten Väter hatten über Jahre mit ihren Kindern zusammengelebt. Nach der Trennung fanden die Begegnungen gewöhnlich nur noch im Stundenmaß statt. Manche Väter mußten ihre Kinder vor verschlossener Haustür abholen. Bei anderen gestalteten sich die seltenen Zusammenkünfte zu konspirativen Treffen: einmal im Jahr, unter Aufsicht der Mutter, im Eiscafé oder in der großen Pause, heimlich, am Rande des Schulhofs. Mitunter betrachtete ihre frühere Partnerin schon Postkarten und Weihnachtsgeschenke als »störendes Element«.

In den Diskussionen mit diesen Vätern, vor allem in den Gesprächen mit Dir, lieber Johannes, entstand die Idee zu diesem Buch. Es folgten Interviews mit Vätern, die nicht in einem Verein organisiert waren. In einer Großstadt wie Hamburg war es kein Problem, binnen eines Tages zwanzig Väter für ein Gespräch zu gewinnen. Aber Väter ohne Kinder leben nicht nur in den Metropolen. Auch in Kleinstädten und auf dem Land sprach ich mit ihnen. Es gibt junge und alte Väter ohne Kinder. Sie sind verheiratet oder auch nicht. Sie arbeiten in allen Berufen: als Bankkaufleute, Journalisten, Sachbearbeiter, Lehrer, Studenten, Akademiker, Arbeiter, Verkäufer, Pfarrer, Polizisten usw.

»Meine Ex-Frau möchte einen ›eindeutigen‹ Schlußstrich unter unsere Partnerschaft ziehen.« – »Sie befürchtet, ich würde ihre Beziehung zum neuen Partner stören und mit (ausgiebigen) Kontakten auch die Beziehung zwischen den Kindern und ihrem neuen sozialen Vater gefährden.« – »Die Kinder müssen zur Ruhe kommen.« So oder ähnlich antworteten die meisten Väter auf die Frage, warum sie ihre Kinder nur selten oder gar nicht mehr sehen dürften.

Der Wunsch nach Abgrenzung, nach Ruhe ist verständlich: Die Gefühle der ehemaligen Partner schwanken nach der Trennung; depressive und aggressive Verhaltensmuster wechseln oft schlagartig. Man fühlt sich betrogen und verraten. Man ist verletzt, möchte sich mitunter auch rächen für die Verletzungen, für die nicht eingehaltenen Versprechen. In dieser labilen Phase treffen Mütter und Väter auf Trennungs- und Scheidungsbegleiter: auf Anwälte, Jugendamtsmitarbeiter, psychologische Sachverständige und Richter, die meist keinerlei Versuche unternehmen, die Situation zu entschärfen. Meistens bewirken ihre »Interventionen« sogar genau das Gegenteil.

Wie professionelle Trennungsbegleiter mithelfen, daß Kinder ihren Vater unnötigerweise verlieren, werde ich ausführlich darstellen; auch die Arbeitsgrundlage dieser Berufsgruppen – den Rechtsrahmen, der Eltern nach Trennung oder Scheidung erwartet. Trennungs- und Scheidungsväter sollten sich mit einigen Paragraphen und mit der Arbeitsweise ihrer Anwender gut auskennen. Ich habe deshalb Gerichtsbeschlüsse und Hinweise zusammengetragen, die Vätern helfen, die Beziehung zu ihren Kindern so lebendig wie möglich zu erhalten.

Vor jeder gerichtlichen Auseinandersetzung um das »Sorge- oder Besuchsrecht« sollten Eltern keinen Versuch auslassen, ihre Streitigkeiten selbständig und selbstverantwortlich beizulegen! Information, Beratung und Vermittlung können einen wichtigen Beitrag für bessere, längerfristige und frühzeitigere Lösungen leisten. Der Gang zum Gericht sollte *immer*, auch in scheinbar »aussichtslosen Fällen«, am Ende der Bemühungen stehen. Denn Briefe von Anwälten und Richtern führen meistens zu mehr Streit, nicht zu mehr Kooperation zwischen den Eltern.

Ich empfehle allen Vätern, die zur Zeit Probleme haben, die Beziehung zu ihren Kindern aufrechtzuerhalten, zuerst die Kapitel 10 (»Perspektiven für Teilzeitväter«) und 11 (»Weniger Streit durch mehr Hilfe und Beratung«) zu lesen. Hier finden sich Anregungen für einen möglichst positiven Alltag nach der Trennung – für Kinder, Mütter und Väter. Viele Trennungspaare brauchen die Hilfe sachverständiger und sensibler Trennungsbegleiter. Davon gibt es heute schon einige, vor allem in Trennungs- und Scheidungsberatungsstellen, mitunter auch in Jugendämtern und an Gerichten. Sie ermutigen getrennt lebende Eltern, wieder ins Gespräch zu kommen, damit ihre Kinder sowenig wie möglich belastet werden.

Auf diese Verständigung, auf diese Wiederherstellung der Dialogfähigkeit zwischen Mutter und Vater, kommt es vor allem an, damit das Ende der Partnerschaft nicht zum Aus für die Kind-Vater-Beziehung wird. Sie ist der Schlüssel zu *Mehr Vater fürs Kind*.

Mehr Vater fürs Kind heißt nicht: »Väter gegen alleinerziehende Mütter«! Das Buch wendet sich an Väter *und* Mütter, aber auch an professionelle Scheidungsbegleiter, Experten und Familienpolitiker.

Mehr Vater fürs Kind ist ein Plädoyer für lebendige, für liebe- und kontaktvolle Beziehungen zwischen Vätern und Kindern vor und nach Trennung oder Scheidung. *Mehr Vater fürs Kind* ist kein Lobgesang auf biologisches Vater-Sein. *Mehr Vater fürs Kind* heißt *nicht:* »Ein schlechter Vater ist besser als gar kein Vater«. Ebensowenig heißt es: » Väter ohne Kinder gegen soziale Väter mit Kindern«. Immer mehr Kinder wachsen mit den neuen Partnern ihrer Mütter auf. Mit diesen sozialen Vätern entwickeln viele Kinder liebevolle Beziehungen. Das ist jedoch noch lange *kein* Grund, Väter, die ihre Kinder begleiten, die Väter bleiben oder werden wollen, wie einen Blinddarm zu entfernen – frei nach dem Motto: »Der eine ist jetzt nicht mehr wichtig für dich, mein Kind. Du hast jetzt ja einen anderen.« Väter, die für ihre Kinder dasein wollen, stehen zu ihnen – auch nach erneuter Trennung ihrer Ex-Partnerin.

Für Kinder ist die ungefährdete Beziehung zu Mutter und Vater in der für sie unverständlichen und verunsichernden Trennungssituation besonders wichtig. Sie wollen sich der Liebe und Zuwendung beider sicher sein und beide lieben dürfen. Gerade jetzt wollen sie nicht auch noch einen der für sie wichtigsten Menschen verlieren. Schon gar nicht wollen sie sich für einen und gegen den anderen entscheiden.

Kinder können mit Vater und sozialem Vater leben. Sehr gut sogar, vorausgesetzt, andere hindern sie nicht daran. Wenn ihre leiblichen und sozialen Eltern keine Tabus, keine undurchlässigen Grenzen aufbauen, ist es für Kinder ganz normal, daß ein anderer Mann mit ihnen zusammenlebt und ihr »richtiger« Vater woanders wohnt.

Viele Mütter und viele soziale Väter betrachten den Vater als Konkurrenten ihrer neuen Familie. Und Vater und sozialer Vater sind oft der Ansicht, nur eine, das heißt: ihre Monopolstellung sei für alle das beste. Kinder und Jugendliche – das zeigt auch das Gespräch mit Kira (S. 262ff.) – sehen das anders: Sie profitieren von ihren Vätern, die sie lieben, die sich für sie verantwortlich fühlen und die sie beständig und verläßlich begleiten. Kinder brauchen Väter als Freunde, als Helfer im Alltag und als lebensbejahende männliche Vorbilder. Zu wenig Kontakt zum Vater schadet ihrer Entwicklung und widerspricht den Bedürfnissen der Väter.

Auch für soziale Väter und Kinder darf das Ende einer Partnerschaft nicht zum Beziehungs-GAU werden. Genauso wichtig sind die Bindungen zwischen Kindern und ihren Großeltern.

Auch Kinder, die aufgrund frühzeitiger Trennung ihrer Eltern nie mit ihren leiblichen Vätern zusammengelebt haben, sollten diese kennenlernen. Und zwar nicht via Foto, sondern persönlich. Je früher, desto besser! Kinder wollen wissen, woher sie kommen. Beide Eltern sind ein Teil ihrer Identität. »Verleugnete Beziehungen verursachen – wie alle Verdrängung – hohe psychische Kosten«, stellt der Psychotherapeut Willi Butollo trefflich fest, »sie können die Entstehung von Identität, die Persönlichkeitsentwicklung beeinträchtigen, verhindern.«

Wenn Mütter und Väter das bedenken, ersparen sie ihren Kinder später die aufreibende, meist schmerzhafte Suche nach dem »großen Unbekannten«. Manche Kinder haben die Trennung ihrer Eltern nie miterlebt. Hier liegen sogar Chancen, behutsam eine Beziehung zum anderen Elternpart aufzubauen.

Ich habe in diesem Buch bewußt auf die Darstellung »spektakulärer Fälle« verzichtet, obgleich es auch hier zahlreiche Beispiele gibt: Väter, die aus ihrer Verzweiflung heraus ihre eigenen Kinder entführen; Morde und Selbstmorde infolge von Trennung und Scheidung – Experten gehen von mehr als tausend Fällen pro Jahr aus; Heimunterbringungen außerehelich geborener Kinder nach dem Tod ihrer Mutter – trotz gewachsener Vater-Kind-Beziehung und obwohl ihre Väter für sie sorgen wollen; die Bannmeile (500 Meter) zwischen einem nicht verheirateten Vater und seinem Kind; die Haftstrafe für einen Vater, der sein Kind trotz eines gerichtlich verordneten Kontaktverbots auf der Straße ansprach und mit ihm ein Eis essen ging; der Vater, der in seinem Zorn über die willkürlichen Kontaktsperren seiner ehemaligen Partnerin gegen deren Haustür schlug, sie beschädigte und vom Landgericht ein Ordnungsgeld von 500 000 DM angedroht bekam, sollte er die Mutter noch einmal »persönlich, telefonisch oder postalisch belästigen« ...

Bei ausführlicher Darstellung dieser Fälle hätte der Eindruck entstehen können, daß Väter ohne Kinder und Kinder ohne Väter eine exotische Minderheit darstellen. Das sind sie aber schon lange nicht mehr. In diesem Buch geht es um die *alltägliche* Entfremdung zwischen Vätern und Kindern nach Trennung oder Scheidung. Es geht um ein Sichauseinanderleben, für das sich beide nicht entschieden haben: weder die Väter noch die Kinder.

Zuerst werde ich den familienrechtlichen Rahmen und die Arbeitsweise des Systems professioneller Trennungsbegleiter, anschließend die »lebensweltliche« Ebene darstellen. Ein »Quereinstieg« in das Buch ist aber ohne Probleme möglich. Die einzelnen Kapitel sind so gestaltet, daß sie auch für sich gelesen werden können.

Mein Dank gilt allen Vätern, Müttern und Kindern, die mir von ihrer Geschichte, von ihren Verletzungen und Ängsten, von ihren Hoffnungen und Fortschritten berichtet haben. Ihre Namen habe ich selbstverständlich verändert. Wichtige Einblicke vermittelten mir auch die Gespräche mit Wissenschaftlern und Trennungsbegleitern, die kein Blatt vor den Mund nahmen und deutliche Kritik an der Praxis unserer herkömmlichen »Trennungs- und Scheidungsabwicklung« übten.

Und ich danke Euch, Daniela, Gosia, Holger, Inge, Johannes und Johannes, Karin, Marko, Norbert, Reinhold, Verena, Viktoria und Werner, für Eure Anregungen, für Eure Hilfe. Und für Eure Eingriffe, die mich zur rechten Zeit von Tastatur und Bildschirm entfernten.

1. Väter ohne Kinder

»Die Hälfte aller Eltern sind Väter.« So lautete vor einigen Jahren der Slogan einer Plakataktion. Wen wollte sie ansprechen? Die Väter, keine Frage. Freundlich wurden sie angemahnt: Verbringt mehr Zeit mit euren Kindern! Fühlt euch für sie gemeinsam mit eurer Partnerin verantwortlich und zuständig!

Mutter sorgt, Vater schafft heran: Nach diesem Modell organisiert sich noch immer die Mehrzahl der Lebensgemeinschaften mit Kindern. Betreuung, Versorgung und Erziehung der Kinder liegen fest in den Händen der Mütter. Zu wenige Väter – Tendenz steigend – kommen hier über eine Nebenrolle hinaus. Die meisten assistieren in der Freizeit und am Wochenende.

»Die Hälfte aller Eltern sind Väter.« Würde dieses Plakat heute noch einmal gedruckt, müßte die Zielgruppe erweitert werden: um viele Mütter. Und um viele Trennungsbegleiter, die von den gescheiterten Partnerschaften anderer leben: Anwälte, Jugendamtsmitarbeiter, psychologische Sachverständige und Richter. Sie machen viele Väter nach Trennung oder Scheidung zu Vätern ohne Kinder.

Plötzlich wendet sich Mutter-Sein gegen Vater-Sein, erschweren Mütter ihren früheren Partnern die Kontakte mit *ihrem* Kind. Die meisten beruflichen Trennungsbegleiter sehen dabei hilflos zu. Häufig bestärken sie Mütter, die auf die alleinige Zuständigkeit für die gemeinsamen Kinder pochen, sogar noch in ihrem Abgrenzungsverhalten, in ihrem Mißbrauch von Elternrechten. Der Psychologe Prof. Wolfgang Klenner schreibt: »Die Zahl widerspenstiger Sorgerechtsinhaber unter den Eltern, sowohl gegenüber außergerichtlichen als auch gegenüber gerichtlichen Bemühungen zur Respektierung der Umgangsbefugnis, hat derart zugenommen, daß darüber nicht mehr einfach zur Tagesordnung übergegangen werden kann.«[1]

So wird der Vater zum Zaungast, häufig sogar zur Nullnummer degradiert: zum Überweisungsträger, der gar keine Verantwortung mehr trägt für seine Kinder.

Überflüssige Väter?

Auf drei Eheschließungen kommt heute eine Scheidung. Etwa 175 000 Kinder sind jährlich vom Ende der Partnerschaft ihrer Eltern betroffen. Trennung der Eltern – das bedeutet für die meisten Kinder: Trennung vom Vater. Aus ihrem täglichen Miteinander werden Besuchszeiten – Begegnungen im Wochen- oder Monatstakt.

Etwa die Hälfte aller Trennungs- und Scheidungskinder verliert den Kontakt zu ihren Vätern *vollständig* – Väter mit Trauschein liegen unter, Väter ohne über dem Durchschnitt.

Nach einer Untersuchung der Familiensoziologinnen Rosemarie Nave-Herz und Dorothea Krüger hat (nach Angaben der Mütter) jeder zweite Vater ohne Trauschein und jeder dritte Vater mit Trauschein nach Trennung oder Scheidung keinen Kontakt mehr zu seinem Kind.[2]

Gemeinsame Verantwortung ist für die große Mehrheit der Eltern nach einer Trennung ein Fremdwort. Zu diesem Ergebnis kommen auch die Studien der Hamburger Soziologin Anneke Napp-Peters: 41 von 100 Kindern haben keinerlei Kontakt mehr zum getrennt lebenden Elternteil. Nur bei jedem vierten Kind ist die Beziehung zum Vater nach Trennung oder

1   Klenner, Wolfgang: Rituale der Umgangsvereitelung bei getrenntlebenden oder geschiedenen Eltern. Eine psychologische Studie zur elterlichen Verantwortung. In: FamRZ 1995, S. 1529.
2   Nave-Herz, Rosemarie/Krüger, Dorothea: Ein-Eltern-Familien. Eine empirische Studie zur Lebenssituation und Lebensplanung alleinerziehender Mütter und Väter. Bielefeld 1992, S. 113.

Scheidung »eng und herzlich«. Bei 54 von 100 Trennungseltern ist der Kontakt zum Ex-Partner vollständig abgebrochen, oft in weniger als zwölf Monaten.[3] Die meisten Wissenschaftler sind sich in der Analyse dieser Untersuchungen einig: Verlieren Kinder ihren Vater nach Trennung oder Scheidung, liege das stets an den flüchtenden Vätern – die wollten sich nämlich nicht mehr um ihre Töchter und Söhne kümmern und schränkten »von sich aus« den Kontakt ein, brächen ihn ganz ab oder ließen ihn gar nicht erst entstehen. In der Tat entziehen sich viele Väter ihrer Verantwortung und verlieren zunehmend Interesse an ihren Kindern. Auch dann, wenn ihre ehemalige Partnerin dem Kind-Vater-Kontakt nicht im Wege steht, ihn vielleicht sogar fordert und fördert. Immer wieder halten sie ihre Besuchszeiten nicht ein und tun so, als hätten sie kein Kind, das auf sie wartet.

Doch Väter machen sich nicht nur überflüssig. Väter werden auch überflüssig gemacht.

Väter, die ihre Kinder aufgeben, *weil* ihre früheren Partnerinnen den Kind-Vater-Kontakt auf Sparflamme halten, die resignieren, *weil* sie als nicht notwendiger Umgangspapa ausgegrenzt werden, sind bisher von der Zunft der Väter- und Trennungsforscher kaum beachtet worden. Dabei hat der Anteil dieser Väter, die ihre Kinder *nicht von sich aus* links liegenlassen, in den letzten Jahren deutlich zugenommen.

»Gerade richtig« finden zwei Drittel aller alleinerziehenden Mütter die Zeit, die der Vater mit dem gemeinsamen Kind verbringt, fanden Wissenschaftler vom Deutschen Jugendinstitut heraus. »Gerade richtig« – das bedeutet für viele Kinder und Väter: möglichst selten oder gar nicht. Denn 56 Prozent der

---

3 Napp-Peters, Anneke: Scheidungsfamilien. Interaktionsmuster und kindliche Entwicklung. Aus Tagebüchern und Interviews mit Vätern und Müttern nach Scheidung. Eigenverlag des Deutschen Vereins für öffentliche und private Fürsorge. Frankfurt a.M. 1988, S. 35 ff. u. dies.: Familien nach der Scheidung. München 1995.

alleinerziehenden Mütter versuchen, den nicht-sorgeberechtigten Vater »soweit wie möglich aus der Erziehung der Kinder herauszuhalten«, so ein Ergebnis ihrer Umfrage. »Ein Drittel bis die Hälfte aller allein sorgeberechtigten Mütter sind negativ gegenüber dem väterlichen Umgangsrecht eingestellt«, bestätigt Waltraut Walbiner vom Münchener Staatsinstitut für Frühpädagogik und Familienforschung.

Und was sagen die Väter? Die Freiburger Psychologin Ursula Kodjoe berichtet in ihrer Studie »Die psychosoziale Situation nichtsorgeberechtigter Väter«: »96 Prozent der betroffenen Väter wollen nach der Scheidung ihre Kinder häufiger sehen und mehr ungehinderten Kontakt zu ihnen haben. Nach ihrer Ansicht werden sie daran von den Gerichten und den Müttern gehindert.«

Auch Mütter leisten also in Sachen Mager- bis Nulldiät für Väter und Kinder einen bedeutenden Beitrag. Auch sie drosseln deren Beziehungsmotor. Mitunter bringen sie ihn auch ganz zum Stillstand: Viele Mütter betrachten ihre Ex-Partner nach der Trennung als Unruhefaktoren auf ihrem Hoheitsgebiet und verhalten sich so, als gäbe es den Vater nicht mehr. Manche befürchten, Kind-Vater-Kontakte würden den Aufbau ihrer neuen Familie stören – der Vater würde das »neue Gleichgewicht« ins Wanken bringen.

Ein Verhaltensmuster mit Folgen: Bei Jugendämtern, Beratungsstellen und Gerichten häufen sich die Klagen von Vätern, denen der Kontakt mit ihren Kindern minimiert oder verwehrt wird.

Väter mit Kindern

Väter bewegen sich heute auf einem Terrain, das für vorangegangene Vätergenerationen mehr oder minder unbekannt war: Väter mit Kindern sind nicht nur Werbeträger für Waschmaschinen, Stilles Wasser und Lebensversicherungen. Auch im Alltag sind sie nicht zu übersehen. Auf der Straße bleiben sie stehen und putzen ihren Kindern die Nase. Am Wochenende gehen sie mit ihnen einkaufen. Man sieht Kinder und Väter auf Sport- und Spielplätzen, beim Radfahren im Stadtpark und in den Mutter-Kind-Abteilen der Bahn. Auch in der Kleinkindbetreuung stehen immer mehr Väter ihren Mann. Väter wissen nicht nur, was in den Windeln drin ist, sie wechseln sie auch.

Väter lassen sich immer selbstverständlicher auf ihre Kinder ein. Noch in den fünfziger Jahren sorgten Väter, die mit dem Kinderwagen durch die Stadt schoben, für einen hohen Unterhaltungswert. Heute nehmen die meisten an Säuglingspflege- und Schwangerschaftsgymnastik-Kursen teil. Neunzig von hundert Vätern sind bei der Geburt des Kindes dabei.

179 Minuten verbringen Väter (nach Angaben ihrer Partnerinnen) an einem durchschnittlichen Wochentag mit ihren Kindern unter dreizehn Jahren; Mütter kommen auf 416 Minuten, stellt die *Brigitte*-Untersuchung »Kinderbetreuung in Deutschland« fest.[4] Keine Frage: *Die Lasten der Kinder- und Familienarbeit sind unverändert ungleich verteilt!* Mütter übernehmen den Großteil der Versorgung, Väter konzentrieren sich auf Spiel- und Freizeitaktivitäten. Wenn das Kind zwei bis drei Jahre alt ist, erreicht ihr Pflege- und Betreuungsanteil, ihre Mithilfe im Haushalt das Maximum und sinkt danach stetig.

Solange Väter voll berufstätig sind, wird sich an der herkömmlichen Aufgabenverteilung zwischen Partnern mit Kindern nicht viel ändern. So lange werden die »neuen Väter« Randerscheinungen bleiben. Die Anzahl der Hausmänner beläuft sich auf wenige zehntausend. Nur jeder sechzigste Vater ist Erziehungsgeldempfänger, wobei 70 Prozent vor Inanspruchnahme nicht erwerbstätig waren. Und gerade einmal 3,4 Prozent der erwerbstätigen Männer arbeiten teilzeit – er-

---

4 Brigitte-Untersuchung '92: »Kinderbetreuung in Deutschland«. Hamburg 1992. Teile der Studie sind veröffentlicht in: Brigitte 9/92.

werbstätige Frauen hingegen zehnmal so häufig. Drei Viertel der sozialversicherungsfreien Arbeitsverhältnisse gehen Frauen ein. Zum Vergleich: Teilzeit arbeitet in Holland jeder fünfte Mann, in Dänemark jeder achte, in Schweden jeder zehnte und in Finnland und Großbritannien jeder elfte.

In Schweden sind die Väter schon weiter: Fast jeder vierte Vater nahm dort Mitte der achtziger Jahre »Elternurlaub«, und zwar für durchschnittlich 47 Tage während des ersten Lebensjahres seines Kindes. Jeder dritte Tag, an dem sich schwedische Eltern bei Krankheit ihrer Kinder beurlauben ließen, wurde von Vätern genommen. Und jeder fünfte Vater mit Kindern unter sieben Jahren ging einer Teilzeitarbeit nach. Sechs Jahre lang haben schwedische Väter das Recht, ihre Erwerbsarbeit (ohne Lohnausgleich) um ein Viertel zu reduzieren.[5]

In Deutschland lohnarbeiten immer mehr Mütter: Etwa die Hälfte der Mütter mit Kindern unter dreizehn Jahren ist berufstätig. Kindergärten, Kindertagesstätten und Kinderkrippen, Tagesmütter, Freundinnen sowie Oma und Opa übernehmen einen immer größeren Part an der Kinderbetreuung. Wenn beide Eltern lohnarbeiten, kümmern sich die Väter mehr um ihren Nachwuchs. Der amerikanische Väterforscher Michael Lamb hat in Familien mit zwei erwerbstätigen Eltern folgendes festgestellt: Vaters Anteil an »direkter Interaktion« – der Vater liest seinem Kind etwas vor – mit den Kindern steige (bezogen auf die Aktivitäten seiner Partnerin) von 20 bis 25 Prozent auf 33 Prozent. In puncto »Verfügbarkeit« – der Vater liest Zeitung, das Kind spielt – verbesserten sich Väter von einem Drittel auf zwei Drittel. Unverändert, so Lamb, bleibe der Anteil an »Verantwortung« – der Vater weiß, wann sein Kind zum Arzt muß etc.: Er liege gewöhnlich bei null.[6]

5   Brzoska, Georg et. al.: Aktive Vaterschaft und Elternurlaub. Gutachten für die Senatsverwaltung für Frauen, Jugend und Familie. Berlin 1990, S. 43 ff.
6   Lamb, Michael E.: The father's role – cross-cultural perspectives. Hillsdale (New Jersey) 1987.

Aktiv werden die meisten Väter vor allem nach Feierabend und am Wochenende. Ein Verhalten, das übrigens von den meisten Müttern gebilligt wird: »Die Zeit, die mein Partner mit den Kindern verbringt, finde ich gerade richtig«, sagten 71 Prozent der Mütter in der Umfrage des Deutschen Jugendinstituts. Und zwei Drittel der Mütter in der *Brigitte*-Untersuchung gaben an: »Mein Partner kümmert sich insgesamt genug um die Kinder.«

Verbindliche Vaterschaft erst nach Trennung oder Scheidung?

»Der Vater will in der Familie nicht den Platz einnehmen, den man ihm einräumt, aber er will sich auch nicht aus ihr entfernen. Er kommt nicht, und er geht nicht. Diese hartnäckige und eigentümliche Verweigerung einer richtigen Vaterschaft ist der wahre Kern der vielbeschworenen Krise der modernen Gesellschaft.«[7]

Das behaupten zwei Wiener Väterforscherinnen, die eine Politologin, die andere Kunstsoziologin. Väter, die für ihre Kinder wichtig sind, Väter, die sich um ihre Kinder kümmern wollen, gibt es für Cheryl Benard und Edit Schlaffer nicht. Das pseudowissenschaftliche Pamphlet »Sagt uns, wo die Väter sind« verstehen die beiden Leiterinnen der Wiener »Ludwig-Boltzmann-Forschungsstelle für Politik und zwischenmenschliche Beziehungen« als eine Dokumentation »männlicher Abwesenheit in fast unzähligen Varianten«, als ein Porträt »überflüssiger Väter«.

Zeit und Interesse für ihre Kinder entwickelten Väter erst *nach* der Trennung von ihrer Partnerin, meinen die Verfasserinnen:

---

7 Benard, Cheryl/Schlaffer, Edit: Sagt uns, wo die Väter sind. Von der Arbeitssucht und Fahnenflucht des zweiten Elternteils. Reinbek 1991, S. 211.

- »aber nur unter dem Gesichtspunkt der Kriegführung gegen die Mutter«,
- »weil sie ihr Bemühen um die Vaterrechte als Kampf gegen die Frau austragen«,
- »um so mehr, als sie sich als Rivalen der Mutter begreifen und deshalb alle Möglichkeiten nutzen wollen, um die Mutter ›auszustechen‹«.[8]

Eine Analyse, die einer genaueren Betrachtung eigentlich nicht wert wäre. Denn das Väter-Sample, das die beiden vorstellen, genügt nicht einmal den Ansprüchen eines soziologischen Proseminars. Die 18 deutschen Väter, die im Buch zu Wort kommen, gehören folgenden Berufsgruppen an: fünf Manager, leitende Angestellte und Werbefachleute; zwei Unternehmer; ein »Medienzar«; ein Journalist; ein Gynäkologe; ein Intendant; ein Facharbeiter; ein Professor; ein Universitätsassistent; ein Student und ein Anwalt; ferner lernt der Leser noch einen beruflich nicht identifizierbaren »linken Sozialdemokraten« und einen Yuppie mit BMW und »antiquitätenbeladener Wohnung« kennen. Ein wahrlich repräsentatives Väter-Grüppchen (eigener Milieusaft?), das da mit den Wienerinnen übers Vater-Sein geplaudert hat …

Vätern gehe es nach der Trennung *in erster Linie* um ihr »Recht als Erzeuger und Eigentümer des Kindes«, um »Besitzansprüche« und »Verfügungsrechte«, kurz: *um Macht,* so Benard und Schlaffer. Väter, die für ihre Kinder Verantwortung übernehmen wollen, dies aber nicht dürfen, seien ein zu vernachlässigendes Phänomen. Allenfalls ist von »militanten Vätergruppen« und »Männerbünden« mit dem Stigma der Ewiggestrigen die Rede, die vor allem eines zum Ziel hätten: ihren Frauen das Leben zur Hölle zu machen. Und Väter bekommen zu hören, daß »in Einzelfällen die mangelnde Einsicht von Frauen in das Bedürfnis ihrer Kinder nach (weiterbestehendem) Kontakt zum Vater bedauert werden mag«.[9]

8   Dies.: S. 219, S. 222, S. 236.

Es mag einige dieser »militanten Väter« nach Trennung oder Scheidung geben. Gewöhnlich geht es Vätern jedoch um etwas anderes: Sie wollen die Beziehung zu ihren Kindern nicht abreißen lassen, ihre Bindung durch regelmäßiges Miteinander aufrechterhalten. Es geht ihnen um Nähe, um Intimität, um Gegenwart mit ihren Kindern.

Viele Väter spüren sehr deutlich, daß es vor allem ihre Kinder sind, die unter den viel zu seltenen Treffen leiden. Daß Trennungs- und Scheidungskinder beständige und lebendige Beziehungen zu beiden Eltern brauchen, belegen mittlerweile Bibliotheken füllende Studien.

Die meisten Interessenvertreterinnen von Alleinerziehenden-Organisationen, namentlich einige Spitzenfunktionärinnen des »Verbandes alleinstehender Mütter und Väter« (VAMV), sind sich einig: Erst müsse der Vater seine Verantwortung in der Familie übernehmen, dann könne man über eine »Ausweitung von Väter-Rechten« sprechen. »Wir brauchen keine neuen Gesetze, weil die Mehrzahl der Väter nicht an ihren Kindern interessiert ist«, wird die VAMV-Frau Carola Schewe nicht müde zu wiederholen. Außerehelich geborene Kinder haben ihrer Meinung nach nur ein »theoretisches Recht« auf ihre Väter. Und diese Väter sollten »nicht immer auf die Tränendrüse drücken«, wenn sie ihre Kinder nicht sehen dürfen. Denn sobald die Kinder volljährig seien, könnten sie ja Kontakt zu ihnen aufnehmen ...[10]

Daß Verantwortungs- und Versorgungsdefizite der Väter

---

9 Stein-Hilbers, Marlene: Männer und Kinder. Reale, ideologische und rechtliche Umstrukturierungen von Geschlechter- und Elternbeziehungen. In: FuR 4/91, S. 203. Weiterhin beklagt sich die Frauenforscherin (ebd.): »Seit Frauen mit wachsender ökonomischer Selbständigkeit und neuem Selbstbewußtsein begonnen haben, nichteheliche Mutterschaft auch als Chance zu mehr Selbstbestimmung zu begreifen, wird ihnen diese Position immer mehr streitig gemacht.« – Wie schön!
10 In einem TV-Nachmittagsmagazin (November 1992) verkündete Mutter Schewe: »Meine Tochter L. hat keinen Vater, L. hat einen Erzeuger!« (L. saß dabei zwei Reihen hinter ihrer Mami.) Vgl. Schewe, Carola: Kinder? Ja, aber ohne Mann! In: Psychologie heute, November 1990, S. 76f.

nicht durch starres Festhalten an althergebrachten – patriarchalischen! – Paragraphenwerken, sondern auch durch die Reform des Familienrechts aufgebrochen werden, übersehen solche VAMVlerinnen. Eher vermitteln sie den Eindruck, vornehmlich für den Erhalt des Obhutsmonopols über ihre Kinder und nicht für mehr Väterengagement zu kämpfen. Ihre (zutreffende!) Kritik an väterlichen Versäumnissen wird oft zum Schlüsselargument, mit dem erziehungswillige und -fähige Trennungs- und Scheidungsväter, die sich mehr und verantwortlicher um ihre Kinder kümmern wollen, in die Schranken gewiesen oder vollständig ausgegrenzt werden.

Bei allem Klagen über desinteressierte Väter: Sind die interessierten überhaupt erwünscht? Oder sollen sie durch die steten Hinweise auf »die« flüchtigen Väter auf Distanz gehalten werden? Wieviel »väterliche Verantwortung« ist denn nötig, damit nicht mehr so viele Kind-Vater-Beziehungen auf Eis gelegt werden? Wie gewinnt man Männer für *Mehr Vater fürs Kind*, wenn die Vater-Kind-Beziehung nicht ausdrücklich gesichert ist? Warum sollen Väter auf Karriere und berufliche Fixierung verzichten, wenn der Staat und seine »Kindeswohlschützer« ihnen den rechtlichen Schutz einer stärker der Familie zugewandten Lebensperspektive vorenthalten?

Und was würden diese Lobbyistinnen wohl Kindern sagen, die kraft Urteil ihre Väter nicht mehr sehen dürfen? Vielleicht: Mein liebes Kind, es tut mir leid, aber die meisten Väter sind noch nicht soweit. Erst wenn wir zwischen Frauen und Männern eine paritätische Aufteilung der Haus- und Familienarbeit erreicht haben, darfst du deinen Papa wiedersehen?

Mit diesem Aufrechnen kommen wir nicht weiter.

»Das ist etwas, was einem wirklich die Luft abschnürt« – Väter ohne Kinder – was denkst du, wenn du das hörst?

»Das hat mit der Geschichte unserer westlichen Gesellschaft zu tun. Bei der Mehrheit der Väter ist die Bereitschaft unterentwickelt, für ihre Kinder zu sorgen. Es gibt jedoch viele Väter, da ist es genau umgekehrt: Die wollen, aber dürfen nicht für ihre Kinder sorgen. Unser Familienrecht schlägt die alle über einen Leisten.«

(Hans-Peter, 40, fordert für seine Ex-Partnerin und sich die gemeinsame elterliche Verantwortung)

»Menschen, die Empfindungen haben, die eine gemeinsame Geschichte mit ihren Kindern haben, werden daran gehindert, diese Beziehung zu leben.«

(Besuchsvater Dietmar, 37, hat drei Kinder)

»Wenn das so weitergeht, dann klingelt irgendwann ein 18jähriger an meiner Haustür. Ich sage: ›Betteln und Hausieren verboten!‹ Und er sagt: ›Ich bin dein Sohn!‹«

(Clemens, 29, durfte seinen Sohn in den letzten drei Jahren nicht sehen)

»Das ist eine Verlassenheit auf beiden Seiten, die wir selbst angerichtet haben. Die nicht Kinder, sondern ihre Eltern angerichtet haben. Das ist etwas, was einem wirklich die Luft abschnürt.«

(Pastor Holger, 37, traut andere Menschen: »Aber niemand traut mir als nichtehelichem Vater zu, auch nach der Trennung von meiner Freundin für meine Tochter zu sorgen!«)

»Ich will es manchmal am liebsten ganz laut herausschreien: Ich empfinde genausoviel für meine Töchter wie meine Ex-Freundin! Aber da bin ich anscheinend ein Rufer in der Wüste.«

(Jens will sich im Verein »Väteraufbruch für Kinder« dafür einsetzen, den Vater auch in seiner Emotionalität wahrzunehmen. »Dazu brauchen wir andere Gesetze *und* ein anderes Väter-Bewußtsein!«)

Mein Sohn,	Die Zeit vergeht
Es kommt auch Glück,	nicht nur für mich,
Wie wilder Mohn,	Mein Herz das steht,
Vom Wind ein Stück.	Denk ich an dich.

(Peer, 25, Vater ohne Trauschein ohne Kontakt zum Sohn)

»Ich muß mich als Vater rechtfertigen, daß ich mein Kind sehen will, obwohl das doch eine ganz natürliche Sache ist. Das ist nicht wiederbringbar, was uns da weggenommen wird.«
(Bodo, 42, Tischler, Null-Umgang)

»Ich habe meine Kinder im Regal auf Fotos, das ist alles. Ich kann mir auch alte Videoaufnahmen anschauen.«
(Michael, 35, hat seine Kinder im letzten Jahr nur einmal gesehen – während des Gottesdienstes, drei Bankreihen von Mutter, Tochter und Sohn entfernt)

»Vor allem nachts, wenn ich träume, oder in den ersten Minuten des Aufwachens, da gibt es verzweifelte Situationen über die Unsinnigkeit dieser Blockade. Die Trennung von meinen Kindern ist ja nichts Natürliches. Sie ist auf unnatürliche Weise, per Richterakklamation, herbeigeführt worden.«
(Rolf, 47, empfindet die juristische Formel »Umgangsrecht« als Zumutung für einen liebenden Vater)

Mein Kind, dein Kind, unser Kind

Glaubt man den Demoskopen, dann werden die Trennungs- und Scheidungszahlen in immer neue Höhen schnellen. Wird gelebtes Vater-Sein zum Auslaufmodell? Gehören Vaterlosigkeit und Verlust der väterlichen Verwandtschaft zur Normalbiographie der heranwachsenden Generation? Wird Vaterschaft zur »serial-monogamen Beteiligung an wechselnden Familieneinheiten«, wie Benard und Schlaffer vermuten? Oder stehen wir vor ganz neuen Formen des Zusammenlebens? Werden Mütter und Väter in Zukunft auch nach einer Trennung in ihrer gemeinsamen Verantwortung für die gemeinsamen Kinder verbleiben?

Das Grundmodell der lebenslangen Kernfamilie verliert seine Monopolstellung: In Deutschland leben rund 2,5 Millionen Kinder in etwa 1,8 Millionen »Ein-Eltern-Familien« (etwa jede fünfte Familie) – die meisten bei ihren Müttern. Diese Zahlen sind natürlich nur Momentaufnahmen; oftmals leben die Mütter und Väter kurze Zeit später wieder mit einem neuen Partner zusammen – die Kinder bekommen einen »Stiefvater« oder eine »Stiefmutter«.

Von einem *System des Kindertauschs* ist bereits die Rede: Soziale Väter folgen den leiblichen Vätern und werden zu »Alltagsstiefvätern« für die Kinder ihrer neuen Partnerin. Für ihre eigenen leiblichen Kinder werden sie »Besuchs- oder Teilzeitväter«. Diese Kinder wiederum leben häufig mit einem neuen »sozialen Vater« zusammen.

In Zukunft dürften immer mehr Erwachsene auf einen verzweigten Familienstammbaum zurückblicken. Nach Trennung ihrer Eltern könnte er ständig gewachsen sein: Erst lebte das Kind mit Kai, seinem leiblichen Vater, und Mami. Dann alleine mit ihr. Später kam Stefan dazu, mit Julia, seiner Tochter aus erster Ehe. Der Kontakt zu Kai brach dabei nicht ab. Aber Mutter heiratete Thorsten, und von dem bekam sie noch Jim. Und Rita, aber da wohnte das Kind schon wieder bei Kai, besuchte regelmäßig seine Mutter und fuhr mit Stefan in Urlaub.

Familienäste verzweigen sich. Sie kreuzen sich. Manche Äste brechen auch ab. Wird es nach Trennung oder Scheidung weiterhin der Vater-Kind-Ast sein?

Das werden Mütter und Väter selbst entscheiden, vor allem ihre Fähigkeit, nach gescheiterter Partnerschaft die fortbestehende Elternverantwortung zu gestalten. Wichtig ist aber auch der »rechtliche Rahmen«, der greift, wenn Familien sich trennen. Und wie seine »Anwender«, die professionellen Scheidungsbegleiter, ihn in der Praxis umsetzen.

2. Aufbruch im Familienrecht?

*»Die Menschen machen doch in der Regel genau
das, was man ihnen vorschreibt – ob das nun das
Sorgerecht oder nur der Sicherheitsgurt ist.«
(eine Mutter)*

*»Ehe und Familie stehen unter dem besonderen
Schutze der staatlichen Ordnung.«
(Art. 6 Abs. 1 Grundgesetz)*

Einander beizustehen, sich zu lieben, in guten wie in schlechten Tagen ... Immer weniger Paare halten sich an ihr damaliges Versprechen. Auf drei Eheschließungen kommt Ende der neunziger Jahre eine Ehescheidung. 35 Jahre zuvor lag das Verhältnis noch bei elf zu eins. In Hamburg und Berlin wird mittlerweile fast jede zweite Dauerlebensgemeinschaft vorzeitig beendet.

Bei jeder zweiten Scheidung geht es auch um Kinder. Bis zur Reform des Kindschaftsrechts vom 1.7.1998 entschieden Familienrichter zumeist darüber, welcher Elternpart das Sorgerecht bekommt und welcher nicht. Ihre Arbeitsgrundlage war der Paragraph 1671 aus dem Bürgerlichen Gesetzbuch: »Wird die Ehe der Eltern geschieden, so bestimmt das Familiengericht, welchem Elternteil die elterliche Sorge für ein gemeinschaftliches Kind zustehen soll«, stand dort im ersten Absatz.

Weil zwei Partner sich trennen, wurde einem von ihnen, »im Namen des Volkes«, das Sorgerecht entzogen, mußte einer seine elterliche Verantwortung einbüßen und erhielt ein »Umgangsrecht«, so die Philosophie dieses Verfahrens – dessen Ergebnis fast immer hieß: Mutter sorgt, Vater besucht und zahlt Unterhalt. Acht von zehn Müttern erhielten die alleinige Sorge – oft sogar schon während der »Trennungszeit«, mit

Hilfe eines »vorläufigen Sorgerechtsentscheids«. Bislang bekamen Väter das nacheheliche Alleinsorgerecht zumeist nur dann, wenn ihre Kinder älter waren und sich für ein Zusammenleben mit ihnen entschieden hatten. Die meisten Väter meldeten ihre Sorgerechtsambitionen gar nicht erst an: »Keine Aussicht auf Erfolg! Im Zweifelsfall kommt das Kind zur Mutter«, bekamen sie von Jugendamtsmitarbeitern und ihren Anwälten bereits im Vorfeld zu hören – und so kam es zu der Vielzahl der sogenannten »einvernehmlichen Sorgerechtsentscheidungen«.

Ein Signal, das Trennungseltern anzeigt, wie wichtig und bedeutsam sie beide weiterhin für ihre Kinder sind, geht von der einseitigen Sorgerechtszuteilung sicherlich nicht aus. Eher ein Wettkampf-Appell, der bei den Betroffenen die Weichen auf Konfrontation stellt. Anstatt zu signalisieren: »Du, Mutter, und auch du, Vater, beide bleibt ihr für eure Kinder verantwortlich, denn eure Kinder wollen euch als Eltern behalten!«, behindert die klassische Auswahlstrategie die weitere Zusammenarbeit zwischen den Trennungspartnern. Sie verführt den Sorgeberechtigten geradezu, die Kinder im Konfliktfall als Instrument der Druckausübung zu benutzen.

Kritiker sprechen von einer »*Cut-off-Ideologie des Familienrechts*«, von einem »*Disqualifizierungsmodell*«. Der Bielefelder Psychologe Prof. Dr. Uwe-Jörg Jopt bezeichnet die Sorgerechtaufteilung als »einseitiges Entmündigungsritual«. Ein Selektionsprinzip mit fatalen Folgen: Die ohnehin in einem hohen Spannungszustand befindlichen Eltern werden durch das einseitige Votum des Richters noch zusätzlich polarisiert. Ihre Unversöhnlichkeit wird meist noch größer, wird festgeschrieben und fortgesetzt – ihre Verständigung über die Kinder zusätzlich belastet.

Es ist müßig, darüber zu spekulieren, wer bei dieser Konflikteskalation mehr Schuld hat: Der Streitfaktor Mensch oder der vorhandene gesetzliche Streitrahmen und das System von Trennungsbegleitern, das sich der »streitenden Parteien« annimmt. Sicher dürfte aber folgendes sein: Die trennungsbedingte Blindheit ehemaliger Partner wird im Rahmen der herkömmlichen Aufteilungspolitik von Sorge *oder* Nicht-Sorge fast immer verschärft. Wird einer Seite die Möglichkeit geboten, den anderen auszugrenzen, ist eine gemeinsame Elternverantwortung über die Hürde der Trennung hinweg kaum aufrechtzuerhalten.

Das bedeutet nicht, daß die rechtliche Position »alleinige Sorgerechtsinhaberin« Kinder und Väter *von vornherein* in die Abstiegszone drückt. Viele Eltern sind sich sehr wohl darüber einig, daß ihre Zuständigkeit für die Kinder nicht mit dem staatlichen Zertifikat »Sorgerecht« steht und fällt. Viele Mütter sind aber der Ansicht, in der Nachtrennungs-Ära eine Lizenz zu besitzen, die Väter aus der Sorge für ihre Kinder zu entlassen. Da sitzt der ent-sorgte Ex schnell auf der Auswechselbank, von wo aus er nur selten den familialen Rasen betreten darf. Viele Väter fliegen ganz aus dem Familien-Kader. Sie müssen auf der Tribüne Platz nehmen und würden alles dafür tun, wenigstens ab und zu einmal das Ersatztrikot überzustreifen.

Scheidung im Minutentakt

Alle drei Minuten wird in Deutschland eine Ehe geschieden. 1996 traten 175 550 Paare vor den Scheidungsrichter – 22 752 im Osten und 152 798 im Westen. Mit geschieden wurden 148 782 minderjährige Kinder (s. S. 201) – Tendenz für alle Zahlen: steigend.
Drei von vier Geschiedenen heiraten noch einmal. Die Wiederscheidungsquote liegt mit 40 Prozent noch höher als die der Erstscheidungen (33 Prozent). Trennungen von Paaren ohne Trauschein fließen bislang nicht in die Statistik ein.

Deutsches Familienrecht – lange Zeit Schlußlicht in Europa

»Kernfamilien«, »Stieffamilien«, »Nachscheidungsfamilien« und »Mehrelternfamilien«. »Fortsetzungselternschaft«, »gemeinsame Elternschaft«, »multiple Elternschaft« und »parallele Elternschaft«. Leibliche und soziale Eltern, Eltern mit und Eltern ohne Trauschein: Familien verändern sich. Die unauflösliche Union zwischen Frau und Mann ist passé. Die »klassische Kernfamilie« – Mama, Papa, zwei Kinder – wird zur Lebensform auf Zeit. Jedes dritte in den 1990er Jahren geborene Kind dürfte nicht gemeinsam mit Mutter und Vater seine Volljährigkeit erreichen.

Familien sind in Bewegung, Gesetz und Rechtsprechung waren es lange Zeit nicht. Jahrelang sahen die Bonner Familienhüter den Eruptionen an der »Basis« tatenlos zu. Das alte Familienrecht hatte die »Normalfamilie« mit konfliktfrei und lebenslang *verheirateten* Eltern im Visier. Es hat einen großen, schlimmen Beitrag geleistet, daß viele Kinder ihre Väter verloren haben.

In puncto Familienrecht war Deutschland bis zur Reform vom 1.7.1998 ein Entwicklungsland. Der Heidelberger Rechtswissenschaftler Erik Jayme bezeichnete die Bundesrepublik bereits 1981 als »das Schlußlicht in Europa im Familienrecht«.[11] Am krassesten klafften Recht und Realität im Nichtehelichenrecht auseinander: Väter ohne Eheurkunde hatten nach dem Bürgerlichen Gesetzbuch nicht einmal ein »Recht auf Umgang« mit ihren Kindern. »Für den Rechtsvergleicher erscheint das deutsche Nichtehelichenrecht heute nicht allein als Schlußlicht der europäischen, sondern vielmehr der gesamten internationalen Entwicklung«[12],

---

11 Jayme, Erik: Die Entwicklung des europäischen Familienrechts. In: FamRZ 1981, H. 3, S. 221.
12 Schwenzer, Ingeborg: Die Rechtsstellung des nichtehelichen Kindes. In: FamRZ 1992, H. 2, S. 122.

38

stellte die Baseler Rechtsprofessorin Ingeborg Schwenzer fest.

Die meisten deutschen Juristen betrachten das gemeinsame Sorgerecht weiterhin sehr skeptisch, als Ausnahmefall. Sorge oder Nicht-Sorge: Mit diesem gedanklichen Rahmen können Anwälte und Richter mehr anfangen. »Eltern, die nach der Scheidung weiterhin die Verantwortung für ihre Kinder teilen, wären doch ein ideales Paar – die brauchen sich nicht zu trennen«, lautet ein unter Rechtsvertretern weitverbreiteter Gemeinplatz.

Bereits 1990 hätte es ein modernes deutsches Familienrecht geben können: das reformierte Familienrecht der DDR. Nach der »Wende« hatte die Volkskammer das »Familiengesetzbuch« der Deutschen Demokratischen Republik gründlich umgestaltet. Danach galt das *gemeinsame Erziehungsrecht* auch für Paare ohne Trauschein (auf Antrag) und nach Trennung oder Scheidung. Väter konnten die Zuständigkeit für ihr Kind nur dann verlieren, wenn ihre ehemalige Partnerin dies beim Gericht beantragte – und umgekehrt. Familienrichter hatten also nur dann über das Sorgerecht zu entscheiden, wenn ein Elternteil dies ausdrücklich verlangte. Sonst blieb alles so, wie es war: Gemeinsame Sorge auch nach Auflösung einer Paarbeziehung.

Erstmals im deutschen Sprachraum wurde das »Umgangsrecht« – ein schlimmes Wort für Kinder und Eltern! – als *Recht des Kindes* verankert: Dieses Recht konnten *alle* Kinder für sich in Anspruch nehmen, ganz gleich, welche rechtliche Form des Zusammenlebens ihre Eltern gewählt hatten.

Ein langes Leben war dem kinder- und elternfreundlichen Paragraphenwerk nicht vergönnt: Genau zwei Tage, vom 1. bis zum 3. Oktober 1990, galt das »48-Stunden-Gesetz«. Dann kam die deutsche Einheit. Leider wurde dabei auch das Familienrecht gleichgeschaltet. Nur das westdeutsche Vormundschafts- und Pflegewesen mußten die neuen Bundesländer nicht übernehmen.

Aus dem »Gesetz zur Änderung des Familiengesetzbuches der DDR« (vom 20.7.1990, GBl DDR 1990 I 1088)

§ 25 (1) Über das elterliche Erziehungsrecht für die minderjährigen Kinder entscheidet das Gericht nur auf Antrag eines Elternteils.

§ 27 (1) Für den Fall, daß nach der Scheidung nur ein Elternteil das Erziehungsrecht im ganzen innehat, behält das Kind das Recht, regelmäßige persönliche Beziehungen und unmittelbare Kontakte zu beiden Eltern zu pflegen. Es ist Sache der Eltern, sich über die Art und Weise dieser Beziehungen zu einigen und sie so zu regeln und zu verwirklichen, daß die Erziehung und Entwicklung des Kindes durch beide Eltern gefördert und jede Beeinträchtigung des Verhältnisses des Kindes zu einem Elternteil unterlassen wird.

Leider bewirkte auch die *UN-Konvention über die Rechte des Kindes* vom 20.11.1989 keine rasche Reform des verstaubten deutschen Familienrechts. Zehn Jahre lang hatten junge UN-Funktionäre an diesem »Kinder-Pakt« gebastelt. Das Ergebnis konnte sich sehen lassen: Erstmals in der Geschichte wurden weltweit verbindliche Maßstäbe für Rechte von Kindern und Jugendlichen geschaffen. Dazu gehört nach Ansicht der Vereinten Nationen auch »das *Recht des Kindes*, das von einem oder beiden Elternteilen getrennt ist, regelmäßige persönliche Beziehungen und unmittelbare Kontakte zu beiden Elternteilen zu pflegen«, Art. 9 (3). Nach der Konvention gelten für *alle* Kinder gleiche Rechte, ganz gleich, ob sie »ehelich« oder auch nichtehelich zur Welt kommen.

Das hörte sich gut an. Die Sache hatte nur einen Haken: Die UN-Kinderrechtekonvention gilt in der Bundesrepublik Deutschland nicht.

Die zwanzig anwesenden Abgeordneten (bei der Verabschiedung des Tierschutzgesetzes ein Jahr zuvor saßen erheblich mehr Volksvertreter auf ihren Bänken), die das Abkommen am 14. November 1991 »verabschiedeten«, setzten es im gleichen Atemzug wieder außer Kraft. Denn sie votierten nicht nur für die 54 UN-Artikel, sondern gleichzeitig auch *für* eine »Erklärung, welche die Bundesregierung bei der Hinterlegung der Ratifikationsurkunde abzugeben beabsichtigt«[13] ... und damit *gegen* das Vertragswerk. Denn in diesen Vorschaltklauseln steht: »Die Bundesrepublik Deutschland erklärt zugleich, daß das Übereinkommen innerstaatlich keine unmittelbare Anwendung findet.«

Einige Familienrechtler bezeichnen die Vorbehalte aus dem Bundesjustizministerium (BMJ) als »völkerrechtswidrig«, weil sie Sinn und Zweck der Konvention aushebeln, vgl. Art. 51 (2). Der Münchener Journalist Dr. Christian Ullmann hält die »rechtswahrende Erklärung« der Bundesregierung für einen »Rückfall in eine Völkerrechtsdoktrin der Vorkriegszeit«. Es gebe in Deutschland »einen stillschweigenden Konsens zwischen Exekutive und Rechtsprechung (wahrscheinlich darüber hinaus auch der Gesetzgebung), völkerrechtliche Verträge in der Rechtsprechung nicht zu beachten«.[14]

---

13 Abgedruckt in FamRZ 1992, H. 3, S. 266f. Auszüge: »Die Bundesrepublik Deutschland erklärt darum, daß die Bestimmungen des Übereinkommens auch die Vorschriften des innerstaatlichen Rechts
   a) über die gesetzliche Vertretung Minderjähriger bei der Wahrnehmung ihrer Rechte,
   b) über das Sorge- und Umgangsrecht bei ehelichen Kindern und
   c) über die familien- und erbrechtlichen Verhältnisse nichtehelicher Kinder nicht berühren.
   Der Antrag der SPD-Fraktion, auf die »Erklärung« zu verzichten, wurde von den Abgeordneten von CDU/CSU und FDP abgelehnt.

14 Ullmann, Christian: *Diskussion*: Die UNO-Kinderrechtekonvention und das innerstaatliche Recht. In: FamRZ 1992, H. 8, S. 892.
   Ullmann beruft sich auf die Rechtsprechung des Bundesverfassungsgerichts und betrachtet die UN-Kinderrechtekonvention als »innerstaatliches Recht«, das nach Artikel 59 (2) Grundgesetz auch deutsche Richter binde: »Wäre die *Erklärung* der Bundesregierung als hinterlegter Vorbehalt innerstaatlich rechtswirksam, dann müßte es ein verfassungsrechtliches Verfahren der förmlichen Anweisung an Gerichte geben, dieses Recht nicht anzuwenden. Ein solches Verfahren gibt es jedoch nicht.« (ebd.)

Die UN-Konvention über die Rechte des Kindes
vom 20. November 1989 – Auszüge[15]

Art. 2 (1) Die Vertragsstaaten achten die in diesem Übereinkommen festgelegten Rechte und gewährleisten sie jedem ihrer Hoheitsgewalt unterstehenden Kind ohne jede Diskriminierung unabhängig von der Rasse, der Hautfarbe, dem Geschlecht, der Sprache, der Religion, der politischen oder sonstigen Anschauung, der nationalen, ethnischen oder sozialen Herkunft, des Vermögens, einer Behinderung, der Geburt oder des sonstigen Status des Kindes, seiner Eltern oder seines Vormunds.
(2) Die Vertragsstaaten treffen alle geeigneten Maßnahmen, um sicherzustellen, daß das Kind vor allen Formen der Diskriminierung oder Bestrafung wegen des Status, der Tätigkeiten, der Meinungsäußerungen oder der Weltanschauung seiner Eltern, seines Vormunds oder seiner Familienangehörigen geschützt wird.
Art. 4 Die Vertragsstaaten treffen alle geeigneten Gesetzgebungs-, Verwaltungs- und sonstigen Maßnahmen zur Verwirklichung der in diesem Übereinkommen anerkannten Rechte. Hinsichtlich der wirtschaftlichen, sozialen und kulturellen Rechte treffen die Vertragsstaaten derartige Maßnahmen unter Ausschöpfung ihrer verfügbaren Mittel[16] und erforderlichenfalls im Rahmen der internationalen Zusammenarbeit.
Art. 9 (1) Die Vertragsstaaten stellen sicher, daß ein Kind nicht gegen den Willen seiner Eltern von diesen getrennt wird, es sei denn, daß die zuständigen Behörden in einer gerichtlich nachprüfbaren Entscheidung nach den anzuwendenden Rechtsvor-

---

15 Gesetz zu dem Übereinkommen vom 20. November 1989 über die Rechte des Kindes vom 17. Januar 1992/Convention on the Rights of the Child (BGBl I 121). Abgedruckt in: FamRZ 1992, H. 3, S. 253–267.
16 Hier unterlief den Beamten aus dem Bundesjustizministerium bei der Übersetzung ein Fehler: In der englischen Originalfassung ist sogar von *maximaler* Ausschöpfung die Rede: » … States Parties shall undertake such measures to the *m a x i m u m* extent of their available resources …«

schriften und Verfahren bestimmen, daß diese Trennung zum Wohl des Kindes notwendig ist. Eine solche Entscheidung kann im Einzelfall notwendig werden, wie etwa, wenn das Kind durch die Eltern mißhandelt oder vernachlässigt wird oder wenn bei getrennt lebenden Eltern eine Entscheidung über den Aufenthaltsort des Kindes zu treffen ist.

(3) Die Vertragsstaaten achten das Recht des Kindes, das von einem oder beiden Elternteilen getrennt ist, regelmäßige persönliche Beziehungen und unmittelbare Kontakte zu beiden Elternteilen zu pflegen, soweit dies nicht dem Wohl des Kindes widerspricht.

Art. 18 (1) Die Vertragsstaaten bemühen sich nach besten Kräften, die Anerkennung des Grundsatzes sicherzustellen, daß beide Elternteile gemeinsam für die Erziehung und Entwicklung des Kindes verantwortlich sind. Für die Erziehung und Entwicklung des Kindes sind in erster Linie die Eltern oder gegebenenfalls der Vormund verantwortlich. Dabei ist das Wohl des Kindes ihr Grundanliegen.

Art. 51 (2) Vorbehalte, die mit Ziel und Zweck dieses Übereinkommens unvereinbar sind, sind nicht zulässig.

Wie lange ist eine Familie noch eine Familie?

Trotz UN-Kinderrechtekonvention hieß es bis zum 1.7.1998: Im deutschen Familienrecht nichts Neues. Zwischenzeitlich tagten Gutachter, Kommissionen, Fraktionen, Juristen- und Familiengerichtstag sowie Juristinnenbund und produzierten Papiere für und wider das gemeinsame Sorgerecht. Besonders der Verein *Dialog zum Wohle des Kindes* machte in den Medien und auf Fachtagungen immer wieder auf das Elend der Scheidungskinder aufmerksam.

Auch Väter machten mobil: Einige gründeten den Verein *Väteraufbruch für Kinder*, der mittlerweile mehr als 30 Ortsgruppen zählt; die Zeitschrift *PAPS* erblickte das Licht; gen

Himmelfahrt 1994 und 1995 marschierten Hunderte von Vätern mit leeren Kinderwagen über die Rheinbrücke in Bonn, und auch im Internet wurden sie aktiv: An http://www. paPPa.com kommt niemand mehr vorbei, der sich umfassend über den Aufbruch der Väter informieren will.

Die sorgfältige Klärung der Problemlage und deren definitorische Bewältigung durch Forschungsaufträge an die Wissenschaft liefen derweil auf Hochtouren. Rechtswissenschaftler und Familienpsychologen waren seit Anfang der 80er Jahre emsig am Forschen. Gewöhnlich kreisten sie um die Kardinalfrage: Ist eine Familie nach der Trennung überhaupt noch eine Familie?

Der Berliner Psychologe und Gutachter Dr. Rainer Balloff faßte die Expertengespräche 1992 so zusammen: »Die beiden herausragenden Lösungsmodelle, die derzeit in der Scheidungsdiskussion von Bedeutung sind und lebhaft und kontrovers diskutiert werden und die scheinbar unvereinbar gegenüberstehen, Scheidung als Bruch eines familiaren Kontinuums (Konfliktmodell) und Scheidung als Übergang zwischen der ursprünglichen und einer reorganisierten Familie (Reorganisationsmodell), kennzeichnen zwei Lager, die häufig unversöhnlich gegeneinander kämpfen.«[17]

Konfliktmodellianer (auch Bindungstheoretiker genannt) machen sich vornehmlich Gedanken darüber, welcher Elternteil dem Kind nach der Scheidung »stabilere Bindungen« biete. Diesen gelte es im Rahmen des Scheidungsverfahrens zu ermitteln und mit dem alleinigen Sorgerecht auszustatten. Das lehnen ihre Kontrahenten, die Anhänger des *Reorganisationsmodells* (auch systemischer Ansatz genannt; Reorganisation = Neugestaltung familiarer Beziehungen nach Trennung oder Scheidung), ab. Sie betonen, daß aus Sicht der Kinder der »psychologische Organismus Familie«, die Beziehung zu Mut-

---

17 Balloff, Rainer: Trennung, Scheidung, Regelung der elterlichen Sorge. Neuere Entwicklungen und Tendenzen aus juristischer und psychologischer Sicht. In: Recht der Jugend und des Bildungswesens 1/92, S. 51.

ter *und* Vater, weiterbestehe. Wie kann, fragen sie sich, Elternverantwortung auch nach Trennung oder Scheidung aufrechterhalten werden?

Der passende juristische Rahmen heißt für sie: fortbestehendes gemeinsames Sorgerecht.

Befürworter des gemeinsamen Sorgerechts verweisen insbesondere auf seine psychologische Wirkung: Es gibt keine Gewinner und keine Verlierer im »Kampf um das Kind« – ein gutes Fundament, um anschließend für die Kinder praktische Lösungen anzugehen. Natürlich können auch Ex-Partner ohne gemeinsames Sorgerecht »unterderhand« gemeinsames oder paralleles Eltern-Sein praktizieren. Aber die Kooperationsbereitschaft sinkt gewöhnlich, wenn einem Elternteil die Sorge ab- und dem anderen zuerkannt wird.

Bereits am 7.5.1991 wies das Bundesverfassungsgericht auf die »bewußtseinsgestaltende und verhaltenslenkende Kraft« des geschriebenen Rechts hin: »Ein gemeinsames Sorgerecht ist (...) geeignet, den Eltern ihre gemeinsame Verantwortung für das Kind deutlich zu machen und zur Stetigkeit der Beziehungen beizutragen.«[18] In diesem Zusammenhang vermerkt der Familienrechtler Michael Coester: »Die mögliche psychologische Wechselwirkung von rechtlicher Elternschaft und Verantwortungsgefühl, oder umgekehrt von Entrechtung und faktischem Rückzug vom Kind sollte nicht außer acht gelassen werden: Wer die rechtliche Elternverantwortung behält, wird eher bereit sein, sich um die Kinder zu kümmern, als der, dem die Zuständigkeit für die Kinder ausdrücklich abgesprochen wird.«[19]

Ex-Paare, die sich für das gemeinsame Sorgerecht entscheiden, scheinen ihren Entschluß nicht zu bereuen: Einer Umfrage des Allgemeinen Sozialdienstes München zufolge sind Nachscheidungsfamilien in der bayerischen Metropole sehr

18 Abgedruckt in: Der Amtsvormund, Juni 1991, S. 425–436, hier S. 432.
19 Coester, Michael: Sorgerecht bei Elternscheidung und KJHG. In: FamRZ 1992, H. 6, S. 621.

zufrieden mit ihrer Wahl. 90 Prozent dieser Eltern würden sich wieder für diese Sorge-Variante entscheiden. Nur 6 Prozent würden dies nicht mehr tun.[20]

Vor allem die Kinder profitieren vom gemeinsamen Sorgerecht ihrer Eltern: Kinder mit sorgerechtlich gleichberechtigten Eltern sehen ihren Vater häufiger als Kinder, deren Eltern sorgerechtlich gespalten sind – das ist die einhellige Beobachtung von Mitarbeitern in westdeutschen Trennungs- und Scheidungsberatungsstellen. Ihre Eltern entlasten sich in Betreuung und Versorgung mehr als andere Eltern. Und auf diese lebendigen Beziehungen zu Mutter und Vater kommt es für Kinder ja entscheidend an. Ausnahmsweise besteht in der Scheidungsforschung Einigkeit darüber, daß Kinder die Scheidung von Mama und Papa um so besser verkraften, je intensiver sie die Beziehung zu beiden halten können.

Dänische Paare haben es leichter

Während sich in Deutschland vor der Familienrechtsreform jedes sechste Scheidungspaar auf die gemeinsame Sorge für die Kinder einigte, war es in Dänemark bereits jedes zweite Paar – in Frankreich und Finnland betrug die Quote gemeinsamen Sorgerechts sogar zwei Drittel, in Schweden mehr als vier Fünftel.

Sind dänische Frauen und Männer anders veranlagt als ihre deutschen Artgenossen? Eher unwahrscheinlich. Die »Konfliktanlagen« dürften bei einem Scheidungspaar aus dem dänischen Sønderborg keine anderen Merkmale aufweisen als bei einem Paar aus dem 40 Kilometer entfernt liegenden

---

20 Einige Ergebnisse der Umfrage finden sich in: Braune, Hans-Peter/Meinck, Peter: Gemeinsame elterliche Sorge. Plädoyer für eine gesetzliche Neuregelung (Schriftenreihe des ISUV/VDU, Bd. 1). Nürnberg 21992, S. 34.

Flensburg. Wut, Verzweiflung, Trauer und Trennungsschmerz machen nicht an der Staatsgrenze halt.

Auffällige Unterschiede hingegen gibt es bei den »Scheidungsapparaten« beider Staaten: Scheidungsurkunden können in Deutschland nur nach einem gerichtlichen Urteil ausgestellt werden; für Scheidungswillige besteht Anwaltszwang. Ganz anders im Königreich: Nur 6 Prozent der dänischen Scheidungspaare ziehen mit ihrem Anliegen vor den Richter – die Hälfte von ihnen hat keine Kinder. Die große Mehrheit einigt sich unter Anleitung eines erfahrenen Beamten über Sorgerecht, Unterhalt, Wohnungszu- und Vermögensaufteilung. Der Beamte dient beiden Seiten als juristischer Ratgeber und Schlichter. Können die Eltern sich nicht über die Zukunft ihrer Kinder einigen, kann er einen Kindersachverständigen hinzuziehen. Der unterrichtet Mutter und Vater dann über die Interessen der Kinder und hilft ihnen, gemeinsam eine Lösung zu finden.

94 von 100 dänischen Scheidungspaaren gelangen so, ohne Anwalt oder Richter, zu einer einvernehmlichen Lösung. Der Beamte protokolliert das, was beide vereinbart haben, und stellt eine »Genehmigung« aus. Sie hat Rechtswirkung wie ein Urteil.

»Unser Scheidungsverfahren betrachtet die Eltern als Verhandlungspartner. Es inspiriert und motiviert sie, offen und vernünftig miteinander zu verhandeln. Vor allem darüber, wie sie durch Zusammenarbeit die bestmöglichen Bedingungen für ihre Kinder herbeischaffen können«, erklärt der dänische Familienrechtsreformer Dr. Hendrik Andrup. Er sagt deutlich, was er vom alten deutschen Scheidungsmodell hält: »Es wird ein Kampfpodium aufgestellt. Es zwingt Eltern, um das Sorgerecht zu kämpfen. Also kämpfen die Leute.«

Neue Gesetze allein, das zeigt auch dieser kurze Ausflug in Richtung Norden, können Trennungseltern nicht für mehr Verantwortung mobilisieren. Die Rechtsfigur »gemeinsames Sorgerecht« nur auszusprechen reicht nicht aus. Entscheidend ist vielmehr, *wie* das System von Trennungsbegleitern gemeinsam mit den Betroffenen das Projekt nachpartnerschaftlicher Elternschaft angeht.

Diesen Gedanken greift bei uns das Kinder- und Jugendhilfegesetz (KJHG) auf. Es sieht Beratungsangebote in Fragen der Partnerschaft, Trennung und Scheidung vor. Die Jugendamtsmitarbeiter sind angehalten, »günstigere Bedingungen« dafür zu schaffen, daß beide Eltern auch nach Trennung oder Scheidung ihrer »fortbestehenden elterlichen Verantwortung gerecht werden können«. Auch Richter haben nach dem neuen Kindschaftsrecht die Aufgabe, erst einmal zu beraten und auf Antrag zu vermitteln (s. S. 57ff.).

Diese unverbindlichen Angebote halten einige Familienrechtsreformer für unzureichend. Sie fordern eine *Beratungspflicht* für Trennungs- und Scheidungspaare mit Kindern. Qualifizierte Berater sollten versuchen, Eltern für die Bedürfnisse ihrer Kinder zu sensibilisieren und dabei ein deutliches Signal zu setzen: »Euer Kind wird euch beide auch in Zukunft weiter brauchen. Deshalb solltet ihr versuchen, eure Konflikte für die Kinder zu entflechten.« Noch mangelt es in den Jugendämtern jedoch an Mitarbeitern, die derartigen Aufgaben gewachsen sind. Das Angebot an Trennungs- und Scheidungsberatungsstellen freier Träger ist ebenfalls völlig unzureichend und müßte zügig ausgebaut werden (mehr dazu in den Kapiteln 5 und 11). Was vor allem fehlt, ist eine fächerübergreifende Zusammenarbeit der Scheidungsprofessionen, ist eine kinder- und familienpsychologische Fortbildung für Richter, Anwälte, Jugendamtsmitarbeiter und Gutachter.

Ab dem 1.7.1998 wird das Sorgerecht wie in den meisten Ländern Europas *nicht* mehr *automatisch* als Folge einer Scheidung – im »(Ent-)Scheidungsverbund« von Unterhalt, Zugewinnausgleich etc. – behandelt, die Regelung der Elternverantwortung aus der staatlichen Zwangsaufsicht entlassen. Nur *auf Antrag* eines Elternteils darf der Richter nun dem anderen Part das Sorgerecht entziehen. Der Familienrichter darf einen

Elternteil erst dann entsorgen, wenn Beratung und Vermittlung nicht dazu beitragen konnten, die gemeinsame Elternverantwortung aufrechtzuerhalten. Der beantragende Elternteil muß nachweisen, warum die gemeinsame Verantwortung zerschlagen, warum der ehemalige Partner aus der Mitverantwortung für das Kind entlassen werden soll.

Alleiniges Sorgerecht also nur dann, wenn der andere Elternteil zustimmt oder ein Elternteil begründen kann, warum dies *dem Wohl des Kindes am besten entspricht* (§ 1671 (2) BGB). Der Familienrichter ist also nicht länger angehalten, bei Trennung oder Scheidung den »geeigneteren Elternteil« ausfindig zu machen. Und die »Parteien« sind nicht mehr genötigt, den Richter zu überzeugen, warum sie der bessere Sorgerechtskandidat seien und nicht der andere. Viele häßliche Schriftsätze und unnötige Konflikte können so vermieden werden: eine gute Voraussetzung dafür, daß Verständigungsprozesse zwischen den Eltern wieder in Gang kommen.

»Es kann davon ausgegangen werden, daß bei Fortbestehen des gemeinsamen Sorgerechts als dem gesetzlichen Regelfall Anträge auf Alleinsorge nur in engbegrenztem Umfang gestellt werden würden«[21], vermutet die Präsidentin des Landgerichts Kassel, Reglindis Böhm. Viele Familienrechtler stimmen ihr zu. Franz Dickmeis, Präsident des Verbandes *Anwalt des Kindes*, fordert deshalb ein *duales Scheidungssystem*: Nur bei »strittigen Fällen« sollten Gerichte eingreifen, und das auch erst »nach Ausloten sämtlicher Einigungs- und Vermittlungsmöglichkeiten zwischen dem Paar«. Das Scheidungsverfahren müsse ausgesetzt werden, wenn beide Partner ein außergerichtliches Verständigungsverfahren annehmen oder wenn gemeinsame Beratung oder Einzelberatung aussichtsreich erscheinen, um selbstbestimmte Regelungen zu ermöglichen.

---

21 Böhm, Reglindis: Gedanken zu einer Neuregelung des Kindschaftsrechts. In: ZRP 1992, H. 9, S. 335.

Eltern für ein gemeinsames Sorgerecht vor und nach der Trennung

»Nur das gemeinsame Sorgerecht zu fordern und sich ansonsten einen feuchten Kehricht darum zu scheren, daß die Mehrzahl der Väter der Verantwortung ihren Kindern gegenüber nicht gerecht wird, ist genauso perspektivlos wie das Gegenteil: sich für intensivere Vater-Kind-Beziehungen einzusetzen, aber zu verschweigen, wie rechtlich vogelfrei diese Beziehungen heute sind. Das gemeinsame Sorgerecht ist Teil einer emanzipativen Strategie für mehr väterliches Engagement und für gleichberechtigtere Rollenverteilungen zwischen den Eltern.«
(Werner Sauerborn, *Väteraufbruch für Kinder*)

»Das alleinige Sorgerecht ist wie eine Waffenlieferung in Krisengebiete. Damit der Dialog zwischen den Eltern erhalten bleibt, ist es unerläßlich, daß Mutter und Vater davon ausgehen, im Falle einer Trennung weiterhin für ihr Kind zuständig zu bleiben.«
(Reinhold Schoeler, Familienrechts-Experte)

»Sorgerecht gleich Versorgung gleich Betreuung: Mit dieser Gleichung operieren viele Gegner des gemeinsamen Sorgerechts. Wäre es da nicht folgerichtig, daß Väter gleich nach der Geburt ihrer Kinder bei den Standesämtern um den Entzug der elterlichen Verantwortung nachsuchten? Der Antrag könnte folgendermaßen lauten: ›Hiermit verzichte ich auf das Sorgerecht für Kerstin Sorg-Los, das gemeinsame Kind von meiner Ehefrau, Martha Sorg, und mir, Herbert Los. Ich bitte darum, meine rechtliche Mitverantwortung für Kerstin zu annulieren, weil meine Partnerin den überwiegenden Teil der Betreuung und Versorgung übernehmen wird.‹«
(ein Vater)

»Kein Mensch käme auf die Idee, einem Kapitän, einem Handwerker auf Montage oder einem Versicherungskaufmann, dessen Tochter in einem Internat lebt, das Sorgerecht zu entziehen.«
(Renate Koch, *DIALOG Zum Wohle des Kindes*)

»Mit dem fortbestehenden Sorgerecht des Vaters hat die Mutter ein gutes Pfand in der Hand.«

Ansonsten dänische Verhältnisse: Die »einverständliche Eheaufhebung« würde – ohne jeglichen Anwaltszwang – von einer neutralen und weisungsunabhängigen Stelle vorgenommen werden, die beide Eltern begleitet und berät.

Für und wider das gemeinsame Sorgerecht

Feministinnen gehören zu den größten Gegnern des gemeinsamen Sorgerechts bei Trennung oder Scheidung. Schlagworte wie »Macht«, »Selbstbestimmung« und »Gleichstellung« beherrschen ihre Argumentationsketten. Das Interesse der Kinder gerät dabei oft aus den Augen.

»Bevor an eine erneute Ausweitung von Väterrechten gedacht wird, muß gezielte Politik zur realen Einlösung von gesellschaftlicher Gleichstellung der Geschlechter – und damit Machtgleichheit zwischen beiden – erfolgen und muß von daher die Geschlechterhierarchie, die unsere Gesellschaft grundlegend prägt, erst *aufgehoben* sein«, fordert Dr. Anita Heiliger vom Deutschen Jugendinstitut.[22] Gegen die »Verallgemeinerung des nachehelichen gemeinsamen Sorgerechts« argumentiert auch Dr. Marlene Stein-Hilbers: »Das ohnehin bestehende (nacheheliche) Machtgefälle zwischen Männern und Frauen würde verstärkt. Vätern würde damit eine durch soziale Tatsachen nicht zu rechtfertigende Einflußmöglichkeit auf die Lebensgestaltung der mit dem Kind zusammenlebenden Mutter eröffnet.«[23]

Immer mehr angestammte Männerbastionen werden von Frauen geentert – auch dank des beherzten Einsatzes von Frauenrechtlerinnen. Gut so! Doch mit dem Mutter-Kind-Be-

---

22 Heiliger, Anita: Zur Problematik einer Konzeption nachehelicher gemeinsamer elterlicher Sorge als Regelfall im Kontext einer geplanten Reform des Kindschaftsrechts. In: FamRZ 1992, H. 9, S. 1011.
23 Stein-Hilbers, Marlene (1991), S. 200. Vgl. auch: Dies.: Wer bleibt Eigentümer des Kindes? In: Kinderschutz aktuell 4/1989.

ziehungs-Trumpf spielen Feministinnen sicherlich die falsche Karte aus, wenn es um Emanzipation geht. Denn die »reale Einlösung von gesellschaftlicher Gleichstellung der Geschlechter« bedarf *mehr Vater fürs Kind* – auch nach Trennung oder Scheidung –, mehr Entlastung der Mütter im Haushalt und in der Kinderbetreuung, nicht weniger! Oder sollen sich Männer hier etwa gar nicht emanzipieren? Mitunter ist diese Karte sogar ausgesprochen *kinderfeindlich*, wenn etwa Sibylla Flügge, Mitherausgeberin der feministischen Rechtszeitschrift *STREIT,* schreibt: »Der Vorteil, den sich Mütter von der faktischen Alleinverantwortung versprechen können, ist die Liebe des Kindes, aber auch die daraus resultierende Kontroll- und Herrschaftsgewalt.«[24]

Vereine wie *Väteraufbruch für Kinder* firmieren unter den meisten Feministinnen als »Männerbünde«, denen es ausschließlich um »mehr Väterrechte« gehe. Die Kritik geht zumeist an die falsche Adresse: Gerade in diesen Vätergruppen sind viele Väter organisiert, die nicht bloß über (andere) Kind-Vater-Beziehungen reden. Sie kümmern sich auch überdurchschnittlich um Haushalt und Hausaufgaben. Cheryl Benard und Edit Schlaffer pflegen das Wort »Vätergruppe« in ihren Abhandlungen stets mit dem Zusatz »militant« zu versehen. Vermutlich haben sie sich noch nie die Mühe gemacht, bei ihren Recherchen in der Beziehungslandschaft einmal einen Blick in die Programme dieser Gruppen zu werfen, geschweige denn, mit ihren Mitgliedern zu reden.

Schnell könnten sie dann nämlich feststellen, daß viele »militante Väter« ihre Kinder weit über der deutschen Väter-Versorgungsnorm betreuen bzw. bis zur Trennung betreut haben. Sie plädieren nicht nur für eine bessere Vereinbarkeit von Beruf und Familie, für mehr Teilzeitarbeit und Vaterschaftsur-

---

24 Flügge, Sibylla: Ambivalenzen im Kampf um das Sorgerecht. Die Geschichte der elterlichen Gewalt und die aktuelle Diskussion um die »gemeinsame Sorge«. In: STREIT – Feministische Rechtszeitschrift 1/1991, S. 12.

laub, für das gemeinsame Sorgerecht; sie setzen diese Forderungen – als Pioniere – auch persönlich um, solange ihnen kein Umgangsstorno mit ihren Kindern auferlegt worden ist.

Werner Sauerborn vom *Väteraufbruch für Kinder* fragt zurecht: »Was macht es für einen Sinn, wenn Frauen Vaterabwesenheit beklagen und gleichzeitig an einem patriarchalischen Familienrecht festhalten, das viele verantwortungsbewußte und erziehungsfähige Väter ausgrenzt?«

Gemeinsames Sorgerecht nach der Trennung bedeutet in der Praxis nur im Ausnahmefall, daß beide Eltern die Kinder zu gleichen Teilen versorgen. Den größten Anteil in puncto Betreuung der Kinder, das zeigt der gemeinsame Sorgealltag in Deutschland sowie in anderen Ländern, trägt die Mutter. Nur in jedem fünften Fall leben die Kinder vorwiegend beim Vater.

Wie Mutter und Vater das gemeinsame Sorgerecht *tatsächlich* ausgestalten, liegt ganz bei ihnen. Paritätische Erziehung – eine Woche ist das Kind hier, die nächste da – praktizieren nur wenige Scheidungseltern. Meistens scheitert das »Zwei-Nester-Modell« (»Pendelmodell«) schon aus organisatorischen Gründen: Mutter und Vater wohnen nicht nah genug beieinander, nur einer hat einen kindgerecht ausgestatteten Haushalt, der Vater ist voll berufstätig usw. Häufiger entscheiden sich Scheidungsfamilien für das »Residenzmodell«: Das Kind hat seinen Lebensmittelpunkt bei der Mutter, verbringt aber trotzdem viel Zeit beim außerhalb lebenden Vater.

Deswegen ist Kindern die fortbestehende sorgerechtliche Verbundenheit zum Vater trotzdem nicht zu verweigern. Für sie ist es wichtig zu wissen, daß Mutter und Vater trotz Trennung weiterhin für sie verantwortlich bleiben. In der Regel leistet das gemeinsame Sorgerecht von Mutter und Vater einen Beitrag für lebhaftere und stetigere Kind-Vater-Kontakte. Von den Vätern mit gemeinsamem Sorgerecht, die vom Allgemeinen Sozialdienst München befragt wurden (s. S. 45f.), sahen die Hälfte ihre Kinder mehrmals in der Woche, 26 Prozent täglich, 16 Prozent einmal in der Woche, 7 Prozent einmal im Monat und nur 1 Prozent weniger als einmal im Monat. Diese Werte liegen weit über dem Durchschnitt. Doch selbst, wenn die formale gemeinsame Sorge nur geringfügige Auswirkungen auf *Mehr Vater fürs Kind* nach Trennung oder Scheidung haben sollte, wie zwei Studien aus den Vereinigten Staaten berichten[25], wäre dies kein Argument gegen, sondern für den neuen gesetzlichen Rahmen!

Bisher war es dem »Umgangsberechtigten« grundsätzlich nicht möglich, sich beim Lehrer nach schulischen Leistungen zu erkundigen oder das Kind in ärztliche Behandlung zu geben. Anders beim gemeinsamen Sorgerecht: Beide Eltern bleiben vertretungsberechtigt. In Grundsatzfragen, zum Beispiel bei der Wahl des Kindergartens und bei Schulausbildung, hätte der Vater mitzureden. Sicherlich bleibt es da nicht aus, daß einige Ex-Partner nicht auf einen Nenner kommen. Ein weiteres Argument gegen gemeinsame Elternverantwortung nach Trennung oder Scheidung?

Es gibt auch andere Lösungen als den Entzug der elterlichen Sorge: Wenn sich Mutter und Vater in *Einzelfragen* nicht einigen können, kann der Richter entscheiden: Wer von den Eltern betreut das Kind ganz oder überwiegend? Bei wem hat das Kind seinen Lebensmittelpunkt, wer bekommt das Aufenthaltsbestimmungsrecht? Wie oft, wie lange, wann und wo soll das Kind mit dem anderen Elternteil, aber auch mit anderen Personen (Großeltern, sozialen Eltern und Geschwistern) zusammentreffen können? Wer zahlt wem wieviel Unterhalt? Geht das Kind auf die Gesamtschule oder auf die Rudolf-Steiner-Schule? Soll die Mandeloperation durchgeführt werden oder nicht? Auch zu ganz speziellen

---

25 Vgl.: Wallerstein, Judith/Blakeslee, Sandra: Gewinner und Verlierer. Frauen, Männer, Kinder nach der Scheidung. München 1989 sowie: Cherlin, Andrew J./Furstenberg, Frank F.: Geteilte Familien. Stuttgart 1993.

Problemen kann der Richter Anordnungen erlassen. Hierbei hat er soweit wie möglich die Wünsche des Kindes zu berücksichtigen.

Dieses Modell ist sinnvoll: Auch seitdem bei uns das »Antragsverfahren« (alleinige Sorge nur noch auf Antrag eines Elternteils) gilt, müssen sich die Eltern darüber einigen, bei wem das Kind seinen überwiegenden Aufenthalt hat und welche Aufgaben wie geteilt werden. Wenn sie das nicht können, brauchen sie Beratung und Hilfe. Erst wenn die nichts bringt, sollte ein Richter das regeln, wofür wirklich Klärungsbedarf besteht. *Grundsätzlich* würden beide Eltern aber weiterhin für ihr Kind (sorgerechtlich) verantwortlich bleiben.

Was nicht heißt, daß Mutter und Vater alle Fragen, die ihr Kind betreffen, gemeinsam entscheiden müssen: Der Elternteil, der das Kind allein oder überwiegend betreut, ist berechtigt, für das Kind in allen alltäglichen Bereichen von Erziehung, Fürsorge und Vertretung (»Angelegenheiten des täglichen Lebens«, z.b. die Betreuung des Kindes sowie schulische und medizinische Fragen) allein zu entscheiden. Genauso darf der andere Elternteil, bei dem das Kind etwa am Wochenende oder in den Ferien ist, für die Zeit des Zusammenseins mit dem Kind alle alltäglichen Fragen und Probleme selbständig lösen (§ 1687 (1) BGB).

»Eine wirklich gemeinsame Zuständigkeit der getrennt lebenden Eltern wird es künftig nur bei Entscheidungen in Angelegenheiten geben, deren Regelung für das Kind von erheblicher Bedeutung ist«, erläutert das Bundesministerium der Justiz.

Die neue familienrechtliche Plattform mit dem gemeinsamen Sorgerecht als »Trennungsnorm« dürfte auf Trennungspaare – egal, ob mit oder ohne Trauschein – beruhigender wirken als das alte juristische Angebot. Kontakte der Kinder zu beiden Eltern werden jetzt eher gefördert als behindert; trennungsbedingte Konflikte zwischen den Ex-Partnern werden nicht noch zusätzlich angeheizt. Es hat sich gelohnt, das morsche familienrechtliche Gebälk gründlich zu renovieren – selbst dann, wenn nur wenige Ex-Partner mehr Verständnis für lebendige Kind-Eltern-Beziehungen entwickeln sollten.

Überzogene Hoffnungen sind fehl am Platze. Das gemeinsame Sorgerecht ist kein Allheilmittel! Niemand kann Eltern zur gemeinschaftlichen Verantwortung für ihre Kinder zwingen, auch keine noch so ausgefuchsten Familienparagraphen, auch kein flächendeckendes Netz qualifizierter Trennungs- und Scheidungsberatungsstellen. Zuerst einmal ist das gemeinsame Sorgerecht ein Fundament, auf dem zwei getrennt lebende Ex-Partner für ihre Kinder Verantwortung übernehmen können. Den Kindern ist es egal, auf welche rechtliche Form der Fürsorge ihre Eltern sich einigen. Aus ihrer Sicht bleibt das gemeinsame Sorgerecht ein Fetzen Papier, eine Sonntagsformel, solange ihre Eltern keine nachpartnerschaftliche Koalition für sie bilden.

Kinder haben erst dann gewonnen, wenn zwischen Mutter und Vater ein atmosphärischer Wechsel stattfindet: weg von Haß, Kampf und Sprachlosigkeit hin zu möglichst viel Zusammenarbeit für die Kinder. Denn Kinder wünschen sich eine »Nachscheidungs-Ordnung« mit soviel Mutter und soviel Vater wie möglich. Sie wollen sich nicht für den einen und gegen den anderen Elternteil entscheiden.

Nicht auf den Rechtstitel, sondern die Kooperationsbereitschaft der Eltern kommt es also an. Vielleicht ist es deshalb besser, nicht länger vom gemeinsamen Sorgerecht, sondern einfach von Elternverantwortung zu sprechen.

Denn nur Kinder haben ein Sorgerecht. Ihre Eltern haben die Pflicht, diesem Recht auf Liebe und Fürsorge nachzukommen – auch nach Trennung oder Scheidung.

Das neue Kindschaftsrecht

Mit dem neuen Kindschaftsrecht vom 1. Juli 1998 gelten vor allem vier wichtige Neuerungen:
- Zwischen nichtehelich und ehelich gibt es grundsätzlich keinen Unterschied mehr.
- Das gemeinsame Sorgerecht von Eltern nach Trennung oder Scheidung ist nunmehr die Regel: ganz gleich, ob mit oder ohne Trauschein.
- Kinder haben ein Recht auf »Umgang« mit ihren Eltern.
- Alle Eltern haben eine Pflicht und ein Recht auf »Umgang« mit ihrem Kind.

Was ändert sich konkret? Der Münchner Rechtsanwalt Christoph Blaumer, Familienrechtsexperte und Mitarbeiter in der Münchner Beratungsgruppe vom *Väteraufbruch für Kinder*, und ich haben das neue Paragraphenwerk durchleuchtet. Blaumers Artikel »Kindschaftsrecht konkret« ist in der vorzüglichen Zeitschrift *PAPS* (Nr. 4/97) abgedruckt.

> Der Tip: Vier PAPS-Ausgaben gibt es für 24 Mark frei Haus. Ein Muß für jeden Vater! Abos unter Tel.: 0361-4408 203 oder Fax: 0361 – 4408 306; Redaktion: Gerhard Schleicher, Altenbergstr. 17, 70180 Stuttgart, Tel.: 0711- 60 48 28, Fax: 0711 – 60 48 29, e-mail: Red.PAPS t-online.de – Internet.http:/home.t-online.de/home/red.paps/paps.htm

I. Sorgerecht

Fall 1

Hans und Lise leben in »nichtehelicher Lebensgemeinschaft« und möchten beide für ihr gemeinsames Kind das Sorgerecht wahrnehmen. Heiraten wollen sie aber nicht, da jeder seine eigene Wohnung hat.

Eltern ohne Trauschein können nach dem neuem Recht erklären, daß sie die Sorge für das Kind gemeinsam übernehmen wollen. Die gemeinsame Sorge erhalten sie ohne Prüfung des Familiengerichts – ganz gleich, ob sie zusammen leben oder nicht. Die gemeinsamen Sorgeerklärungen müssen öffentlich beurkundet werden – das geht auch schon vor der Geburt des Kindes.

Ohne beurkundete Sorgeerklärungen verbleibt die Sorge bei der Mutter, d.h.: Weigert sich die Mutter, ihr alleiniges Sorgerecht aufzugeben, hat der Vater keine Chance. Ein Wechsel der Alleinsorge von der nicht verheirateten Mutter zum Vater wäre nur dann möglich, wenn der Mutter wegen Kindeswohlgefährdung das Sorgerecht entzogen worden ist (s. auch Fall 2).

Fall 2
Hans und Lise sind sich darüber einig, daß ihre Tochter Klara beim Vater aufwachsen soll. Hans soll die alleinige Sorge erhalten.

Wenn Eltern ohne Trauschein dem Familiengericht einen gemeinsamen Vorschlag unterbreiten, kann der Vater die elterliche Sorge allein ausüben. Allerdings nimmt das Gericht eine »Kindeswohlprüfung« vor.

Nach gerichtlicher Kindeswohlprüfung kann der Vater das Sorgerecht ebenfalls allein ausüben, wenn die allein sorgeberechtigte Mutter stirbt, wenn ihr Sorgerecht ruht oder nachdem der Mutter das Sorgerecht entzogen worden ist. Bestand aufgrund von Sorgeerklärungen die gemeinsame Sorge beider Eltern, so steht dem Vater in den genannten Fällen die Alleinsorge kraft Gesetz zu.

Fall 3
Hans und Lise gehen getrennte Wege. Obwohl Lise einen anderen Mann heiratet, wollen sie das Sorgerecht wie bisher (Fall 1) gemeinsam ausüben.

Die Eltern einigen sich, daß Klara während der Schultage vor allem bei Hans ist, an den Wochenenden und während eines Großteils der Ferien bei Lise.

a) Klara bekommt einen Schnupfen. Hans schickt sie nicht in die Schule, sondern geht mit ihr zum Arzt. Lise erfährt davon und meint, Klara könne trotz Schnupfens in die Schule gehen.

b) Lise schickt Klara am Wochenende in einen Tenniskurs. Hans ist damit nicht einverstanden.

c) Hans meint, Klara könne eine Schulklasse überspringen, und er könne das allein entscheiden.

Wenn die Eltern sich endgültig trennen, ändert sich grundsätzlich nichts an der gemeinsamen Ausübung der gemeinsamen Sorge – egal ob sie verheiratet waren oder nicht. Das Gericht entscheidet nur auf Antrag eines Elternteils über das alleinige Sorgerecht oder wenn wegen Gefahr des Kindeswohls eine Sorgeregelung erforderlich ist.

Der Elternteil, mit dem das Kind (mit Einwilligung des anderen Elternteils) gewöhnlich zusammenlebt, darf über Angelegenheiten des täglichen Lebens allein entscheiden. Immer wenn sich das Kind (mit Einwilligung dieses Elternteils) beim anderen Elternteil aufhält, darf dieser in Angelegenheiten der tatsächlichen Betreuung allein entscheiden. Fragen von erheblicher Bedeutung müssen die Eltern weiterhin gemeinsam entscheiden.

Zu a) Die Befreiung von der Schule ist eine Angelegenheit des täglichen Lebens, also darf Hans allein entscheiden, denn Klara wohnt gewöhnlich bei ihm. Gleiches gälte für die Frage, ob Klara erst Französisch oder Latein lernen soll.

Zu b) Auch Lise durfte allein entscheiden, weil ein Tenniskurs eine Frage der tatsächlichen Betreuung betrifft.

Zu c) Hans irrt sich: Die Entscheidung, ob Klara eine Klasse überspringen darf, muß wegen ihrer besonderen Bedeutung von beiden Eltern gemeinsam getroffen werden. Entscheidungen von großer Bedeutung sind auch: weiterführende Schule, Religionswechsel, Unterbringung in einer Pflegefamilie.

Fall 4

Lise möchte nicht mehr, daß Hans das Sorgerecht mit ihr gemeinsam ausübt. Sie will das alleinige Sorgerecht. Klara ist inzwischen 14 Jahre alt und würde sich gegen eine alleinige Sorge ihrer Mutter aussprechen.

Wenn die Eltern sich endgültig trennen, können sie beantragen, daß sie die elterliche Sorge oder einen Teil der elterlichen Sorge (z.B. das Aufenthaltbestimmungsrecht) allein ausüben wollen. Dem Antrag wird grundsätzlich stattgegeben,
– wenn der andere Elternteil der Übertragung zustimmt; ist das Kind 14 Jahre alt, kann es der Übertragung aber widersprechen,
– wenn zu erwarten ist, daß die Aufhebung der gemeinsamen Sorge und die Übertragung auf den Antragsteller dem Wohl des Kindes am besten entspricht.
Aufgrund des Widerspruchs der 14jährigen Klara kommt das alleinige Sorgrecht für die Mutter also nur dann in Betracht, wenn dies für ihr Kindeswohl am besten ist.

Der Richter soll so früh wie möglich auf ein einvernehmliches Sorgerechtskonzept hinwirken und auf Beratungsstellen hinweisen. Er soll das Sorgerechtsverfahren aussetzen, wenn die Ex-Partner bereit sind, außergerichtliche Vermittlung anzunehmen, oder wenn er überzeugt ist, daß sie sich einigen können.

Fall 5

Die Eheleute Britta und Peter haben einen Sohn: Boris. Sie wollen sich scheiden lassen.

Im Hinblick auf das Sorgerecht gibt es zu den Fällen ohne Trauschein (1-4) keinen Unterschied. Für Eltern gelten die gleichen Vorschriften – egal ob verheiratet oder nicht. Stellen die Eheleute im Scheidungsverfahren keinen Antrag auf alleinige Sorge, dann bleibt es also auch nach der Scheidung bei der gemeinsamen elterlichen Sorge für Boris.

Ein Sorgerechtsverfahren nach altem Recht gilt als in der Hauptsache erledigt, wenn ein Elternteil nicht bis zum Ablauf von drei Monaten nach dem 1.7.1998 einen Antrag auf Alleinsorge gestellt hat.

II. Umgangsrecht

Fall 6
Hans möchte, daß ihm seine allein sorgeberechtigte Ex-Partnerin Lisa ein »Umgangsrecht« einräumt: Jedes zweite Wochenende soll seine Tochter Klara zu ihm kommen. Lise widerspricht, da ihrer Meinung nach das Kind von ihr zu lang getrennt wird.

Auch beim »Umgangsrecht« gelten für alle Eltern dieselben Gesetzesregeln – egal, ob geschieden, getrennt lebend oder nicht verheiratet. Neu ist für Väter ohne Trauschein: Auch wenn ein Elternteil nicht mit dem Sorgeberechtigten verheiratet ist, hat er ein Recht auf Kontakt mit seinem Kind. Der Sorgeberechtigte darf nicht über die Ausgestaltung des »Umgangs« bestimmen. Das Familiengericht kann Umfang und Ausübung des »Umgangs« näher regeln. Argumentiert der Sorgeberechtigte pauschal, er fühle sich aufgrund Art und Dauer des »Umgangs« nicht wohl, was wiederum dem Kind schade, dürfte er damit in Zukunft keinen Erfolg haben.

Allerdings kann das Familiengericht den Kontakt einschränken oder ausschließen, wenn es zu der Überzeugung kommt, dies sei zum Wohl des Kindes erforderlich. Das Gericht kann auch einen »betreuten Umgang« beschließen – dann ist noch eine dritte Person mit dabei.

Fall 7
Klaras Opa Otto, der Vater von Hans, möchte seine Enkelin regelmäßig sehen, was die allein sorgeberechtigte Mutter Lise verhindert.

Auch Großeltern, Geschwister, »Stiefeltern« und Pflegeeltern haben ein Recht auf »Umgang« mit dem Kind, wenn dies seinem Wohl dient. Dieses Recht kann gerichtlich durchgesetzt werden. Es gibt leider kein Umgangsrecht für nicht verheiratete »Stiefeltern«.

Fall 8
Wenn Hans seine Tochter Klara abholt, kommt es immer wieder zu schweren Konflikten zwischem ihm und der allein sorgeberechtigten Lise. Völlig entnervt bricht Hans den Kontakt zu seiner Tochter ab, obwohl Klara ihn weiterhin regelmäßig sehen möchte.

Das »Umgangsrecht« ist auch ein subjektives Recht des Kindes auf Umgang mit seinen Eltern. Korrespondierend zum Recht des Kindes gibt es neben dem Umgangsrecht der Eltern eine Pflicht der Eltern zum »Umgang« mit ihrem Kind.

Kinder und Jugendliche haben einen Anspruch auf Beratung und Unterstützung des Jugendamts, wenn »Umgangsberechtigte« vom ihrem Recht keinen (regelmäßigen) Gebrauch machen und sie links liegen lassen. Das Kind kann über das Jugendamt die Durchsetzung des »Umgangsrechts« beantragen. Falls erforderlich, soll sich der Familienrichter bemühen, das Problem zu lösen – zum Beispiel mit sanftem Druck auf Vater und Mutter während eines Vermittlungsverfahrens (s. auch Fall 9).

Fall 9
Lise boykottiert den Umgang zwischen ihrer Tochter Klara und Hans.

Haben die Ex-Partner Probleme mit dem »Umgang« – oder hat das Kind wie in Fall 8 Probleme damit –, soll der Familienrichter sie auf Antrag eines Elternteils zu einem Vermittlungstermin laden. Er soll (mit Hilfe des Jugendamts) die Eltern zu einer einvernehmlichen Lösung bewegen und Beratungsstellen nennen. Er weist darauf hin, daß er wegen Umgangsvereitelung Zwangsmittel anordnen und das Sorgerecht einschränken oder entziehen kann (s.u.). Er kann anordnen, daß die Eltern alles unterlassen, was das Verhältnis des Kindes zum jeweils anderen Elternteil beeinträchtigt.

Das Ergebnis der Vermittlung ist im Protokoll festzuhalten – eine einvernehmliche »Umgangsregelung« als Vergleich. Wenn ein Elternteil nicht zum Vermittlungstermin erscheint oder wenn es keine Einigung gibt, prüft das Gericht
– ob Zwangsmittel (z.b. Zwangsgeld) ergriffen,
– Änderungen der Umgangsregelung vorgenommen
– oder das Sorgerecht des Umgangsboykotteurs eingeschränkt oder entzogen werden sollen.
Ein entsprechendes Verfahren ist von Amts wegen oder durch Antrag eines Elternteils binnen eines Monats möglich.

Auch das Jugendamt muß Eltern, Kinder und Großeltern mit »Umgangsproblemen« nach § 18 Abs. KJHG beraten und unterstützen. Es muß helfen, daß Besuchskontakte zustande kommen und daß Probleme mit gerichtlichen oder vereinbarten »Umgangsregelungen« gelöst werden.

III. Unterhalt

Fall 10
Der allein sorgeberechtigte Hans betreut Klara von ihrer Geburt an ganztägig. Er möchte Unterhalt von Lise.

Der sogenannte Betreuungsunterhalt kann von Vätern wie von Müttern für den Zeitraum von drei Jahren nach der Geburt gefordert werden, wenn sie wegen der Pflege des Kindes nicht erwerbstätig sind. Liegen Gründe für eine länger dauernde Pflege vor (z.B. Behinderung des Kindes), besteht der Unterhaltsanspruch auch über drei Jahre hinaus.

Fall 11
Die allein sorgeberechtigte Lise möchte Unterhalt für ihre Tochter Klara, doch deren Vater Hans will nicht zahlen.

Bisher bestellte das Jugendamt in Westdeutschland für jedes nichtehelich geborene Kind einen amtlichen Pfleger (gesetzliche Amtspflegschaft). Jetzt kann sich die Mutter – wie auch der Vater ohne Trauschein, der sein Kind allein erzieht – Beistand beim Jugendamt holen, um die Unterhaltszahlungen des unterhaltsverpflichteten Elternteils eintreiben zu lassen. Im Rahmen der freiwilligen Beistandschaft stellen die Jugendämter auch die Vaterschaft fest.

IV. Abstammung

Fall 12
Klara erfährt erst mit 25 Jahren von Umständen, die sie zweifeln lassen, ob Hans ihr Vater ist.

Auch volljährige Kinder können die Vaterschaft anfechten. Die Frist beträgt zwei Jahre, nachdem sie von den Umständen erfahren haben, die gegen die Vaterschaft sprechen.

Fall 13
Lise wird schwanger von ihrem Freund Dieter, erkennt ihn aber nicht als Vater von Suse an und heiratet Robert.

Rechtlich ist Robert als Ehemann Vater des Kindes. Wenn Suse ahnt, daß das nicht stimmt, kann sie noch während der Ehe die Vaterschaft anfechten. So wird Dieter, der Ex-Freund ihrer Mutter, auch rechtlich ihr Vater. Dieter hingegen hat selbst niemals eine Chance, seine Vaterschaft rechtlich geltend zu machen.

Fall 14
Britta trennt sich von ihrem Ehemann Peter und zieht zu ihrem Freund Fritz. Sieben Monate später bringt sie Nina zur Welt.

Nach altem Recht war Peter Ninas juristischer Vater, es sei denn, die Ehelichkeit wurde angefochten, denn ein Kind galt als ehelich, wenn es bis zu 302 Tage nach der Scheidung zur Welt kam. Nach neuem Recht können sich Ehemann, Mutter und Freund »einigen«. Der Ausschluß der Vaterschaft des bisherigen Ehemannes Peter wird erst wirksam, wenn die Scheidung rechtskräftig ist. Beharrt Peter auf seiner Vaterschaft, kann Britta diese anfechten.

V. Familiennamen

Fall 15
Klara soll nach dem Willen ihrer nicht verheirateten Eltern den Nachnamen ihres Vaters erhalten.

Wenn beide Eltern sorgeberechtigt sind, entscheiden sie gemeinsam über den Familiennamen des Kindes. Andernfalls erhält das Kind den Namen des allein sorgeberechtigten Elternteils, es sei denn, seine Eltern einigen sich einvernehmlich auf den Namen des anderen Elternteils.

VI. »Anwalt des Kindes«

Fall 16
Klara soll auf Vorschlag des Jugendamts einen Vormund erhalten, da sonst das Kindeswohl gefährdet sei.

Wenn das Kind besonders schutzbedürftig ist, bestellt das Gericht einen »Anwalt des Kindes«. Solche unabhängigen Ver-
fahrenspfleger können nicht nur Anwälte, sondern auch Sozialarbeiter, Kinderpsychologen, Richter, ehrenamtlich Tätige
und andere sein. Ein »Anwalt des Kindes« wird eingeschaltet,
– wenn das Interesse des Kindes in erheblichem Gegensatz zu
  dem seiner gesetzlichen Vertreter steht,
– wenn das Kind von seiner Familie getrennt werden soll oder
  seinen Sorgeberechtigten das Sorgerecht entzogen wird,
– wenn ein Kind in einer Pflegefamilie aufwächst und die Eltern ihren Nachwuchs wiederhaben wollen.

VII. Adoption

Fall 17
Lise heiratet Fritz. Das Ehepaar will Klara, das Kind aus der
nichtehelichen Lebensgemeinschaft zwischen Hans und Lise,
adoptieren. Vater Hans ist damit nicht einverstanden.

Einer Adoption seines Kindes muß der Vater grundsätzlich zustimmen. Wenn die Eltern nicht verheiratet sind und auch
keine Sorgerechtserklärungen abgegeben haben (vgl. Fall 1),
kann das Gericht die Einwilligung ersetzen, wenn das Unterbleiben der Annahme dem Kind zu einem unverhältnismäßi-
gen Nachteil gereichen würde.
  Bis zum Urteil des Bundesverfassungsgerichts vom 7. März
1995 konnten nichtehelich geborene Kinder ohne Zustimmung von ihren Vätern weg adoptiert werden. Meist adop-

tierte der neue Ehemann der Mutter, also der »Stiefvater«, aber sogar »Eigenadoptionen« lediger Mütter – die Mutter adoptiert ihr eigenes Kind – waren möglich. So waren viele Väter von einem Tag auf den anderen nicht mehr mit ihren Kindern verwandt. Was bei Streit um Gartenzwerge und Heckenhöhen möglich ist, galt bis dahin nicht für Väter ohne Trauschein: Gegen den Adoptionsbescheid eines einzigen Vormundschaftsgerichts konnten sie nicht einmal Rechtsmittel einlegen.

So viele nichtehelich geborene Kinder wurden in Deutschland (weg-)adoptiert, ohne daß ihre Väter auch nur ein Wort mitzureden hatten:

1991: 3 842; 1992: 4 575; 1993: 4 805; 1994: 4 494; 1995: 4 089.

VIII. Erbrecht

Fall 18
Hans stirbt und hat kein Testament hinterlassen. Seine nichtehelich geborene Tochter Klara und sein ehelicher Sohn Hugo streiten um das Erbe.

Bisher hatten nichtehelich Geborene in den alten Bundesländern gegenüber den gesetzlichen Erben nur einen Erbersatzanspruch – ein reiner Geldanspruch. Ein außerehelich geborener Westdeutscher konnte im Alter von 21 bis 26 Jahren von seinem Vater einen vorzeitigen Erbausgleich in Geld verlangen, der das Dreifache des Unterhalts betrug, den der Vater seinem Kind (im Durchschnitt der letzten fünf Jahre) jährlich bezahlt hatte oder hätte zahlen müssen.

Nichtehelich Geborene haben fortan den gleichen Anspruch auf Rechtsnachfolge als gesetzliche Erben wie eheliche Geborene. Klara und Hugo beerben Hans also je zur Hälfte.

Fazit

Die Reform unterstützt Eltern, die auseinandergehen, weiterhin gemeinsam für ihre Kinder zu sorgen. Denn Kinder haben ein Recht auf Vater und Mutter. Väter ohne Trauschein bleiben sorgerechtlich aber stets außen vor, wenn die Mutter sich querstellt – es sei denn, ihr ist eine Kindeswohlgefährdung nachzuweisen. Es bleibt zu hoffen, daß die Richter diesen Vätern wenigstens ein »großzügiges Umgangsrecht« zusprechen, und daß sie Mütter, die den Kontakt zwischen Kind und Vater behindern, einfühlsam, aber auch deutlich und wenn notwendig mit Druck an diesem Mißbrauch des Sorgerechts hindern. Das hieße für unnachgiebige Umgangsverweigerer: Zwangsgeld – und wenn das nicht hilft: Sorgerechtsänderung!

Es bleibt abzuwarten, mit welchen »Kindeswohl«-Argumenten Richter einem Elternteil das Sorgerecht entziehen. Lernen sie zu unterscheiden: zwischen den Interessen des Kindes und egoistischen Elternmotiven? Wie leicht werden sie Müttern das alleinige Sorgerecht geben, wenn diese das gemeinsame ablehnen? Hoffentlich suchen die Richter nach § 1671 Abs. 2 (2) BGB zum »Wohl des Kindes« nicht nach dem »besseren Elternteil«, der die alleinige Sorge auszuüben habe!

Es fehlen noch viele tausend gute Anwälte, Richter, Gutachter, Mediatoren, Trennungs- und Scheidungsberater, Psychologen und Jugendamtsmitarbeiter, damit Trennung und Scheidung nicht zu einem so großen Übel reifen, wie dies bislang der Fall war. Das dänische Modell (Scheidung außerhalb der Gerichte) ist noch in weiter Ferne. Und wo sind die »Anwälte des Kindes«, die geschickt die Interessen des Kindes verteidigen sollen? Wo sind die Richter, die nicht Nein sagen, wenn ein Sorgeberechtigter Ruhe vom Nichtsorgeberechtigten haben will, und damit das Kind um einen Elternteil bringt? Wo sind die Richter, die auf Drängen der Mütter nicht »zum Wohl des Kindes« voreilig das alleinige Sorgerecht verteilen? Und warum können Väter ohne Trauschein nicht die

Vaterschaft anfechten, wenn die Mutter ihres Kindes sie verleugnet und dem Kind eine heile Familienwelt mit einem Ehemann vorspielt, der nicht sein Vater ist?

Werner Sauerborn, Chefredakteur der Väterzeitschrift *PAPS*, bringt es in der Ausgabe 4/97 richtig auf den Punkt: Die gemeinsame Sorgerechtserklärung für Paare ohne Trauschein »ist ein schwerer Geburtsfehler der Reform, ja an dieser Stelle ist sie sogar verfassungswidrig. Auf der anderen Seite stehen aber klare Verbesserungen für Hunderttausende von Vätern. Das gemeinsame Sorgerecht als Regelfall ist durchgesetzt. Erstmals werden nichteheliche Väter ein Sorgerecht haben können, ein gemeinsames und nach einer Trennung auch das alleinige. Das Umgangsrecht ist ausgeweitet und als Kindesrecht ausformuliert. Diese Reform ist ein großer, wenn auch kein 100%iger Erfolg für die Väterbewegung. Und er ist auch unser Erfolg! Der von Väteraufbruch, *PAPS* und vielen anderen Initiativen und Gruppen.«

Das Bundesministerium der Justiz
zum gemeinsamen Sorgerecht (17.10.1997):

»Die gemeinsame Sorge kann sich in vielen Fällen segensreich auswirken, weil nicht in dem gleichen Maße wie bei der Alleinsorge die Gefahr besteht, daß das Kind dem nichtbetreuenden Elternteil – meist dem Vater – entfremdet wird. Nach rechtstatistischen Untersuchungen hat mehr als die Hälfte der geschiedenen Väter ein Jahr nach der Scheidung keinerlei Kontakt mehr zu dem Kind. Der Verlust der elterlichen Sorge wirkt bei den betroffenen Vätern vielfach demotivierend; dies hat zur Folge, daß sie ihr Umgangsrecht nicht mehr wahrnehmen. Aus diesen Gründen ist es erstrebenswert, wenn Eltern auch nach Trennung und Scheidung die elterliche Sorge – jedenfalls soweit es sich um grundsätzliche Fragen handelt – gemeinsam wahrnehmen. Zur Erzielung eines solchen Einvernehmens kann auch die Hilfe des Jugendamts in Anspruch genommen werden (...)

Dem Ziel, daß Eltern ihre Kinder im Scheidungsverfahren nicht aus den Augen verlieren, dienen folgende flankierende Maßnahmen, die die Beratung der Eltern unter Beteiligung des betroffenen Kindes in den Mittelpunkt stellen.

Zum einen werden die Gerichte die Jugendämter über solche Scheidungsanträge in Kenntnis setzen, bei denen gemeinschaftliche minderjährige Kinder von der Scheidung betroffen sein werden. Die Jugendämter sind sodann verpflichtet, die Eltern über das Angebot der Trennungs- und Scheidungsberatung zu informieren (...)

Zum anderen werden auch die Gerichte, wenn gemeinschaftliche minderjährige Kinder vorhanden sind, die Ehegatten zur elterlichen Sorge anhören und nochmals auf bestehende Beratung durch Beratungsstellen und Dienste der Jugendhilfe hinweisen (...)

Die eigenverantwortliche Konfliktlösung der Eltern soll besonders in Sorge- und Umgangsverfahren gefördert werden. Schon im Frühstadium eines solchen Verfahrens soll das Gericht künftig auf die beim Jugendamt gegebenen Beratungsmöglichkeiten hinweisen. Außerdem wird das Gericht die Möglichkeit haben, entsprechende Verfahren auszusetzen, wenn die Beteiligten zu einer außergerichtlichen Beratung bereit sind oder wenn nach freier Überzeugung des Gerichts Aussicht auf ein Einvernehmen der Beteiligten besteht.«

Die neuen Paragraphen

1. Sorgerecht

§ 1626 a BGB

(1) Sind die Eltern bei der Geburt des Kindes nicht miteinander verheiratet, so steht ihnen die elterliche Sorge dann gemeinsam zu, wenn sie

1. erklären, daß sie die Sorge gemeinsam übernehmen wollen (Sorgeerklärungen), oder
2. einander heiraten; dies gilt auch, wenn die Ehe später für nichtig erklärt wird.

(2) Im übrigen hat die Mutter die elterliche Sorge.

§ 1671 BGB

(1) Leben Eltern, denen die elterliche Sorge gemeinsam zusteht, nicht nur vorübergehend getrennt, so kann jeder Elternteil beantragen, daß ihm das Familiengericht die elterliche Sorge oder einen Teil der elterlichen Sorge allein überträgt.

(2) Dem Antrag ist stattzugeben, soweit
1. der andere Elternteil zustimmt, es sei denn, daß das Kind das vierzehnte Lebensjahr vollendet hat und der Übertragung widerspricht, oder
2. zu erwarten ist, daß die Aufhebung der gemeinsamen Sorge und die Übertragung auf den Antragsteller dem Wohl des Kindes am besten entspricht.

(3) Dem Antrag ist nicht stattzugeben, soweit die elterliche Sorge auf Grund anderer Vorschriften abweichend geregelt werden muß.

§ 1672 BGB

(1) Leben die Eltern nicht nur vorübergehend getrennt und steht die elterliche Sorge nach § 1626 a Abs. 2 BGB der Mutter zu, so kann der Vater mit Zustimmung der Mutter beantragen, daß ihm das Familiengericht die elterliche Sorge allein überträgt. Dem Antrag ist stattzugeben, wenn die Übertragung dem Wohle des Kindes dient.

§ 1687 BGB

(1) Leben Eltern, denen die elterliche Sorge gemeinsam zusteht, nicht nur vorübergehend getrennt, so ist bei Entscheidungen in Angelegenheiten, deren Regelung für das Kind von

erheblicher Bedeutung ist, ihr gegenseitiges Einvernehmen erforderlich. Der Elternteil, bei dem sich das Kind mit Einwilligung des anderen Elternteils oder auf Grund einer gerichtlichen Entscheidung gewöhnlich aufhält, hat die Befugnis zur alleinigen Entscheidung in Angelegenheiten des täglichen Lebens. Entscheidungen in Angelegenheiten des täglichen Lebens sind in der Regel solche, die häufig vorkommen und die keine schwer abzuändernden Auswirkungen auf die Entwicklung des Kindes haben. Solange sich das Kind mit Einwilligung dieses Elternteils oder auf Grund einer gerichtlichen Entscheidung bei dem anderen Elternteil aufhält, hat dieser die Befugnis zur alleinigen Entscheidung in Angelegenheiten der tatsächlichen Betreuung.

2. Umgangsrecht

§ 1631 BGB

(2) Entwürdigende Erziehungsmaßnahmen, insbesondere körperliche und seelische Mißhandlungen, sind unzulässig.

§ 1626 BGB

(3) Zum Wohl des Kindes gehört in der Regel der Umgang mit beiden Elternteilen. Gleiches gilt für den Umgang mit anderen Personen, zu denen das Kind Bindungen besitzt, wenn deren Aufrechterhaltung für seine Entwicklung förderlich ist.

§ 1684 BGB

(1) Das Kind hat das Recht auf Umgang mit jedem Elternteil; jeder Elternteil ist zum Umgang mit dem Kind verpflichtet und berechtigt.

(2) Die Eltern haben alles zu unterlassen, was das Verhältnis des Kindes zum jeweils anderen Elternteil beeinträchtigt oder die Erziehung erschwert. Entsprechendes gilt, wenn sich das Kind in der Obhut einer anderen Person befindet.

(3) Das Familiengericht kann über den Umfang des Umgangsrechts entscheiden und seine Ausübung, auch gegen-

über Dritten, näher regeln. Es kann die Beteiligten durch Anordnungen zur Erfüllung der in Absatz 2 geregelten Pflicht anhalten.

(4) Das Familiengericht kann das Umgangsrecht oder den Vollzug früherer Entscheidungen über das Umgangsrecht einschränken oder ausschließen, soweit dies zum Wohl des Kindes erforderlich ist. Eine Entscheidung, die das Umgangsrecht oder seinen Vollzug für längere Zeit oder auf Dauer einschränkt oder ausschließt, kann nur ergehen, wenn andernfalls das Wohl des Kindes gefährdet wäre. Das Familiengericht kann insbesondere anordnen, daß der Umgang nur stattfinden darf, wenn ein mitwirkungsbereiter Dritter anwesend ist. Dritter kann auch ein Träger der Jugendhilfe oder ein Verein sein; dieser bestimmt dann jeweils, welche Einzelperson für ihn die Aufgabe wahrnimmt.

§ 1685 BGB

(1) Großeltern und Geschwister haben ein Recht auf Umgang mit dem Kind, wenn dieser dem Wohl des Kindes dient.

(2) Gleiches gilt für den Ehegatten oder früheren Ehegatten eines Elternteils, der mit dem Kind längere Zeit in häuslicher Gemeinschaft gelebt hat, und für Personen, bei denen das Kind längere Zeit in Familienpflege war.

§ 18 Abs. 3 Satz 1 und 2
Sozialgesetzbuch VIII

Kinder und Jugendliche haben Anspruch auf Beratung und Unterstützung bei der Ausübung des Umgangsrechts nach § 1684 Abs. 1 des Bürgerlichen Gesetzbuchs. Sie sollen darin unterstützt werden, daß die Personen, die nach Maßgabe der §§ 1684, 1685 des Bürgerlichen Gesetzbuchs zum Umgang mit ihnen berechtigt sind, von diesem Recht zu ihrem Wohl Gebrauch machen.

3. Anwalt des Kindes

§ 50 Abs. 1 und 2 FGG

(1) Das Gericht kann dem minderjährigen Kind einen Pfleger für ein seine Person betreffendes Verfahren bestellen, soweit dies zur Wahrnehmung seiner Interessen erforderlich ist.

(2) Die Bestellung ist in der Regel erforderlich, wenn

1. das Interesse des Kindes zu dem seiner gesetzlichen Vertreter in erheblichem Gegensatz steht,
2. Gegenstand des Verfahrens Maßnahmen wegen Gefährdung des Kindeswohls, mit denen die Trennung des Kindes von seiner Familie oder die Entziehung der gesamten Personensorge verbunden ist (§§ 1666, 1666 a des Bürgerlichen Gesetzbuchs), sind oder
3. Gegenstand des Verfahrens die Wegnahme des Kindes von der Pflegeperson (§ 1632 Abs. 4 des Bürgerlichen Gesetzbuchs) ist.

Sieht das Gericht in diesen Fällen von der Bestellung eines Pflegers für das Verfahren ab, so ist dies in der Entscheidung zu begründen, die die Person des Kindes betrifft.

4. Hinwirken auf Einvernehmen der Beteiligten § 52 FGG

(1) In einem die Person eines Kindes betreffenden Verfahren soll das Gericht so früh wie möglich und in jeder Lage des Verfahrens auf ein Einvernehmen der Beteiligten hinwirken. Es soll die Beteiligten so früh wie möglich anhören und auf bestehende Möglichkeiten der Beratung durch die Beratungsstellen und –dienste der Träger der Jugendhilfe insbesondere zur Entwicklung eines einvernehmlichen Konzepts für die Wahrnehmung der elterlichen Sorge und der elterlichen Verantwortung hinweisen.

(2) Soweit dies nicht zu einer für das Kindeswohl schädlichen Verzögerung führt, soll das Gericht das Verfahren aussetzen, wenn

1. die Beteiligten bereit sind, außergerichtliche Beratung in Anspruch zu nehmen, oder

2. nach freier Überzeugung des Gerichts Aussicht auf ein Einvernehmen der Beteiligten besteht; in diesem Fall soll das Gericht den Beteiligten nahelegen, eine außergerichtliche Beratung in Anspruch zu nehmen.

(3) Im Fall des Absatzes 2 kann das Gericht eine einstweilige Anordnung über den Verfahrensgegenstand von Amts wegen erlassen.

5. Vermittlungsverfahren im Umgangsstreit
§ 52 a FGG

(1) Macht ein Elternteil geltend, daß der andere Elternteil die Durchführung einer gerichtlichen Verfügung über den Umgang mit dem gemeinschaftlichen Kind vereitelt oder erschwert, so vermittelt das Familiengericht auf Antrag eines Elternteils zwischen den Eltern. Das Gericht kann die Vermittlung ablehnen, wenn bereits ein Vermittlungsverfahren oder eine anschließende außergerichtliche Beratung erfolglos geblieben ist.

(2) Das Gericht hat die Eltern alsbald zu einem Vermittlungstermin zu laden. Zu diesem Termin soll das Gericht das persönliche Erscheinen der Eltern anordnen. In der Ladung weist das Gericht auf die möglichen Rechtsfolgen eines erfolglosen Vermittlungsverfahrens nach Absatz 5 hin. In geeigneten Fällen bittet das Gericht das Jugendamt um Teilnahme an dem Termin.

(3) In dem Termin erörtert das Gericht mit den Eltern, welche Folgen das Unterbleiben des Umgangs für das Wohl des Kindes haben kann. Es weist auf die Rechtsfolgen hin, die sich aus einer Vereitelung oder Erschwerung des Umgangs ergeben können, insbesondere auf die Möglichkeiten der Durchsetzung mit Zwangsmitteln nach § 33 oder der Einschränkung und des Entzugs der Sorge unter den Voraussetzungen der §§ 1666, 1671 und 1696 des Bürgerlichen Gesetzbuchs. Es weist die Eltern auf die bestehenden Möglichkeiten der Bera-

tung durch die Beratungsstellen und -dienste der Träger der Jugendhilfe hin.

(4) Das Gericht soll darauf hinwirken, daß die Eltern Einvernehmen über die Ausübung des Umgangs erzielen. Das Ergebnis der Vermittlung ist im Protokoll festzuhalten. Soweit die Eltern Einvernehmen über eine von der gerichtlichen Verfügung abweichende Regelung des Umgangs erzielen und diese dem Wohl des Kindes nicht widerspricht, ist die Umgangsregelung als Vergleich zu protokollieren; dieser tritt an die Stelle der bisherigen gerichtlichen Verfügung. Wird ein Einvernehmen nicht erzielt, sind die Streitpunkte im Protokoll festzuhalten.

(5) Wird weder eine einvernehmliche Regelung des Umgangs noch Einvernehmen über eine nachfolgende Inanspruchnahme außergerichtlicher Beratung erreicht oder erscheint mindestens ein Elternteil in dem Vermittlungstermin nicht, so stellt das Gericht durch nicht anfechtbaren Beschluß fest, daß das Vermittlungsverfahren erfolglos geblieben ist. In diesem Fall prüft das Gericht, ob Zwangsmittel ergriffen, Änderungen der Umgangsregelung vorgenommen oder Maßnahmen in bezug auf die Sorge ergriffen werden sollen. Wird ein entsprechendes Verfahren von Amts wegen oder auf einen binnen eines Monats gestellten Antrag eines Ehegatten eingeleitet, so werden die Kosten des Vermittlungsverfahrens als Teil der Kosten des anschließenden Verfahrens behandelt.

3. Väter ohne Trauschein

*»Das Lebensschicksal der Kinder kommt oft unter
die Räder, wenn Erwachsene sich streiten und nicht
davor zurückschrecken, diesen Streit auf dem
Rücken der Kinder auszutragen. Hier muß das Recht
die Kinder schützen!«
(Bundesaußenminister Dr. Klaus Kinkel)*

Verglichen mit dem Vater ohne war der Vater mit Trauschein
bis zur Reform des Familienrechts ein Vater de luxe. Verheirateten Vätern stand die »elterliche Sorge« für ihr Kind automatisch mit der Geburt zu – Väter ohne Eheurkunde hingegen
hatten kraft Gesetz nicht zu sorgen, sondern bloß Unterhalt
zu zahlen. Ansonsten waren sie rechtlich gesehen von jeder
Verantwortung entbunden, ob sie das wollten oder nicht.

Pauschal und ausnahmslos ordnete der Gesetzgeber das Sorgerecht der Mutter zu: »Das nichteheliche Kind steht, solange
es minderjährig ist, unter der elterlichen Sorge der Mutter«,
bestimmte unser Bürgerliches Gesetzbuch bis Ende Juni 1998.

Für den Alltag von Kindern und Vätern ohne Trauschein
bedeutete das: viele Hindernisse. Ob es sich um die Einrichtung eines Sparbuches, die Anmeldung im Kindergarten oder
um die Frage »Zahnspange ja oder nein?« handelte – Mutter
entschied allein.

Schon früh merkte der ehelose Vater, daß er anders war als
die anderen Väter. Vergeblich versuchte er, sein Kind beim
Standesamt anzumelden. »Ohne eine schriftliche Einwilligung der Mutter läuft gar nichts«, bekam er dort zu hören.
Juristisch gesehen war so ein Vater auch nicht befugt, sich
beim Arzt über den Gesundheitszustand seines Kindes zu informieren. Genausowenig durfte er das Entschuldigungsschreiben an die Klassenlehrerin aufsetzen. Auch zum Eltern-

vertreter konnte er sich nicht wählen lassen, es sei denn, er lebte in Berlin oder Hessen.[26]

Trend zur Familie ohne Trauschein

Fast jedes fünfte Kind (1997: 18 Prozent) wird Ende der neunziger Jahre von Eltern ohne Ehezertifikat erwartet. 145 833 Kinder wurden 1997 in Deutschland ohne standesamtliches Ja-Wort ihrer Eltern geboren. Im Westen stieg ihr Anteil von 5,5 Prozent (1970) auf 14,3 Prozent (1997). Noch rasanter verlief die Entwicklung in den jüngeren Bundesländern und Ost-Berlin: Im selben Zeitraum verdreifachte sich hier die Quote der außerhalb einer Ehe geborenen Kinder von 13,3 Prozent auf 44,1 Prozent.

In den Metropolen ist der Trend zur vor- oder außerehelichen Nachkommenschaft besonders ausgeprägt: Ohne besonderen Segen wird in Hamburg und Bremen jedes vierte, in Berlin jedes dritte Kind geboren – im Ostteil der Hauptstadt sogar jedes zweite. Diese Zahlen bestätigen den internationalen Trend: In Schweden lag der Anteil außerehelicher Geburten bereits Ende der achtziger Jahre bei 50 Prozent. Auch in Dänemark gibt es zwischen Eltern mit und ohne Trauschein ein Kopf-an-Kopf-Rennen. Frankreich und Großbritannien haben die 30-Prozent-Marke erreicht.

Natürlich sind auch diese Angaben lediglich Momentaufnahmen. Über den weiteren Weg dieser Familien, über deren Familienalltag sagen sie nichts aus. Vielleicht heiraten die Eltern später. Dann würden ihre Kinder durch nachträgliche »Legitimation« als eheliche Kinder in die Statistik eingehen.

---

26 So bestätigte der Verwaltungsgerichtshof Baden-Württemberg in einem Urteil vom 17. 8. 1992 (Az. 9 S 2345/90) die Auffassung des Oberschulamtes Karlsruhe, »daß leibliche Väter ohne Sorgeberechtigung keine Eltern im Sinne der Elternbeiratsverordnung seien. Infolgedessen könnten sie auch nicht zu Elternvertretern gewählt werden.«

Leben die Kinder überhaupt mit ihrem Vater zusammen? Oder allein mit ihrer Mutter? Oder mit Mami und einem neuen sozialen Vater?[27]

Der *Trend zur Familie ohne Jawort* ist an den bundesdeutschen Familienhütern lange Zeit spurlos vorbeigezogen. »Ehe und Familie stehen unter dem besonderen Schutze der staatlichen Ordnung«, besagt Artikel 6, Absatz 1 des Grundgesetzes – bis zum 1.7.1998 galt dies aber nur für die *vollständige Ehefamilie*. Werner Sauerborn vom Verband *Väteraufbruch für Kinder* beschreibt die antiquierten Rahmenbedingungen zutreffend: »Unser Nichtehelichenrecht ging vom nichtehelichen Vater als Desperado aus, der sein Kind im Urlaub, im Suff oder als Seitensprung aus einer gutbürgerlichen Ehe heraus gezeugt hat und von seinem Nachwuchs nichts wissen will.«

Die »Väter« des sogenannten »Nichtehelichengesetzes« (genau: »Gesetz über die rechtliche Stellung der nichtehelichen Kinder« vom 19. August 1969) hatten noch die »gefallene« Mutter im Visier, die vom Mann ins Unglück gestürzt und von der Gesellschaft allein gelassen wurde. »Die nichteheliche Mutter muß den Schutz eines Ehemannes entbehren«, hieß es in der Begründung zum Gesetzestext.

Ein Blick in das Schrifttum der sechziger und frühen siebziger Jahre offenbart, welch Geistes Kind die damaligen »Reformer« waren. So lesen wir in einer von der damaligen Bundesregierung in Auftrag gegebenen Studie von 1961 mit dem Titel »Kinder ohne Familie – Das Schicksal des unehelichen Kindes in unserer Gesellschaft«:

---

27 Das Deutsche Jugendinstitut, München, berichtet im Familien-Survey (untersucht wurden 6486 »Kindschaftsverhältnisse« im Westen Deutschlands), daß 7,2 Prozent der Kinder unter zwei Jahren Nichtehelichenstatus hätten. 62,5 Prozent dieser Kinder lebten zusammen mit ihren nicht verheirateten Eltern. »Kinder aus nichtehelichen Lebensgemeinschaften von mehr als zehn Lebensjahren sind in Deutschland praktisch nicht anzutreffen.« Nauck, Bernhard: Familien- und Betreuungssituationen im Lebenslauf von Kindern. In: Bertram, Hans (Hg.): Die Familie in Westdeutschland, Opladen 1991, S. 401.

»Die unehelichen Mütter aber bringen in ihrer oft einfältig tumben Natur, die sie in der Regel ja unehelich hat niederkommen lassen, nicht die Kraft zum endgültigen Bruch auf; ihn [den Vater ihres Kindes, A.S.] zu heiraten, bringen sie aber auch nicht über sich.« Des weiteren: »Die wenigen unehelichen Väter, die doch zu ihrem unehelichen Kinde Kontakt pflegen, zeigen sich zum Teil von äußerst abseitiger, kritischer oder sogar asozialer Natur.«[28]

Ein Jahr später erfahren wir in einem »soziologischen Beitrag zur Reform des Unehelichenrechts«: »(Es) muß grundsätzlich klar bleiben, daß es sich hier um eine anormale Form der Bevölkerungserneuerung handelt.«[29]

Noch neun Jahre später konstatiert der Theologe Horst Herrmann »die Auswirkungen einer sogenannten ›Herren-Magd-Moral‹ (…), welche die uneheliche Zeugung dem sozial niederstehenden Mädchen aufbürdet, während sie dem Vater als ›Kavaliersdelikt‹ nachgesehen wird. Das meist jugendliche Alter der Väter sowie deren Interesselosigkeit am Schicksal ihres Kindes bewirken zudem, daß die Mütter an ihnen keine Stütze haben, was ihre und ihres Kindes ohnehin schon prekäre Situation noch verschlimmert.«[30]

Schon seit Jahren entspricht das dem alten »Nichtehelichenrecht« zugrundeliegende Bild des gleichgültigen Vaters und der jungen, hilflosen, sitzengelassenen Mutter nicht mehr der Familienwirklichkeit: Heutzutage erkennen Väter ohne Trauschein ihre Kinder im Rahmen der obligatorischen »Vaterschaftsfeststellung« in der Regel *freiwillig* an – die Quote

---

28 Groth, Sepp: Kinder ohne Familie. Das Schicksal des unehelichen Kindes in unserer Gesellschaft. Bd. 8 der Schriftenreihe der Arbeitsgemeinschaft für Jugendpflege und Jugendfürsorge. München 1961, S. 164 f.

29 Has, Franziska: Das Verhältnis der unehelichen Eltern zu ihrem Kinde. Ein soziologischer Beitrag zur Reform des Nichtehelichenrechts. Berlin 1962, S. 170.

30 Herrmann, Horst: Die Stellung unehelicher Kinder nach kanonischem Recht. Amsterdam 1971, S. 5 f. Für den Christen Herrmann ist das außerehelich geborene Kind »ein Mängelwesen«. Es neige u.a. zu »höherer Straffälligkeit« (S. 8 ff.).

der »freiwilligen Anerkennungen « hat sich von 62,6 Prozent (1975, West-Deutschland) auf 87,5 Prozent (1996) erhöht. Meistens bleibt es nicht nur bei dieser formalen »Anerkennung«: Immer häufiger werden Kinder in eine Gemeinschaft von Mutter und Vater ohne Ehezertifikat hineingeboren. Die Quote dieser Familien beträgt – bezogen auf die Gesamtzahl aller außerehelichen Geburten – 30 bis 65 Prozent in den alten und 75 bis 80 Prozent in den neuen Bundesländern.[31] Die Väter in diesen »nichtehelichen Lebensgemeinschaften« beteiligen sich überdurchschnittlich an der Pflege und Versorgung ihrer Kinder.[32]

Kinder und Väter ohne Trauschein lebten gefährlich

Wußtest du schon vor der Geburt deiner Tochter, was passieren könnte, wenn eure Beziehung scheitert?

»Überhaupt nicht. Ich hatte im Hinterkopf, daß es da ein Jugendamt gibt, dem du angeben mußt, daß du der Vater bist. Aber ich habe nie die Vorstellung gehabt, daß die Rechte, die einer Mutter zustehen, gegen dich benutzt werden könnten. Daß man als nichtehelicher Vater kein Recht auf Kontakt mit seinem Kind hat, habe ich erst erfahren, nachdem meine Freundin ausgezogen ist. Da denkst du doch vorher nicht dran, daß dir dieses Recht, dein Kind zu sehen, einfach genommen werden kann!

Ich bekenne mich zu meiner Vaterschaft, aber von Staats wegen werde ich beschränkt auf die Rolle des Zahlvaters. Und warum? Nur weil es keine Ehe gegeben hat. Das einzige, was dich noch wertvoll macht, ist, daß du die Vaterschaft über-

---

31 Vgl. Böhm, Reglindis (1992), S. 335.
32 Vgl. Kentler, Helmut: Leihväter – Kinder brauchen Väter. Reinbek 1989, S. 199. Empfehlenswert: Kentlers »Plädoyer für den väterlichen Mann«, ebd., S. 168–219.

nommen hast und daß der Staat nicht für dieses Kind zu zahlen braucht. In dieser Hinsicht bist du eine erwünschte Existenz. Alles andere aber wird dir genommen. Du wirst zu einem bloßen Erzeuger herabgedrückt. Es geht einem schon unter die Gürtellinie, wenn man eigentlich nur noch über einen Dauerauftrag daran erinnert wird, daß man Vater ist. Ich bin sicher, meine ehemalige Partnerin würde sich nicht querstellen, wenn ich als nichtehelicher Vater ein verbrieftes Besuchsrecht hätte.«

Kinder und Väter ohne Trauschein lebten bislang gefährlich: Bis zur Reform des Kindschaftsrechts konnte die nicht verheiratete Mutter deren Kontakte fördern oder drosseln, zulassen oder ganz unterbinden. Legte sie nach der Trennung ihr Veto ein, bedeutete das für die meisten Väter und Kinder: Null-Umgang. Denn grundsätzlich hatten Väter, die ohne Staates Segen Nachwuchs bekamen, kein »Recht auf Umgang« mit ihren Töchtern und Söhnen – ganz gleich, wie innig und lebendig die Beziehung zuvor auch war. Der Scheidungsvater hingegen durfte sein Kind selbst dann sehen, wenn die Ehe bereits vor der Geburt aufgelöst worden war.

Noch stärker als geschiedene Mütter neigen Mütter ohne Trauschein dazu, den Ex-Partner oder einen unliebsamen »Erzeuger« vom Kind fernzuhalten. Natürlich geht es auch bei Paaren ohne Trauschein um Blockaden der Mütter *und* um väterlichen Eskapismus! Väter ohne Trauschein gesellen sich noch schneller und noch öfter in die Fraktion flüchtender Väter als geschiedene Väter. Haben etwa 60 Prozent aller Scheidungsväter Kontakt mit ihren Kindern, liegt die »Umgangsquote« bei ehelosen Trennungsvätern und Kindern nur bei 40 Prozent. Von ihrem Kind, von Verantwortung und Sorge, wollen viele (erst einmal) nichts wissen. Oft bemüht sich die Mutter verzweifelt darum, daß der Herr Papa wenigstens ab und zu einmal für sein Kind da ist. Vergeblich.

Aber auch diese Vater-Kind-Realität nach der Trennung ist

nicht nur Ausdruck väterlicher Versäumnisse: Nicht verheiratete Väter machen den größten Teil der Väter aus, die jeglichen Kontakt zu ihren Kindern verlieren, obwohl sie das gar nicht wollen. Unsere Paragraphen bestärken viele Mütter geradezu, diese Väter ihrer Kinder auszugrenzen. Zwar haben Väter ohne Trauschein seit dem 1.7.1998 wenigstens ein »Umgangsrecht«. Doch es bleibt dabei: Wenn die Mutter blockt, gibt es kein Sorgerecht für den Vater.

Besonders oft spielt die Mutter ohne Trauschein einen Joker aus, der bei Richtern, Jugendamtsmitarbeitern und Gutachtern gewöhnlich einen nachhaltigen Eindruck hinterläßt: Ausführlich schildert sie die Konflikte und Streitigkeiten, die zwischen dem Ex-Partner und ihr noch bestünden. Regelmäßige Vater-Kind-Kontakte würden sie – und somit auch das Kind – sehr belasten. Folglich müsse der Umgang knapp gehalten oder gänzlich ausgesetzt werden.

Leider zieht dieses »Argument« häufig: Nur wenige Richter verstehen es, die *Eltern* zum Wohle ihrer Kinder zu beruhigen. Vielmehr steht für sie schnell fest, daß die *Kinder* ihre Ruhe bräuchten – also diene der Kind-Vater-Kontakt nicht dem Kindeswohl, nein: er widerspreche ihm sogar (vgl. Kap. 6).

Ein destruktiver Argumentationskreis, der viele Ex-Partner noch unversöhnlicher und Vater-Kind-Beziehungen noch unverbindlicher werden läßt. Mehrere Väter berichteten mir, daß die tatsächlichen Streitigkeiten denen aus Schriftsätzen und mündlichen Verträgen weit nachstanden. Doch solange Gerichte die strittige Vergangenheit der Eltern als Argument zur Ausgrenzung des Vaters anerkennen und darauf verzichten, Streit zwischen den Eltern abzubauen, ist nichts leichter, als Streit aufzubauen!

Das Erfolgsrezept »Streitnachweis« hat sich sogar in einem »Rechtsratgeber für Mütter nichtehelicher Kinder« niedergeschlagen. Zehn Hamburger Anwältinnen und Richterinnen (!) liefern Müttern *Tips zum Umgangs-Boykott*. Auszüge aus dem *kinderfeindlichen*, Vater-Kind-Beziehungen gefährdenden »Ratgeber«:

»Selbst wenn der Vater gute Gründe für eine Besuchsregelung vorbringt, kann er das Besuchsrecht nicht durchsetzen, wenn Sie dieses aus grundsätzlichen Überlegungen ablehnen.« Wie solche »grundsätzlichen Überlegungen« aussehen, erklären die Autorinnen gleich im nächsten Satz: »Es soll vermieden werden, daß das Besuchsrecht des Vaters Konflikte für Sie verursacht, die die Beziehung zwischen Ihnen und Ihrem Kind beeinträchtigen können.« Falls die Ratsuchende es jetzt noch nicht begriffen hat – drei Seiten später steht es noch einmal klipp und klar: »Sie müssen sich nicht einigen, schon gar nicht, wenn Sie Zweifel haben, ob ein Umgang des Vaters Ihrem Kind guttut.«

Eine Seite darauf: »Je länger keine Verbindung bestand, desto weniger spricht dafür, daß der Umgang dem Wohl des Kindes dient. (...) Selbst dann, wenn zwischen Vater und Kind eine Beziehung bestanden hat, wird das Umgangsrecht in bestimmten Fällen fraglich sein, dann nämlich, wenn die dabei zwangsläufig entstehenden Kontakte und Begegnungen mit dem Vater für Sie unerträglich sind.« Die Juristinnen machen keinen Hehl daraus, daß ihr Ratgeber »von Frauen für Frauen« ist, *nicht* für das Kind: »einerseits will es den Kontakt zum Vater, andererseits verspürt es die ablehnende Haltung der Mutter gegenüber den Besuchen. (...) Aus unserer Sicht dürfen Besuche in einer solchen Situation nicht stattfinden.«[33]

Wie andere Juristen Beziehungen zwischen nicht verheirateten Vätern und ihren Kindern zerstörten, dazu einige Arbeitsproben aus bundesdeutschen Gerichtsstuben – »Beschlüsse in Umgangssachen« der Jahrgänge 1990 bis 1991.

---

33   Bechler-Minack, Gabriele et. al.: Kind und Kegel. Rechtsratgeber für Mütter nichtehelicher Kinder. Hamburg 1992, S. 49 ff.

»Geborgenheit beim Vater kann es naturgemäß nicht geben« – Gerichtsbeschlüsse zum »Umgangsrecht nichtehelicher Väter«

- »Der Kindesvater versuchte nach der Trennung immer wieder, sei es telefonisch, sei es brieflich, sei es durch persönliche Besuche, Kontakte aufzunehmen. Auch hat er seine Tochter S. in K. auf der Straße *ohne Einwilligung der Mutter angesprochen* ...«

- »Es *kommt nicht darauf an, von welchem Elternteil letztlich die Spannungen in die Beziehungen hineingetragen wurden.* Auf jeden Fall meint das Gericht, daß sich diese Spannungen auf die Kinder übertragen, und es muß befürchtet werden, daß jedes Zusammentreffen mit dem *Vater* die weitere *ungestörte Entwicklung der Kinder stören* wird ...«

- »Von der mit dem Kind zusammenlebenden *Mutter*, die den weitaus überwiegenden Teil der Belastungen bei der Sorge für das Kind zu tragen hat, kann *nicht ohne zwingenden Grund* verlangt werden, *Vorbehalte gegen den Umgang*, die immerhin in der Regel ihren Ursprung im früheren Zusammenleben mit dem Vater und der (subjektiven) Kenntnis seiner Person haben, *zurückzustellen, wie dies eher bei dem Vater möglich ist, der nicht mit den Nachwirkungen seines Umgangs mit dem Kind konfrontiert wird.* Der *Mutter* wird durch den Umgang des Kindes mit dem Vater die *zusätzliche Aufgabe* zuteil, *eventuelle Irritationen*, belastende Vorkommnisse oder im Einzelfall auch die Folgen einer systematischen Verwöhnung des Kindes mit diesem nach dem Besuchskontakt *aufzuarbeiten*, während dem Vater Gelegenheit gegeben wird, das Zusammensein mit dem Kind in einer Art Feriensituation zu gestalten« (Landgericht Berlin, 21. Juni 1990).

- »Offensichtlich ist der *Vater nicht in der Lage, die grundlegende rechtliche und faktische Struktur der Beziehung ausreichend zu realisieren*, nämlich einerseits seine Position als nichtehelicher Vater, dem kein elterliches Sorgerecht, sondern (...)

nur ein Verkehrsrecht zusteht, über das grundsätzlich die Mutter zu befinden hat, und andererseits sein Kind als Mitglied der neuen Familie, die ihm Integrationschancen und *Geborgenheit* bieten kann, die es *auf der Seite des Vaters naturgemäß nicht geben* kann« (Landgericht Hamburg, 14. November 1990).

- »Der Kindesvater erklärt, daß er nicht mehr versuchen wird, seine Tochter C. irgendwo vorsätzlich zu sehen oder Kontakt mit ihr aufzunehmen, wenn dies nicht zuvor mit der Kindesmutter abgesprochen worden ist. Dem Kindesvater wird *Kontaktaufnahme* mit C. in der Art gestattet, daß er berechtigt ist, C. *Briefe* zu *schreiben*. Die Kindesmutter erklärt, daß sie bereit ist, dem Kindesvater *halbjährliche Entwicklungsberichte* über C. zuzusenden sowie einmal jährlich ein Foto beizufügen, auch Kopien von ergangenen Zeugnissen« (Amtsgericht Frankfurt a. M., 20. November 1990).

- »Der Antrag des nichtehelichen Vaters, seiner Tochter zum Geburtstag, zu Weihnachten, zu Neujahr, zu Ostern oder herausragendem Urlaub eine Grußkarte mit drei Sätzen handschriftlichem Text zu schicken, wird zurückgewiesen (...)
Gründe: (...) M. ist derzeit sieben Jahre alt und noch nicht in der Lage, emotionale Eindrücke, die sie im Umgang mit ihren Eltern gewinnt und verarbeiten muß, in ausreichendem Maße zu artikulieren, insbesondere nicht ihre Ängste und ihr Bedürfnis, zumindest von der Mutter akzeptiert zu werden. In diesem Zusammenhang können auch *Grußkarten einfacher Art ein störendes Element in der kontinuierlichen Entwicklung des Kindes darstellen, denn* zumindest *die Kindesmutter wird* auf derartige, sich jährlich häufiger wiederholende, wenn auch einseitige Kontaktaufnahmen des Vaters *negativ reagieren*, was nach Ansicht des Gerichts das Kind gefühlsmäßig mitbekommt und worauf es nach Ansicht des Gerichts nicht positiv reagieren kann. *Es mag sein, daß durch die Haltung der Mutter das Kind in seiner späteren Entwicklung*

beeinträchtigt werden wird. Es ist aber nicht ersichtlich, daß die Einstellung des Vaters, unbedingt in irgendeiner Form Kontakte zu seinem Kind zu bekommen, dem Wohle von M. mehr entspräche« (Amtsgericht Riedlingen, 25. November 1991).

(Hervorhebungen vom Autor)

»Rechte: keine – Pflichten: finanzieller Art« – Briefwechsel nicht verheirateter Väter

Liebe Natalie,
die Rücksendung des Pakets für Susannas Geburtstag hat meine Eltern sehr getroffen. Seit Dienstag sind sie bei mir zu Besuch. In Sichtweite meiner Wohnung liegt einer der schönsten Spielplätze von Köln, mit einer richtigen Seilbahn, auf der man in einem Reifen von einer Station zur anderen gleiten kann.

Meine Eltern lassen mich fragen, ob es für Dich vielleicht möglich wäre, am Samstag dort einmal mit Susanna auszuprobieren, ob dieser Spielplatz wirklich so gut ist. Vielleicht eine Viertelstunde lang dort spielen, und wie es der Zufall so will, die alten Leutchen vom Osterspaziergang sitzen dort auf einer Bank und schauen zu? Meine Mutter wird am Samstag 76 Jahre alt, und es ist so, daß sie einfach großen Jammer hat nach ihrer Enkeltochter.

Ich guck dann von ferne, denn wenn Susanna schon nicht ihren Vater sehen darf, warum sollen denn auch noch ihre Großeltern darunter leiden müssen? Viele Grüße, und erzähl Susanna ein spannendes Märchen
Claus

Sehr geehrter Herr T.,
der letzte Besuch unseres Enkelsohns Michael am vergangenen Sonntag in Ihrer Wohnung zeigte nach zweistündiger

Dauer folgende Veränderungen am Kind: Wie aufgezogen plapperte der Kleine fast unaufhörlich »pa, pa, pa, pa« und nickte dabei nervös mit dem Kopf. Er schlief spät ein, und nachts kam sein Unterbewußtsein ebenfalls nicht zur Ruhe. Zweimal mußten wir ihn beruhigen, immer wieder plapperte er diese Worte.

Unter diesen Umständen werden Sie verstehen, daß wir eine weitere Zusammenkunft nicht mehr dulden. Uns liegt das Wohl und Wehe unseres Enkelkindes sehr am Herzen, und wir werden uns mit allen Mitteln dafür einsetzen, daß die physische und psychische Entwicklung des Kindes von negativen Einflüssen verschont wird.

Bitte beachten Sie folgende Fakten:

Unsere Tochter kam freiwillig und ohne unser Dazutun zu uns nach Hause. Das Kind trägt ihren/unseren Namen und gehört laut Gesetz zur Mutter.

Daraus resultiert folgendes für Sie:

Rechte: keine.

Pflichten: finanzieller Art.

Es liegt allein im Ermessen der Mutter, ob und wie viele Zugeständnisse überhaupt an den Erzeuger des Kindes gemacht werden.

Wir raten Ihnen dringend, von Belästigungen uns gegenüber Abstand zu halten. Andernfalls werden wir unseren Rechtsanwalt einschalten.

Hochachtungsvoll …

Liebe Katrin,

über alle Fragen von Rechten und Pflichten hinaus möchte ich dich noch einmal flehentlich bitten, mir wieder zu ermöglichen, was bis vor kurzem noch möglich war: unsere Tochter zu sehen.

Jedes Lächeln von Gudrun, jeder fröhliche Jauchzer gibt Dir tagtäglich tausendfach neue Freude und ein stetiges Glücksgefühl. Aus jedem strahlenden Lächeln strahlt Dich zur Hälfte auch der Vater an.

Wenn Du einmal die Zeit eines Monats mit hundert Prozent ansetzt und zweimal einen halben Nachmittag im Laufe eines Monats für einen Besuch dagegenrechnest, dann sind das 0,5 Prozent. Der zweihundertste Teil Deines Glücks – für mich ist er das ganze.

Laß mir doch bitte dieses winzige Stückchen meines Vaterseins, bitte ...

Es grüßt Dich lieb Dein Jürgen

Sehr geehrter Herr Richter,
das beigefügte Foto zeigt unseren Sohn Stefan, wie er im Hause des Vaters hüpft und summt und sich wohl fühlt. Das Foto hat mein Bruder vor wenigen Monaten bei einem der regelmäßigen Besuche von Stefan bei mir aufgenommen. Ich hatte es Stefans Mutter zum Nikolaustag zugeschickt, aber es kam fünf Tage später wieder zurück – denn sie hat mir den Krieg erklärt, weil ich die »Frechheit« besaß, das Besuchsrecht zu beantragen.

Warum ich Ihnen dieses Foto schicke? Ein zweiter Abzug hängt in meinem Arbeitszimmer über meinem Schreibtisch, und wenn ich mich während der Feiertage in Arbeit vergrabe, dann werde ich dieses Foto sehen und hoffen, daß Stefan vielleicht einen Tag des nächsten Weihnachtsfestes bei seinem »Papi« sein wird.

Mit den besten Wünschen für ein ruhiges Weihnachtsfest und ein erfreuliches neues Jahr ...

An das Amtsgericht T.
Oh Richter,
wie bist Du so hart!
Für uns alle unfaßbar
wurde uns durch des Obersten Richters Hand
unsere über alles geliebte Tochter und Enkeltochter
A n t o n i a
* 17. 10. 1984
genommen.
In tiefer Trauer
die rechtlosen Ausgestoßenen
der ledige Vater Norman N.
und die Großeltern väterlicherseits, die ihr Enkelkind wohl
nicht mehr sehen werden.
    Die Trauerarbeit findet im engsten Familienkreise statt. Anstelle zugedachter Blumen wird um Spenden für den Verein »Nichtverheiratete Väter flehen um Gnade« gebeten.
    B., den 11. September 1991

… Nach zwei Tagen – Schallgeschwindigkeit für ein deutsches Gericht – kam die Antwort …

Amtsgericht T., 13. 09. 1991
Sehr geehrter Herr N. !
In der Pflegschaftssache
Antonia L.
wird Ihre Traueranzeige vom 11. 09. 1991 hier als Beschwerde gegen den Beschluß vom 30. 08. 1991 behandelt. Die Akte ist zur weiteren Bearbeitung an das Landgericht in S. abgegeben worden.
Hochachtungsvoll
P.
Richter am Amtsgericht
<u>Beglaubigt:</u>
M., Justizangestellte

Väteraufbruch

Während die Direktorin des Amtsgerichts Riedlingen einem ehelosen Vater am 25. November 1991 (Az. GR I 55/91) untersagte, seiner Tochter »eine Grußkarte mit drei Sätzen handschriftlichem Text« zu schreiben (s. S. 86f.), gewährte ihre Kollegin vom Amtsgericht Berlin-Spandau am 23. Juni 1992 (Az. 50 VIII 35559) einem nicht verheirateten Vater ein »Umgangsrecht«, obwohl sich die Mutter vehement dagegen aussprach und ihren Kindern, so die Richterin, ein »negatives Bild über Männer« vermittelte.

Der Vater durfte mit beiden Kindern fürs erste die ganzen Herbstferien sowie zwölf Tage in den Weihnachtsferien in seinem baden-württembergischen (!) Wohnort zusammensein. Begründung: »Der Mißbrauch des Sorgerechts (durch die Mutter) kann nicht dazu führen, das Besuchsrecht auszuschließen, vielmehr wird das Gericht, sofern die Mutter ihr Verhalten nicht ändert, die Frage eines Sorgerechtsentzugs zu prüfen haben.«

Bereits seit Ende der achtziger Jahre tendieren immer mehr Richter dazu, ehelosen Vätern und ihren Kindern ein »Umgangsrecht« einzuräumen. Sie zielen in ihren Entscheidungen vor allem darauf ab, »daß ein Umgang mit dem Vater *regelmäßig* dem Wohl auch des nichtehelichen Kindes dienen wird, weil ihm dieser Kontakt eine möglichst normale Entwicklung bietet und sein Selbstverständnis hinsichtlich seiner Person und Herkunft erleichtert«[34], kommentiert Familienrechtlerin Ingeborg Schwenzer die Arbeit ihrer Kollegen.

Mit anderen Worten: Auch Kinder aus nichtehelichen Beziehungen haben ein Recht auf ihren Vater. Denn Mutter *und* Vater haben für das Kind eine wichtige identitätstiftende Funktion. Und die steht und fällt nicht mit dem Trauschein der Eltern.

---

34 Schwenzer, Ingeborg (1992), S. 126.

Leider sind viele Urteile, die Kindern und ihren Vätern »Umgang« zugestehen, nicht mehr als Kosmetik – sie blenden das Zeitgefühl von Kindern vollständig aus (vgl. S. 228ff. und S. 251ff.). Bei einem zweistündigen »Kontakt«, sechsmal pro Jahr, wie ihn ein Landgericht verordnete, hatte der Richter wohl eher einen »Besichtigungstermin« als die »Pflege der Vater-Kind-Beziehung« im Sinn.[35]

Alte Rechnungen zwischen den Eltern sind kein Grund, Bindungen zwischen Kind und Vater auszuhebeln, erkannte als einer der ersten ein Münchener Amtsrichter. In seinem Beschluß vom 21. Dezember 1987 schrieb er: »Maßgeblich führt die Mutter an, sie habe so viel vom Antragsteller [der Vater, A. S.] hinnehmen müssen, daß sie endlich vor ihm Ruhe haben wolle. Der einseitige Wunsch der Mutter, mag er persönlich noch so gerechtfertigt sein, den Vater aus ihrem Leben zu streichen, muß bei der Abwägung unberücksichtigt bleiben.«[36]

Bestanden die Kontakte zwischen Vater und Kind noch nicht lange oder kennen sich beide noch gar nicht, weil sich die Eltern bereits vor der Geburt getrennt haben, entschieden die Richter früher fast immer gegen jegliche »Umgangsformen«. Auch hier findet ein Umdenken statt. Pionier war ein Richter vom Landgericht Bonn: Am 4. August 1989 räumte er Vater und Sohn (damals acht Monate alt) die Möglichkeit zu Begegnungen ein, obwohl

– der Vater nur von Januar 1987 bis September 1987 mit der Mutter zusammengelebt hatte,

– er das Kind nach der Geburt nur einmal im Krankenhaus und später noch einmal zufällig sah,

35 Vgl. z. B. Piaget, Jean: Die Bildung des Zeitbegriffs beim Kinde, Frankfurt a. M. 1974, sowie Plattner, Ilse E.: Entsprechen deutsche Sorge- und Umgangsrechtsentscheidungen dem Zeitempfinden des Kindes? In: FamRZ 1993, H. 4, S. 384–386.

36 Amtsgericht München – BGB § 1711 II (VormG, Beschluß vom 21.12.1987 – Az. 89 VIII 1264/85). In: FamRZ 1988, H. 7, S. 767–768. Vgl. auch S. 109f.

– die Mutter im Dezember 1988 heiratete und zum Zeitpunkt des Gerichtstermins von ihrem Ehemann ein zweites Kind erwartete und

– ihr neuer Partner ihren Sohn adoptieren wollte.[37]

Weitere Hoffnungsschimmer aus deutschen Gerichten für Kinder und Väter ohne Trauschein stelle ich ab Seite 109ff. vor.

Völkerrecht

Wenig Beachtung haben die meisten deutschen Familienrechtler bisher der *Europäischen Menschenrechtskonvention* (EMRK, auch: Konvention zum Schutze der Menschenrechte und Grundfreiheiten) vom 4. November 1950 geschenkt. Seit 1952 ist sie auch bei uns *unmittelbar geltendes und anwendbares Recht* – im Range eines einfachen Bundesgesetzes.

Obwohl das Bundesverfassungsgericht dem Grundrechtskatalog der EMRK große Bedeutung beimißt, spielen ihre familienrechtlichen Inhalte in den alltäglichen Verfahren vor deutschen Familien kaum eine Rolle. Das gilt vor allem für die EMRK-Artikel 8 (1):»Jedermann hat Anspruch auf Achtung seines Privat- und Familienlebens ...« und Artikel 14, der Diskriminierungen verbietet, die auf der Geburt beruhen.

Bereits am 26. März 1987 urteilten die Karlsruher Richter, daß »Inhalt und Entwicklungsstand« der EMRK sowie die Rechtsprechung des *Europäischen Gerichtshofes für Menschenrechte* (EGMR, Straßburg) als Auslegungshilfe für deutsches Verfassungsrecht »in Betracht zu ziehen« seien.»Auch Gesetze (...) sind im Einklang mit den völkerrechtlichen Verpflichtungen der Bundesrepublik Deutschland auszulegen und an-

---

37 Landgericht Bonn – BGB § 1711 II (5. Zivilkammer, Beschluß vom 4.8.1989 – Az. 5 T 66/89). In: FamRZ 1990, H. 2, S. 201–202. Vgl. auch S. 110f.

zuwenden, selbst, wenn sie zeitlich später erlassen worden sind als ein geltender völkerrechtlicher Vertrag«.[38]

Dennoch konnten Väter ohne Trauschein das Bundesverfassungsgericht in den letzten Jahren nicht überzeugen, daß die alten BGB-Paragraphen 1705 (alleiniges Sorgerecht der nicht verheirateten Mutter) und 1711 (eingeschränktes »Besuchsrecht« des nicht verheirateten Vaters) unter anderem gegen Artikel 6 des Grundgesetzes verstießen. Dieser Artikel fordert unsere Gesetzgebung seit fünfzig Jahren auf, »die gleichen Bedingungen« für ehelich und außerehelich geborene Kinder zu schaffen.[39]

Nach Ausschöpfung aller innerstaatlichen Rechtsmittel bleibt Vätern ohne Kinder nur noch die Möglichkeit, beim EGMR eine Individualbeschwerde einzulegen. Eine Beschwerde ist dann zulässig, wenn das deutsche Gerichtsverfahren zu einem mit der EMRK unvereinbaren Beschluß geführt hat. Alle Vertragsstaaten haben sich verpflichtet, die Urteile des Gerichtshofes anzuerkennen und etwaige konventionswidrige Normen nicht mehr anzuwenden.[40]

Die Beschwerde muß innerhalb von sechs Monaten nach Urteilsverkündung gerichtet werden: An den Europäischen Gerichtshof für Menschenrechte, BP 431 R6, F-67006 Straß-

---

38 Bundesverfassungsgericht, Band 74, S. 370. Auch abgedruckt in: NJW 1987, H. 39, S. 2427–2429, hier: S. 2427.

39 Eine Verfassungsbeschwerde beim Bundesverfassungsgericht muß innerhalb eines Monats nach dem letztinstanzlichen Bescheid eingereicht werden.

40 Vgl.: Fahrenhorst, Irene: Sorge- und Umgangsrecht nach der Ehescheidung und die Europäische Konvention zum Schutze der Menschenrechte und Grundfreiheiten, in: FamRZ 1988, H. 3, S. 238–242; Börgers, Michael: Die Europäische Menschenrechtskonvention als Rechtsquelle des deutschen Familienrechts, in: FuR 3/1990, S. 141–145. S. auch NJW 1995, S. 2813 + 1997, S. 2809 + 1998, S. 211 sowie Brötel, Achim: Der Rechtsanspruch des Kindes auf seine Eltern – Positionsbeschreibung anhand der Europäischen Menschenrechtskonvention (EMRK) und der UN-Kinderrechtekonvention (KRK). In: Der Amtsvormund 1996, S. 746 – 766 und ders.: Kinderrechte – Staatenpflichten: Überlegungen zum Verhältnis von Völkerrecht und innerstaatlichem Recht in der aktuellen Reformdiskussion. In: Der Amtsvormund 1997, S. 537 – 550.

burg Cedex. Wiederholt haben die EGMR-Richter in ihren Entscheidungen betont, daß die Europäische Menschenrechtskonvention keine Unterschiede zwischen »ehelicher« und »nichtehelicher« Familie macht – so zum Beispiel im Fall Marckx gegen Belgien aus dem Jahre 1979.[41] Aber auch eine positive höchstrichterliche Entscheidung dürfte die Entfremdung zwischen Kind und Vater nur noch schwerlich beseitigen können, denn die Verfahren in Straßburg erstrecken sich mitunter über Jahre. Da sind die Kinder vielleicht schon volljährig, wenn das Urteil ergeht. Erfolgversprechender ist es deshalb, die deutschen Richter auf das Urteil des Bundesverfassungsgerichts vom 26. März 1987 hinzuweisen, die Urteile des Europäischen Gerichtshofes in ihren Beschlüssen zu berücksichtigen (s. o.).

Väter, die mehr über die Europäische Menschenrechtskonvention und über das in Deutschland geltende Familien-Völkerrecht wissen möchten, wenden sich an
Reinhold Schoeler, Yorckstr.120, 28201 Bremen,
Tel./Fax 04 21/53 46 67, eMail: rsbn@vossnet.de

Auch auf folgende Völkerrechtsverträge können sich Väter ohne Kinder vor Gericht berufen:

– Die *Allgemeine Erklärung der Menschenrechte* der Vereinten Nationen von 1948. Dort heißt es in Artikel 25: »Alle Kinder, eheliche und uneheliche, genießen den gleichen sozialen Schutz.«

---

41 Brötel, Achim: Der Anspruch auf Achtung des Familienlebens. Rechtsgrund und Grenzen staatlicher Einwirkungsmöglichkeiten in familiäre Rechtspositionen nach der Europäischen Konvention zum Schutze der Menschenrechte und Grundfreiheiten. Baden-Baden 1991.
Wem Brötels 457seitiges Werk zu voluminös ist, der findet eine hervorragende Zusammenfassung in: Ders.: Europäische Impulse für das deutsche Nichtehelichenrecht. In: ZfJ, Nr. 5/92, S. 241–250.

– Das *Europäische Übereinkommen über die Rechtsstellung der unehelichen Kinder*. In dieser Konvention des Europarats aus dem Jahre 1975 wird das gemeinsame Sorgerecht dann als beste Lösung erachtet, wenn die nicht verheirateten Eltern zusammenleben.

– Das *Übereinkommen zur Beseitigung jeder Form von Diskriminierung der Frau* (UN-Nichtdiskriminierungs-Vertrag) von 1979. Hier heißt es in Artikel 16 (1):
»Die Vertragsstaaten treffen alle geeigneten Maßnahmen zur Beseitigung der Diskriminierung der Frau in Ehe- und Familienfragen und gewährleisten auf der Grundlage der Gleichberechtigung von Mann und Frau insbesondere folgende Rechte: (...)
d) gleiche Rechte und Pflichten als Eltern, ungeachtet ihres Familienstandes, in allen ihre Kinder betreffenden Fragen; in jedem Fall sind die Interessen der Kinder vorrangig zu berücksichtigen.«

– Den *UN-Zivilpakt* (Internationaler Pakt über bürgerliche und politische Rechte der Vereinten Nationen, IPBPR) von 1966. Auch nach diesem Übereinkommen darf es bei uns keine Unterschiede zwischen Kindern von Verheirateten, getrennt Lebenden und Nichtverheirateten geben. Der UN-Zivilpakt gilt in der Bundesrepublik Deutschland seit 1976 durch ein Zustimmungsgesetz als innerstaatliches Recht. Die familienrechtlich relevanten Normen des Pakts sind durch die »General Comments« des Menschenrechtsausschusses der Vereinten Nationen inzwischen präzisiert worden.[42]

Deutsche Staatsangehörige haben ein Individualbeschwer-

---

42 S. Oberlandesgericht Bamberg, Beschluß vom 9.2.1988 – Az. 7 UF 135/87. In: FamRZ 1988, H. 7, S. 752–753 (vgl. auch S. 167f.). Interessierten Lesern empfehle ich: Koeppel, Peter/Reeken, Michael: Die für das deutsche Familienrecht bedeutsamen »General Comments« des Menschenrechtsausschusses der Vereinten Nationen. In: ZfJ, Nr. 5/92, S. 250–257.

derecht vor dem *UN-Menschenrechtsausschuß* in Genf. Individualbeschwerden können dazu führen, daß die Vereinten Nationen die Bundesrepublik Deutschland auffordern, die Bestimmungen zu den Eltern- und Kinderrechten nach dem UN-Zivilpakt zu beachten.

4. Acht Tips für Väter ohne Trauschein

Die Hinweise 4 bis 8 sind auch für getrennt lebende oder geschiedene Väter von Interesse!

1. Die Vaterschaftserklärung

Väter ohne Trauschein müssen ihre Kinder anerkennen. Die erforderliche *Vaterschaftserklärung* können sie bereits *vor der Geburt* beim zuständigen *Jugendamt* abgeben. Am besten kommt die Partnerin gleich mit, denn sie muß der Erklärung zustimmen. Die entsprechenden Formulare liegen im Amt bereit.

Meldet sich der Vater nicht freiwillig, wird das Jugendamt ihn zur *Feststellung der Vaterschaft* laden, vorausgesetzt, die Mutter hat ihn gegenüber dem Standesbeamten als Vater angegeben. Dazu ist sie nicht verpflichtet. Eine »Urkundperson« wird die Vaterschaft mit Zustimmung des Amtspflegers (ein Mitarbeiter des Jugendamtes) »öffentlich beurkunden«. Hierbei sollte der Vater darauf achten, was er neben der Vaterschaftserklärung noch alles mit unterschreibt: So verpflichteten sich Berliner Väter bei Abgabe der Erklärung gleichzeitig, den Regelunterhalt für ihr Kind (siehe 4.) zu entrichten, auch wenn sie dazu finanziell gar nicht in der Lage waren. In Hamburg versuchte ein Jugendamtsmitarbeiter, einem 19jährigen Schüler, der nicht mit der Mutter seines Kindes zusammenlebte, eine Unterschrift für den Regelunterhalt in Höhe der Hälfte seines BAföGs abzuringen. Der eifrige Beamte wollte anscheinend die Staatskasse entlasten, denn normalerweise erhalten Mütter für ihr Kind Unterhaltsvorschußzahlungen (siehe 6.), wenn der Vater nicht zahlen kann. Die Vaterschaftserklärung also grundsätzlich genau durchgelesen und nachteilige Zusatzerklärungen ausstreichen!

2.Welchen Namen bekommt das Kind?

S. Fall 15, S. 65!

3. Die Vollmacht

Wenn der Vater ohne Trauschein kein Sorgerecht für sein Kind hat, sollte die Mutter ihm eine *Vollmacht* erteilen, im Interesse des Kindes handeln zu dürfen. Diese Vollmacht kann auf Notfälle (Zustimmung zu medizinischen Eingriffen u. ä.) beschränkt werden. Der Vater kann jedoch ebenso ermächtigt werden, sein Kind nach außen *in allen Rechtsangelegenheiten* zu vertreten. Am besten setzen Mutter und Vater das Schreiben gemeinsam mit einem Anwalt oder Notar auf. Aber auch mit diesem Freibrief ist der Vater nicht voll vertretungsberechtigt: So wird die Schulleitung seine Unterschrift auf dem Zeugnis seiner Kinder nicht akzeptieren.

Väter ohne Trauschein können ihr Kind – mit Lichtbild – in den maschinenlesbaren *EG-Reisepaß eintragen* lassen (Anträge beim zuständigen Paßamt). Sie benötigen dafür die Geburtsurkunde des Kindes, die Vaterschaftsanerkennungsurkunde sowie die beglaubigte Unterschrift der Mutter auf dem Antrag bzw. deren Personalausweis. Aus der Eintragung im Reisepaß kann keine Aussage zum Personensorgerecht für das Kind abgeleitet werden.

4. Rund ums Geld

Ehelich und nichtehelich geborene Kinder können sowohl Regelunterhalt als auch Individualunterhalt (nach der Düsseldorfer Tabelle, s. S. 313ff.) verlangen. Alle minderjährige Kinder, die nicht im Haushalt des unterhaltsverpflichteten Elternteils leben, haben zumindest Anspruch auf Regelunterhalt. Die Titel auf Regelunterhalt sollen immer, die Titel auf Individualunterhalt auf Antrag des Kindes im Zweijahresrhythmus entsprechend der durchschnittlichen Nettoeinkommensentwicklung dynamisiert werden, damit die Gerichte nicht immer wieder erneut eingeschaltet werden müssen, um die Unterhaltstitel an die wirtschaftlichen Verhältnisse anzupassen.

Kinder haben mindestens Anspruch auf den monatlichen *Regelunterhalt*. Zur Zeit beträgt er
- 349 DM bis zum 6. Geburtstag   (Ost: 314 DM)
- 424 DM bis zum 12. Geburtstag (Ost: 380 DM)
- 502 DM bis zum 18. Geburtstag (Ost: 451 DM)

Von diesen Beträgen wird die Hälfte des Kindergeldes (z. Zt. DM 220 fürs erste und zweite Kind) abgezogen. Der Regelunterhaltssatz in den neuen Bundesländern soll schrittweise an das West-Niveau angeglichen werden.

Erwerbstätige Väter mit einem Einkommen bis zu 1500 DM monatlich (bei Nichterwerbstätigen bis zu 1300 DM) werden in der Regel nicht zum Unterhalt herangezogen. Wenn beim Vater nichts oder nur wenig zu holen ist, hat die alleinerziehende Mutter Anspruch auf *Unterhaltsvorschuß* (Regelunterhalt minus halbes Kindergeld). Kommt der Vater seiner Unterhaltspflicht teilweise nach, werden diese Zahlungen vom Unterhaltsvorschuß abgezogen. Kinder können den Unterhaltsvorschuß *bis zum zwölften Geburtstag* bekommen. Die Leistungsdauer beträgt maximal 72 Monate.

Auch Väter ohne Trauschein sind erziehungsgeldberechtigt und können Erziehungsurlaub nehmen. Das *Erziehungsgeld* beträgt monatlich max. 600 DM und wird höchstens 24 Monate gezahlt. Für das zweite Jahr ist ein neuer Antrag erforderlich. Während der ersten sechs Lebensmonate des Kindes gilt zur Zeit eine Einkommengrenze von 100.000 DM bei Verheirateten und eheähnlichen Gemeinschaften sowie von 75.000 DM bei Alleinerziehenden. Ab dem siebten Monat sinken die Einkommensgrenzen deutlich. Erziehungsgeldempfänger dürfen keine volle Erwerbstätigkeit ausüben (max. 19 Stunden pro Woche). Arbeitlose, die Arbeitslosengeld beziehen, bekommen in der Regel kein Erziehungsgeld – im Gegensatz zu Empfängern von Arbeitslosenhilfe. Lassen Sie sich von der Erziehungsgeldstelle und vom Arbeitsamt beraten, bevor Sie einen Antrag stellen. Erziehungsgeld muß *schriftlich* bei der Stelle *beantragt* werden, die das Erziehungsgeld auszahlt (unterschiedliche Regelungen in den einzelnen Bundesländern; zuständig ist meist das Jugend- oder Versorgungsamt).

Der *Erziehungsurlaub* kann bis Ende des dritten Lebensjahres genommen werden; die Eltern können sich dreimal abwechseln (Kündigungsschutz!). Er wird *unabhängig* vom Erziehungsgeld gewährt. Voraussetzung für Erziehungsgeld und Erziehungsurlaub für nicht verheiratete Väter: Kind und Vater leben zusammen in einem Haushalt (Mutter und Vater können getrennte Haushalte führen!) und die Mutter stimmt zu bzw. der Vater ist allein sorgeberechtigt.

Die *Broschüren* »Erziehungsgeld und Erziehungsurlaub«, »Der Unterhaltsvorschuß – Eine Hilfe für Alleinerziehende«, »Staatliche Hilfen für Familien« sowie »Kindergeld« sind erhältlich beim Bundesministerium für Familie, Senioren, Frauen und Jugend, Postfach 20 15 51, 53145 Bonn.

5. Erst Vermittlung und dann ...

Was tun, wenn die ehemalige Partnerin nach der Trennung den Kontakt zwischen Vater und Kind auf Sparflamme hält oder vollständig unterbindet? Solange nicht alle Vermittlungsversuche ausgenutzt worden sind, sollten Väter ohne Trauschein auf den Gang zum Gericht verzichten. Denn außergerichtliche Lösungen bewähren sich in der Regel besser und länger als Beschlüsse aus Richters Hand. Mitunter sind verbindliche gerichtliche Regelungen jedoch eine gute Basis für die Beruhigung der Ex-Partner (vgl. S. 108f. u. S. 191ff.).

Die Vermittlung von Freunden und Bekannten trägt nur selten Früchte, berichteten mir die meisten Trennungsmütter und -väter. Kein Wunder: Vermittlung ist fast immer ein schweres Stück Arbeit. Da ist meist sachkundige und neutrale Hilfe gefordert. Vätern ohne Kinder empfehle ich deshalb, Kontakt zu einer *Trennungs- und Scheidungsberatungsstelle* (Adressen s. S. 309ff.) aufzunehmen. Oft gelingt es den speziell ausgebildeten Mitarbeitern, Mutter und Vater wieder an einen Tisch zu bringen und die Gesprächsbereitschaft zwischen beiden zu fördern. Viele Eltern gelangen mit Hilfe des Trennungsberaters zu einem Kompromiß. Paare ohne Trauschein, denen an einer einvernehmlichen Lösung liegt, können auch auf professionelle Vermittlung von *Familien-Mediatoren* zurückgreifen (dazu ausführlich in Kapitel 11; Adressen s. S. 311).

Unterstützung für Väter ohne Kinder bieten auch die *Jugendämter*. Leider verstehen sich viele Sozialarbeiter auch nach Inkrafttreten des Kinder- und Jugendhilfegesetzes (KJHG) noch immer als ausschließliche Interessenvertreter der nicht verheirateten Mütter. Dabei ist ihr gesetzlicher Auftrag eindeutig: *Alle* nicht sorgeberechtigten Mütter *und* Väter haben einen Anspruch auf Beratung und Unterstützung bei der Ausübung ihres »Umgangsrechts« sowie bei der Herstellung von Besuchskontakten (vgl. § 18 [4] KJHG, S. 275f.). Auch Richter sollen auf Antrag zwischen den Eltern vermitteln und sie zu einer einvernehmlichen Lösung bewegen.

6. Umgangsboykott – was tun?

Noch vor wenigen Jahren stimmten die meisten Richter nur dann für ein »Umgangsrecht« für Väter ohne Trauschein, wenn die Mutter mitspielte. So chancenlos sind nicht verheiratete Väter nicht mehr. Seit dem 1.7.1998 haben sie dieselbe Pflicht und dasselbe Recht zum »Umgang« wie Väter mit Trauschein.

Bevor Väter einen Antrag auf »Umgangsrecht« stellen, sollten sie sich ausgiebig informieren. In Vereinen wie *Anwalt des Kindes*, *Väter für Kinder* und *Väteraufbruch für Kinder* finden sie Ansprechpartner (die meisten sind oder waren selbst »Betroffene«), die wertvolle Informationen über Paragraphen und Prozedere sowie über die ansässigen Anwälte, Sozialarbeiter, Gutachter und Richter geben können. Schon vor gerichtlichen Konflikten sollten sich Väter an eine Gruppe wenden (»begleitende Selbsterfahrung«, s. S. 283).

Da es sich um ein Verfahren der »Freiwilligen Gerichtsbarkeit« handelt, besteht kein Anwaltszwang. Wenn Sie einen Anwalt nehmen, dann nur einen *Fachanwalt Familienrecht*, der von einer Vätergruppe empfohlen wird. Auch der Rechtsbeistand sollte auf alle Fälle noch einmal versuchen, die Mutter zu einem Vermittlungsgespräch zu bewegen, bevor er beim Gericht den Antrag stellt. Väter mit geringem Einkommen brauchen die Anwalts- und Gerichtskosten nicht oder nur in Raten zu tragen: Ihr Anwalt kann für sie *Prozeßkostenhilfe* beantragen. Gegen einen negativen Beschluß des Familienrichters kann beim *Oberlandesgericht* Beschwerde eingelegt werden. Weitere Beschwerde bei Zulassung beim Bundesgerichtshof.

Die Gerichtsverhandlung findet nicht öffentlich, sondern in der Regel im Arbeitszimmer des Richters statt. Mit dabei ist oft noch der Sozialarbeiter vom Jugendamt, der zuvor mit Mutter und Vater gesprochen hat. Seiner »Stellungnahme« – Arbeitstitel: Sollen Kind und Vater (wieder) Kontakt aufnehmen? – schließen sich viele Richter an. Der Richter kann auch das Gutachten eines psychologischen Sachverständigen anfordern (vgl. ausführlich S. 129ff.).

Für die Gespräche mit Sozialarbeitern oder Gutachtern gelten die gleichen Regeln wie für die Argumentation vor Gericht: Die Belange des Kindes sind von Bedeutung, nicht die offenen Rechnungen mit der Mutter – also sachlich argumentieren, dazu gleich mehr. Jugendamtsmitarbeiter, Sachverständige und Richter, die offensichtlich wenig von Vater-Kind-Beziehungen nach der Trennung halten oder die Vätern direkt oder indirekt zu verstehen geben, sie seien ein »Unruhefaktor« – den es von Mutter und Kind fernzuhalten gelte –, sollten sofort *wegen »Besorgnis der Befangenheit« abgelehnt* werden. Väter sollten sich in diesem Fall ausführlich mit ihrem Anwalt und einem erfahrenen Mitglied einer Vätergruppe beraten.

Leider kommt es bei »Umgangs«-Verfahren immer wieder zu unerträglichen Verzögerungen. So schaffte es ein Tostedter (Niedersachsen) Amtsrichter binnen siebzehn Monaten nicht, in einer »Umgangsrechtssache« die Stellungnahme des örtlichen Jugendamtes einzuholen.

Beantragen Sie die *unverzügliche* Anberaumung eines Termins, damit Ihr Kind nicht durch (noch) längeren Kontaktabbruch von Ihnen entfremdet wird und negativ beeinflußt werden kann. Sollte ein Gutachten eingeholt werden, beantragen Sie eine *einstweilige Anordnung* des »Umgangs«. Wenn ein Richter Ihren Antrag nur schleppend bearbeitet (»unangemessen lange Verfahrensdauer«), können Sie ihn vor Beginn der Verhandlung wegen *»Besorgnis der Befangenheit«* ablehnen. Möglich ist – nach einer Erinnerung – auch eine *Dienstaufsichtsbeschwerde* beim Landesjustizministerium.

Zwei wichtige Urteile:

– OLG Karlsruhe, 16. Familiensenat, 25.8.1993 – Az. 16 WF 58/93

Das OLG *lehnt eine Richterin wegen Befangenheit ab*, weil sie einen Antrag auf »Umgangsrecht« nur schleppend bearbeitet hat. Im Juni 1992 bittet ein Vater um einen Termin zur mündlichen Verhandlung, weil seine Ex-Partnerin die Besuche boykottiert. Nach mehreren Schriftsätzen bittet die Richterin das Jugendamt um eine erneute Stellungnahme. Eine fehlende Entscheidung zur Umgangsregelung bedeute deren faktische

Ablehnung, so das OLG und gibt dem Ablehnungsgesuch statt.

– Bundesverfassungsgericht (1. Kammer des Ersten Senats), 6.5.1997 – Az. 1 BvR 711/96. Abgedruckt in: NJW 1997, H. 42, S. 2811 f.

»Insbesondere bei Streitigkeiten um das Sorge- und Umgangsrecht ist bei der Frage, welche Verfahrensdauer noch als angemessen betrachtet werden kann, zu berücksichtigen, daß jede *Verfahrensverzögerung wegen der eintretenden Entfremdung* häufig schon rein *faktisch zu einer (Vor-) Entscheidung führt*, noch bevor ein richterlicher Spruch vorliegt. (...) Die Tatsache, daß das Gericht trotz der offenkundigen Verweigerungshaltung der Mutter über (sechseinhalb!) Jahre hinweg keine geeigneten Maßnahmen ergriffen hat, um den sachgerechten Abschluß des Verfahrens wenigstens in erster Instanz sicherzustellen, kann unter dem Gesichtspunkt des Rechtsstaatsprinzips nicht hingenommen werden.

Das AG ist zwar nicht untätig geblieben, sondern hat durch eine Fülle von Aufforderungen und Anberaumungen und immer wieder neue Termine zur mündlichen Verhandlung seinem Willen Ausdruck verliehen, das Verfahren zu fördern. Da mit dieser Vorgehensweise aber erkennbar die *Blockadehaltung der Mutter* nicht beseitigt werden konnte, wäre das AG verpflichtet gewesen, auch schwerwiegendere Maßnahmen bis hin zur *Entziehung des Sorgerechts* über einen befristeten Zeitraum zwecks Begutachtung der Kinder in Erwägung zu ziehen, um die auf andere Weise nicht erreichbare tatsächliche Entscheidungsgrundlage zu schaffen.«

(Hervorhebungen vom Autor)

7. Auf den richtigen Antrag kommt es an

Allgemein gilt: Der Antrag sollte knapp, aggressionsfrei und präzise formuliert sein und sich nicht mit zurückliegenden Beziehungsproblemen beschäftigen. Im Mittelpunkt stehen allein die Belange des Kindes. Die Sehnsucht nach dem Kind hat im Antrag nichts zu suchen, denn mitunter wird sie von Richtern sogar negativ ausgelegt (wegen Schuldgefühlen gegenüber den eigenen Kindern?). Der Vater sollte seinen Anwalt bitten, auf verbale Schüsse gegen die Ex-Partnerin vollständig zu verzichten. Es empfiehlt sich sehr, alle Schriftsätze persönlich durchzugehen, bevor sie die Kanzlei verlassen!

Auch während der mündlichen Anhörung beim Richter sollten Väter die alten Grabenkämpfe auf keinen Fall aufwärmen. Trägt die Ex-Partnerin die alten Konflikte ausführlich vor, sollte der Vater den Richter fragen, ob er zu den Vorhaltungen Stellung nehmen muß. Ansonsten heißt das Motto auch hier: »Weg von der Beziehungsschiene. *Nur kind- und zukunftsorientiert argumentieren!*«, so der Berliner Anwalt Eckard Wähner: »Vor Gericht ist es wichtig, nicht die eigene Betroffenheit herauszukehren. Da darf man nicht als der Düpierte auftreten. Der Richter beobachtet genau: Geht's dem Vater wirklich um sein Kind oder vorrangig um seinen Seelenfrieden?«

Mit folgenden Argumenten können Väter (Anwälte) die Richter überzeugen:
- der Vater zeigt »ein echtes Interesse« am Kind; das Kind hat hiervon »Nutzen«
- er hat sein Kind (schon vor der Geburt) anerkannt
- seinen Unterhaltsverpflichtungen ist er stets nachgekommen
- die alten, jetzt überholten Partnerkonflikte sind kein Grund, die Kind-Vater-Beziehung auszusetzen bzw. aufzuheben

- das Kind sollte sich mit seinem Vater auseinandersetzen können. Zu einer »normalen und ungestörten Entwicklung« des Kindes gehören auch Kontakte zu seinem leiblichen Vater
- Begegnungen mit dem Vater erleichtern dem Kind sein »Selbstverständnis hinsichtlich seiner Person und Herkunft«. Das Kind sollte daher ein »realistisches, eigenes Bild vom Vater« aufbauen können (die Identität des Kindes ist das wichtigste Argument, wenn zwischen Kind und Vater noch gar kein Kontakt besteht oder sie sich schon lange nicht mehr gesehen haben)
- der Vater will eine »persönliche und tragfähige Beziehung« zum Kind aufbauen und der weiteren Entfremdung zwischen ihm und dem Kind entgegenwirken
- den Kontakt zum Kind sucht er »allein aus innerer Anteilnahme und Zuneigung« – nicht aus gekränkter Eitelkeit oder um sich seiner ehemaligen Partnerin wieder zu nähern (»nicht aus sachfremden Motiven«)
- die zu erwartenden Spannungen zwischen Mutter und Vater sind geringer zu gewichten als die zu erwartenden positiven Auswirkungen eines regelmäßigen Kontakts zwischen Kind und Vater
- der Vater ist bereit, die Kontakte zu seinem Kind langsam aufzubauen, »um eine für das Kind wünschenswerte Beziehung zu ermöglichen«
- regelmäßige Kontakte zwischen Kind und Vater entsprechen nach gesicherten Kenntnissen der Kinderpsychologie auch im Säuglings- und Kleinkindalter dem Kindeswohl
- je eher die Beziehung zwischen Kind und Vater aufgebaut wird, desto natürlicher und ungezwungener wird sie sich mit fortschreitendem Kindesalter fortentwickeln können
- durch eine Auseinandersetzung mit dem Vater wird Idealisierungen einem Unbekannten gegenüber vorgebeugt
- die soziale Vaterschaft des Partners der Mutter schließt den Kontakt zwischen Vater und Kind nicht aus

– die Ablehnung der Besuchskontakte durch die Mutter aus Gründen der Antipathie kann nicht zum Ausschluß des Umgangsrechts führen

– die Mutter ist aufgrund ihrer Loyalitätspflicht verpflichtet, ihre ablehnende Haltung gegenüber dem Vater nicht dem Kind gegenüber zum Ausdruck zu bringen.

Beantragen Sie, daß bei der Beschlußfindung von der Bundesrepublik Deutschland ratifizierte *Völkerrechtsverträge* anzuwenden sind wie:

• die Europäische Menschenrechtskonvention (EMRK, v. a. die Artikel 6, 8 und 14)

• der UN-Zivilpakt (v. a. die Artikel 17, 23 [4] und 24 – inklusive der dazugehörigen »General Comments« des Menschenrechtsausschusses der Vereinten Nationen) und

• die UN-Konvention über die Rechte des Kindes (v. a. die Artikel 2, 9 und 18).

EMRK und UN-Zivilpakt gelten bei uns als unmittelbar anwendbares Recht und sollten vom Gericht zur Prüfung des Antrags mit herangezogen werden (dazu genauer S. 93ff.).

Mein Eindruck nach zahlreichen Gesprächen und Interviews: Viele Väter ohne Trauschein würden ihre Kinder nicht mehr sehen, hätten sie auf den Gang zum Gericht verzichtet. Wenn Richter beiden »Parteien« deutlich machen, daß sie nicht bereit sind, einen Elternteil aus dem Leben des Kindes zu verbannen und sie auffordern, ihre Konflikte beizulegen, dann bewegen sie Eltern häufig *ohne* offiziellen Beschluß zu einem Kompromiß – selbst dann, wenn die Mutter kurz zuvor noch jeglichen »Umgang« zwischen Vater und Kind abgelehnt hat.

Mit »sanftem Druck« und mit Hinweisen auf qualifizierte Trennungsberater können Richter viel bewirken: Viele Mütter stemmen sich nach solchen »Interventionen« nicht weiter gegen Kind-Vater-Kontakte. Manche Richter verstehen es, den zerstrittenen Eltern einen Rahmen anzubieten, der beide Seiten befriedet. Gerichtliche Verfahren können durchaus behutsam durchgeführt werden!

Natürlich sind richterliche Empfehlungen, Ermahnungen oder Beschlüsse nur dann etwas wert, wenn Mutter und Vater sowie Vater und Kind lernen, die »Umgangszeiten« mit Leben zu füllen. Sobald Vater-Kind-Begegnungen zum Alltag geworden sind, sind gerichtliche Beschlüsse mit normierten Besuchszeiten nicht länger notwendig – dazu ausführlich Kapitel 10.

8. Wichtige Urteile für Väter ohne Kinder

Im folgenden habe ich vier wegweisende Gerichtsbeschlüsse zusammengestellt, die ausgegrenzten, nicht verheirateten Vätern Mut machen sollen. Sie beziehen sich sämtlich auf Väter und *Kleinkinder*. Bis vor kurzem entschieden die Richter solche Fälle oft negativ; vergeblich versuchten viele Väter, dem Gericht nachzuweisen, daß ihr Kind sie braucht, obwohl die Kind-Vater-Bindung zuvor noch nicht lange oder noch gar nicht existierte.

Auch Kinder, die einer kurzfristigen Beziehung oder einer »flüchtigen Begegnung« ihrer Eltern entwachsen sind, sollen nicht auf ihre Väter verzichten. »Es ist sehr wichtig für ein Kind, daß es sich ein *realistisches eigenes Bild* von seinem leiblichen Vater machen kann«, so Richter Dr. Brenner vom Landgericht Bonn (s.u.).

Ihr Anwalt oder Sie sollten im Antrag an das Familiengericht ausführlich aus den folgenden Passagen zitieren. *Das gilt auch dann, wenn die Kinder schon älter sind!* Alle Beschlüsse sind in der *Zeitschrift für das gesamte Familienrecht* (FamRZ) abgedruckt. Weitere wichtige Beschlüsse finden Sie ab S. 159!

- Amtsgericht München, VormG, Beschluß vom 21. Dezember 1987 – Az. 89 VIII 1264/85 (in: FamRZ 1988, H. 7, S. 767–768)

Mutter und Vater haben ihr Kind die ersten zwei Jahre nach der Geburt gemeinsam versorgt. Nach dem Auszug der Mutter sehen sich Sohn und Vater drei- bis viermal pro Woche, häufig auch noch am Wochenende. Vier Monate vor dem dritten Geburtstag ihres Sohnes verordnet die Mutter den beiden Null-Umgang.

Aus dem Beschluß:»Maßgeblich führt die *Mutter* an, sie habe so viel vom Vater hinnehmen müssen, daß sie endlich vor ihm ihre *Ruhe* haben wolle. Der einseitige Wunsch der Mutter, mag er persönlich noch so gerechtfertigt sein, den Vater aus ihrem Leben zu streichen, muß bei der Abwägung *unberücksichtigt* bleiben. (…) Auch ihr Vorschlag, noch bis zur Einschulung des Kindes abzuwarten und keine Besuche zu ermöglichen, ist lediglich Ausdruck ihrer – möglicherweise berechtigten – Verbitterung gegen den früheren Partner, jedoch dem Kindeswohl sicherlich nicht dienlich, weil nur eine *Zementierung der Entfremdung zwischen Vater und Kind* zu erwarten wäre. (…) Vorerst galt es, *vorsichtig* mit einem Mindestmaß an notwendigem Umgang eine etwaige spätere *weitergehende Regelung* (z. B. mit Übernachtungsmöglichkeiten etc.) *vorzubereiten.«*

- Landgericht Bonn, 5. Zivilkammer, Beschluß vom 4. August 1989 – Az. 5 T 66/89 (in: FamRZ 1990, H. 2, S. 201–202)
  Mutter und Vater haben nie mit dem Kind zusammengelebt. Der Vater hat sein Kind nach der Geburt einmal im Krankenhaus und später noch einmal zufällig gesehen. Die Mutter hat inzwischen geheiratet und erwartet von ihrem Ehemann ein weiteres Kind.
  Leitsätze:»1. Dem Vater steht die Befugnis zum Umgang mit seinem nichtehelichen Kind zu, wenn der *Umgang für das Kindeswohl nützlich und/oder förderlich ist.* Dies ist *regelmäßig* zu bejahen, weil der Kontakt dem Kind eine möglichst *normale Entwicklung* bietet und sein *Selbstverständnis* hinsichtlich seiner Person und *Herkunft* erleichtert.«
  2. Es ist»für sich genommen *ohne Belang*, welche *Beziehungen zwischen den Eltern* bestehen. Der Wunsch der Mutter, den

Vater endgültig aus ihrem Leben zu streichen, steht deshalb allein der Einräumung eines Umgangsrechts nicht entgegen.« Aus dem Beschluß: Die Eltern sind verpflichtet, »ihre eigenen Belange im Interesse des Kindes zurückzustellen und etwaige *Streitigkeiten*, die ein Besuchsrecht des Vaters mit sich bringen könnte, zu *vermeiden.* (...) Der Einräumung des Umgangsrechts steht weiterhin *nicht* entgegen, daß das Kind im Begriff ist, sich in die Familie der Mutter und ihres Mannes einzugewöhnen und sich zwischen dem Ehemann und dem Kind ein Vater-Kind-Verhältnis anbahnt. (...) Die größte Gefahr bestehe darin, daß dem Kind letztlich verheimlicht würde, von wem es leiblich abstammt, und dieses dann in der Zukunft damit – ggf. abrupt – konfrontiert würde. Die Kammer teilt diese Auffassung.«

• Landgericht Aachen, 3. Zivilkammer, Beschluß vom 25. Oktober 1989 – Az. 3 T 240/89 (in: FamRZ 1990, H. 2, S. 202–203)
Mutter, Vater und Kind haben nie eine Lebensgemeinschaft gebildet. Trotzdem haben sie sich nach der Geburt fast zwei Jahre regelmäßig gesehen. Nach Trennung der Eltern können Tochter und Vater den Kontakt noch ein dreiviertel Jahr lang pflegen – bis die Mutter diese Begegnungen unterbindet. Sie will ihre Tochter über »ihren wahren Vater« aufklären, wenn sie »etwas älter« ist, und ihr dann freistellen, ob sie Kontakte zu ihm aufbauen möchte.
Leitsatz: »Der *persönliche Umgang* des nichtehelichen Vaters mit seinem Kind ist, wenn er nicht aus sachfremden Motiven, sondern aus echter Zuneigung gesucht wird, *in aller Regel dem Kindeswohl förderlich.*«
Aus dem Beschluß: Dem Kind kann die Existenz seines leiblichen Vaters auf Dauer nicht verschwiegen werden. »Eine *zu späte Aufklärung* des Kindes und dessen damit verbundene Erkenntnis, daß das, was ihm bislang gesagt wurde, falsch war, können nicht zu unterschätzende *Identitätsprobleme* hervorrufen. (...) Entgegen der Auffassung der Mutter steht der nach-

gesuchten Umgangsregelung nicht entgegen, daß der Vater nunmehr seit etwa einem Jahr keinen Kontakt mehr zu seinem Kind gehabt hat.« (...) Eine *weitere Unterbrechung* würde zu einer *noch größeren Entfremdung* zwischen Vater und Kind führen. Durch weitere Verzögerungen hätte es die Mutter zudem in der Hand,»eine letztlich dem Wohl des Kindes dienende Entscheidung zu verhindern. (...) Daß die erneute Kontaktaufnahme zwischen Vater und Tochter auch zum jetzigen Zeitpunkt gewisse Probleme bereiten wird, wird dabei nicht verkannt. *Langfristig* gesehen dient die *Überwindung dieser Probleme* jedoch dem Wohl des Kindes mehr als ein unbefristetes Hinauszögern.«

- Landgericht Arnsberg, 6. Zivilkammer, Beschluß vom 24. Januar 1990 – 6 T 619/89 (in: FamRZ 1990, H. 8, S. 908–909)
  Das unverheiratete Paar hat nach der Geburt des Kindes 15 Monate zusammengelebt. Danach sehen sich Vater und Kind in regelmäßigen Abständen von circa vierzehn Tagen, bis die Mutter den Kontakt kappt.

Aus dem Beschluß:»Die *Verweigerung* des persönlichen *Umgangs durch* die *Mutter* ist nicht nur unbegründet, sondern läuft im Ergebnis auch dem *Wohl des Kindes zuwider*«. (...) Es entspricht dem Wohl des Kindes,»den *Kontakt zum Vater* nach Möglichkeit *aufrechtzuerhalten,* da nur so eine möglichst *ungestörte Entwicklung* des Kindes gewährleistet und zugleich *negativen Auswirkungen des Fehlens einer Vaterfigur* – insbesondere im schulischen Bereich sowie im Bereich der sozialen Beziehungen – *entgegengewirkt* werden kann.« (...) Bei einer vollständigen Unterbindung weiterer künftiger Kontakte zwischen Vater und Kind müsse»mit einer *Entfremdung* sowie einer daraus resultierenden *Frustration des Kindes* gerechnet werden. Der *Nachteil* von Spannungen innerhalb der Familie der Mutter und deren mögliche Ausstrahlung auf das *Kind* sind als *erheblich geringer* einzustufen *als* der zu erwartende *Trennungsschmerz* bei Unterbinden jeglicher künftiger Kontakte sowie *langfristig zu erwartende Beeinträchtigungen in der Entwicklung des Kindes bei dauernder Abwesenheit des Vaters.* (...) Was schließlich die Ankündigung der Mutter betrifft, sie werde es auf eine zwangsweise Durchführung der Besuchskontakte ankommen lassen, so ist darauf hinzuweisen, daß in einem derartigen Vorgehen ein grober Verstoß gegen die auch der Mutter obliegenden Wohlverhaltenspflicht (...) läge, der Anlaß gäbe, die *Entziehung der elterlichen Sorge* in Erwägung zu ziehen.«

Weitere väter- und kinderfreundliche Beschlüsse, die in der *FamRZ* veröffentlicht worden sind:

– LG Paderborn (FamRZ 1984, H. 10, S. 1040–1041)
– LG Frankfurt/M. (FamRZ 1985, H. 6, S. 645–647)
– LG München I (FamRZ 1987, H. 6, S. 629–631)
– AG Lüneburg (FamRZ 1991, H. 1, S. 111)
– AG Leutkirch (FamRZ 1994, H. 6, S. 401)
– LG Zweibrücken (FamRZ 1997, S.633-634)

5. Hilflose Helfer – die Trennungsbegleiter

»Er ist für meine Tochter eine wichtige Person.
Nein, so wichtig nun auch wiederum nicht.
Aber er ist immerhin ihr Vater.«
(eine alleinerziehende Mutter)

Trennungsphasen sind Zeiten der Irrationalität: Zwischen ehemaligen Partnern entfacht oft ein würdeloser Machtkampf um das Kind, ein Wettstreit um Liebe und Zuneigung. Sie greifen zu Mitteln, die ihnen andere und sie sich selbst nicht zugetraut hätten. In einem Teufelskreis wechselseitiger Kränkung und Verletzung leiden fast alle Mütter und Väter unter den Aggressionen des anderen und teilen (daraufhin) selber kräftig aus.

»Haß gegen den ehemaligen Partner, gekränkte Eitelkeit und schließlich auch finanzielle Vorteile sind es, die ihren Kampfgeist beflügeln«[43], schreibt die Feministin Helga Häsing-Levend. »Trauer und Wut, existentielle Unsicherheit, Schuld- und Ohnmachtsempfinden liefern das Rohmaterial der Destruktion, die den Loslösungsprozeß vom ehemaligen Partner kennzeichnet«[44], beobachtet der Sozialpsychologe Otto Gaier.

Bei immer mehr Scheidungen wird das Kind zum Streitthema. In einem – mitunter über Jahre währenden – »Stellungskrieg« präsentieren sich Eltern ihre alte Rechnungen, ver-

---

43 In: Häsing, Helga/Gutschmidt, Gunhild: Handbuch Alleinerziehen. Reinbek 1992, S. 88 f. Die allein sorgeberechtigte Mutter könne frank und frei über die Vater-Kind-Beziehung bestimmen, vermitteln die Verfasserinnen dieses väterfeindlichen »Ratgebers«.
44 Gaier, Otto R.: Der Riß geht durch die Kinder. Trennung, Scheidung und wie man Kindern helfen kann. München 1991, S. 179.

kommt das Sorgerecht nicht selten zum Faustrecht. In etwa jedem dritten *strittigen* Sorgerechtsverfahren erheben Mütter den Vorwurf des sexuellen Mißbrauchs, um Väter aus dem Leben des Kindes auszulöschen.»Wenn eine Mutter die Mißbrauchskarte zieht, kann sie ihre Interessen sehr viel leichter durchsetzen, weil die Beweislage»zuerst schwierig ist«, sagt die Gutachterin Marie-Luise Kluck. Mehr als neunzig Prozent der Vorwürfe erweisen sich als haltlos und frei erfunden.

Der»Mißbrauch mit dem Mißbrauch« ist dreifach schädlich: Er lenkt davon ab, daß Kinder alltäglich mißhandelt und sexuell mißbraucht werden – nach Schätzungen 150 000 Mädchen und Jungen pro Jahr. Trennungs- und Scheidungskinder werden durch solche Verfahren psychisch schwer beschädigt: Sie verlieren ihren Vater und bekommen gewaltige Identitätsprobleme und Schuldgefühle. Und für unschuldige Väter ist solch ein Rufmord lebenszerstörend und niemals wieder völlig aus der Welt zu schaffen.»Wer immer dies im Scheidungskrieg als Waffe gegen den anderen einsetzt, hat sich damit selbst die Qualifizierung abgesprochen, Kinder zu verantwortungsbewußten Erwachsenen heranzubilden. Und wenn einer derartigen Verleumdung keine rechtlichen Konsequenzen folgen, so sollte dem/der VerleumderIn doch niemals das Sorgerecht zugesprochen werden«, fordert die Autorin Karin Jäckel zu Recht.[45]

45 Jäckel, Karin: Der gebrauchte Mann. Abgeliebt und abgezockt – Väter nach der Trennung. München 1997, S. 214. S. auch: *Der Spiegel* 35/1992, S. 221 und 16/1993, S. 111–121 und 45/1997, S. 95 ,96, *Spiegel special* 8/1996, S. 52-56,*Focus* 23/1996, S. 154–159, *Psychologie heute* 3/1998, S. 30-37 sowie Salzgeber, Joseph u.a.: Die psychologische Begutachtung des sexuellen Mißbrauchs in Familienrechtsverfahren: In: FamRZ 1992, Heft 11, S. 1249–1256. Hilfen geben: Herbort, Bernd: Bis zur letzten Instanz (Bastei Lübbe 1996), Marchewka, Bernd (Hg.): Weißbuch sexueller Mißbrauch (holos Verlag 1996) und der SKIFAS-Katalog zum Mißbrauch mit dem Mißbrauch – Initiativen, Literaturverzeichnis, Falldokumentation. Bei SKIFAS e.V., Pf. 51 01 38, 13361 Berlin (10.-DM).

Kuhhandel um das Kind

»Sobald es um die Frage des Sorgerechts geht, versagt oft das Verständnis. Auch wenn es uns sonst widerstrebt, werden Kinder in solchen Fällen plötzlich wieder als Eigentum der Eltern betrachtet, Besitzansprüche werden angemeldet, und nicht selten beginnt im Namen des Gesetzes ein Kuhhandel um die ›Konkursmasse Kind‹«, analysiert Alleinerziehenden-Fachfrau Helga Häsing-Levend.[46] Wieso funktioniert das Trennungsmanagement bei den meisten Ex-Partnern so schlecht? Weshalb beharren so viele Mütter und Väter in der Scheidungsphase auf ihrem »Jetzt-erst-recht«-Standpunkt? Verhärtete Fronten und Kurzschlußhandlungen in schwierigen Zeiten sind menschlich, aber warum lassen sich immer mehr Eltern auf ein wüstes Gezerre um die gemeinsamen Kinder ein?

Da ist zum einen die *unheilvolle Allianz von Kind und Knete*: Die Scheidungsrecht-Reform von 1977 verknüpfte Unterhaltsanspruch und Sorgerecht. Derjenige Elternteil, der nach der Scheidung für die Kinder sorgt, erhält vom anderen Elternteil Unterhalt, unter Umständen auch für sich selbst – eine in vielen Fällen sinnvolle Lösung, die der Familienarbeit der Mütter Rechnung trägt.

Oft sorgt das »Verbundverfahren« – die Verknüpfung von Sorgerecht, Unterhalt, Zugewinn- und Versorgungsausgleich, Zuteilung der gemeinsamen Wohnung sowie Aufteilung von Heim und Herd – jedoch für erheblichen Zündstoff: »Aus dem Nebenkriegsschauplatz Sorgerecht für das Kind wird in einem Stellvertreterkrieg oft ein Hauptkriegsschauplatz«, so ein Stuttgarter Scheidungsrechtsbeistand. Und die Lobby der Al-

---

46 In: Häsing, Helga/Gutschmidt, Gunhild, (1992), S. 88. Interessante Einblicke in ihre eigene Biographie geben Helga Häsing und ihre Tochter Christine in: Siebenschön, Leona: Wenn du die Freiheit hast... Die antiautoritäre Generation wird erwachsen; dort unter dem Abschnitt:»Meine linke Mutter und die Politik, München 1988, S.40–50.

leinerziehenden ergänzt:»Das einzige Faustpfand der Frauen sind die Kinder, wenn sie für deren Erziehung auch Unterhalt für sich vom Mann fordern wollen.«[47]

»Ein hilfloses Helfersystem«

Schuld an der Trennungsmisere ist aber nicht nur das liebe Geld. Mit ihren labilen, manchmal auch explosiven Gefühlen treffen Trennungspaare auf ein »hilfloses Helfersystem« (Hans-Christian Prestien, *Anwalt des Kindes e.V.*) von Scheidungsbegleitern, das nach Ansicht des Bielefelder Psychologieprofessors Uwe-Jörg Jopt kindeswohlschädliche Auseinandersetzungen zwischen den Eltern provoziert. »Anwälte, Vertreter der Jugendämter, Sachverständige und Richter sind die eigentlichen Transporteure einer absurden Trennungsideologie, die mit den wahren Bedürfnissen von Scheidungskindern nicht das geringste zu tun hat«, sagt Jopt. »Die von den meisten Intervenierenden eingeschlagene Auswahlstrategie nach dem ›besseren Elternteil‹ gefährdet den Fortbestand der Liebesbeziehungen zu Mutter und Vater.«

Die von Trennung und Scheidung lebenden »Fachleute« sind zu einem ganz beträchtlichen Teil von der Unversöhnlichkeit der Parteien überzeugt. Sie verleiten, ja nötigen trennungswillige Eltern geradezu, sich in Partei und Gegenpartei, in Sorge- und Nichtsorgeberechtigter: in *Sieger und Besiegte* aufzuteilen. In ihren Stellungnahmen, Gutachten, Schriftsätzen und Beschlüssen schreiben sie die akuten Bedingungen des Trennungsgeschehens fest. So werden Feindbilder stabilisiert, aggressive Sprachlosigkeit verschärft und Beziehungskonflikte auf großer Flamme gehalten.

Einige Scheidungsbegleiter beginnen umzudenken – auffallend häufig diejenigen, die selbst von Trennung oder Schei-

---

47 Häsing, Helga/Gutschmidt, Gunhild (1992), S. 132.

117

dung betroffen sind. In Fachzeitschriften, auf Kongressen und Seminaren erfahren sie, daß die Trennungsziffern weiter steigen, daß immer mehr Kinder zu Trennungshalbwaisen werden. Sie informieren sich über die Probleme dieser Mädchen und Jungen sowie über neue Wege, Kindern trotz Trennung oder Scheidung ihrer Eltern sichere und positive Beziehungen mit Mutter und Vater zu ermöglichen.

Auch in der Praxis bemühen sich Scheidungsbegleiter bereits erfolgreich darum, die Verständigung zwischen den Eltern – für die Kinder – zu fördern. Bislang steckt die nachpartnerschaftliche Zusammenarbeit noch in den Startlöchern: »Von Anwälten, Richtern, Jugendamtsvertretern und Psychologen können Eltern heute allenfalls in glücklichen Ausnahmefällen erwarten, an ihrer naheliegenden trennungsbedingten Blindheit für die Bedürfnisse ihrer Kinder gehindert zu werden. Meist ist vielmehr das Gegenteil der Fall«, sagt Uwe-Jörg Jopt (s. Kap. 12).

»Da war niemand, der einmal Worte zur Befriedung der Situation gesprochen hat!« erinnert sich ein Vater.

Stehen Anwälte gemeinsamer Elternschaft nach der Trennung im Weg?

»Die Mutter ist aufgrund ihrer Persönlichkeit nicht bereit und in der Lage, die Versorgung des Kindes zu gewährleisten.«

»Sein Verhalten hat so negativen Einfluß auf das Kind, daß es in seiner Entwicklung erheblich gestört ist und weiter gestört wird, wenn die Kontakte mit dem Vater aufrechterhalten bleiben.«

»Die erneute Betonung des Vaters der Liebe zu seiner Tochter ist für die Beurteilung der juristischen Kategorie, ob diese Gefühle objektiv zum Wohle des Kindes ausgeübt werden, unerheblich.«

»Die Charaktereigenschaften, die sie offenbart, lassen nicht auf eine wahrscheinliche objektive Einflußnahme auf das Kindeswohl schließen, sondern auf das Gegenteil.«

»Die Schilderungen des Vaters über sein besonders harmonisches Verhältnis zum Kind, seine Sehnsucht, es möge wieder so sein, ist keine Grundlage für die Darlegung, dieses Umgangsrecht sei für das seelische Wohl des Kindes notwendig oder auch nur vorteilhaft. Sie sind sachfremde Erinnerungen an eine abgeschlossene frühere Zeit, die nicht der jetzigen Realität entsprechen.«

Arbeitsproben aus Anwaltskanzleien. Tag für Tag sprechen Rechtsvertreter solche Schriftsätze ins Tonband. Ihre Mandanten bezahlen sie dafür – im Scheidungsverfahren herrscht *Anwaltszwang*. Für viele Mütter und Väter ist nach derartiger Lektüre der Tag, die Woche gelaufen. Ihr Anwalt muß das unbedingt sofort »geraderücken« ...

Zwei Dortmunder Gerichtspsychologen haben Akten, Schriftsätze und Gutachten aus »besonders schwierigen Fällen« genauer unter die Lupe genommen. Ihr Befund spricht eine deutliche Sprache: »Die Anwälte der Eltern (...) werden immer deutlicher und offener als Hemmschuh auf dem Weg zur Etablierung einer nachehelichen Elternschaft identifiziert.«[48] Sie betrieben eine »Politik der verbrannten Erde«, so Burkhard Schade und Anita Schmidt. Mit Hilfe persönlicher Herabsetzungen und Beleidigungen solle der Prozeßgegner »salonunfähig« gemacht werden. Auf diese Weise werde der eigene Mandant als der überlegene Kandidat für das alleinige Sorgerecht präsentiert.

Einspruch: »Nicht Rechtsanwälte erzeugen Streit, sondern Streit erzeugt Rechtsanwälte«, kontert der Münchener Advokat Dr. Frank Zillich.[49] Anwälte erhielten von den jeweiligen Elternteilen einen »ganz klaren Auftrag«, an den sie gebunden

---

48 Schade, Burkhard/Schmidt, Anita: Position und Verhalten von Rechtsanwälten in strittigen Sorgerechtsverfahren. In: FamRZ 1991, H. 6, S. 650.
49 Zillich, Frank: Rechtsanwälte in streitigen Sorgerechtsverfahren – geldgierige, kontraproduktive Hemmschuhe? In: FamRZ 1992, H. 5, S. 509f.

seien. »Der Auftrag lautet, dem eigenen Mandanten zum Erfolg, nämlich zum beanspruchten alleinigen Sorgerecht zu verhelfen.« Schwarzweißmalerei liege da »in der Natur der Sache«. »Wer die Interessen einer Partei gegen die Interessen einer anderen Partei zu vertreten hat, wird sich bemühen, die Nachteile der anderen Seite deutlich werden zu lassen.« Deshalb sei eine »energische, zielbewußte Parteivertretung« vor Gericht »rechtmäßig« und »nicht anstößig«.

Vierzig Prozent aller Mandanten fordern von ihrem Anwalt in der ersten Beratungsstunde, dem ehemaligen Partner »mal eins auszuwischen«, beobachtet die Hamburger Rechtsanwältin Birgit Johannsen. Wer ist nun der Hemmschuh auf dem Weg zu fortbestehender Elternschaft nach Trennung oder Scheidung – Rechtsanwalt oder Mandant? Rechtsbeistand Zillich sieht wie die meisten seiner Kollegen den Schwarzen Peter allein beim Auftraggeber: dem streitsüchtigen Elternteil, der seinen Rechtspfleger mit Informationen über den »Prozeßgegner« versorgt. Eine beschränkte Sichtweise.

Viele Eltern werden erst dann zu verbitterten Gegnern, wenn die Anwälte ins Spiel kommen. Deren Schriftsätze und »Richtigstellungen« – oft sind es eher Kampfestexte – leisten einen bedeutenden Beitrag zu mehr Empörung und Feindseligkeit. Da wird die Gegenseite pauschal zum »Psychopathen« oder »Alkoholiker« gekürt. Natürlich ist der Garten des Mandanten grüner, die Wohnung geräumiger und der Charakter wohlfeiler. Auch Anwaltsfürsprecher Zillich will »Übertreibungen und sogar Entgleisungen« bei seinen Kollegen nicht von der Hand weisen: »Freilich gibt es immer Fälle, in denen Rechtsanwälte durch scharfe Formulierungen das Feuer zwischen den Parteien schüren. Natürlich schießt der eine oder andere Rechtsanwalt aus Freude an vermeintlich brillanten Wortschöpfungen gelegentlich über das Ziel hinaus.«[50]

50 Ebd., 510.

Die Herabsetzung des ehemaligen Partners und gegneri-schen Mandanten beginnt oft schon im kleinen: Advokaten pflegen Unwörter wie »Antragsgegner« oder »Kindesmutter« (wessen Mutter denn sonst?). »Ich habe meinen Anwalt gebe-ten, darauf zu verzichten und statt dessen Frau XY oder ein-fach nur Mutter zu schreiben«, erzählt ein Vater. Sein Anwalt notierte den Wunsch auf einem Schmierzettel – ohne Wir-kung: »Als der Schriftsatz sechs Wochen später endlich ver-sandt wurde, war wieder einmal Schema F angesagt.«

Ließ sich das Textverarbeitungsprogramm dieses Rechtsbei-standes nicht auf die Wünsche seines Mandanten umstellen? Oder gehören Schreibkünste wie »Die Auffassung der Antrags-gegnerin ist unzutreffend« zum unwiderruflichen Repertoire anwaltlicher Prozeßspielchen? Auch solche Standardfloskeln verschlechtern das Klima und verstärken die Sprachlosigkeit zwischen den Eltern.

Die üblichen Schriftstücke verringern die Chancen auf Aus-söhnung und Gesprächsfähigkeit, anstatt sie zu fördern. Ge-genseitige Aggressionen werden buchstäblich festgeschrieben. Dabei sind die »Schriftsätze« häufig gar nicht identisch mit den Vorstellungen des früheren Partners. Doch der Empfänger ordnet jedes Wort ausnahmslos dem anderen zu. Er hat seine Lügen und Gemeinheiten ja vor sich: schwarz auf weiß. »Dies führt bei beiden Eltern als Empfängern dieser Information zu schwersten Kränkungen, die so traumatisch sein können, daß für lange Zeit eine kooperative Kommunikation massiv behin-dert, wenn nicht gar unmöglich wird.«[51]

Eigene Lösungen der Mandanten zuzulassen, das fällt vie-len Anwälten schwer. Eine Erfahrung, die auch der Werbe-kaufmann Hans-Peter gemacht hat: »Der erste Anwalt, mit dem ich zu tun hatte, wollte seinen eigenen konservativen Ansatz einfach auf mich übertragen. Er sagte mir: ›Machen Sie sich doch neue Kinder. Vergessen Sie Ihre alten, und den-

51 Schade/Schmidt (1991), S. 651.

ken Sie an Ihre Karriere.‹ Es geschahen enorme Fehler, insbesondere durch einfaches Liegenlassen meiner Anweisungen, die ich mir dann zurechnen lassen mußte. Dann habe ich mich in die Dinge eingearbeitet und mir einen Anwalt gesucht, bei dem es möglich war, sämtliche Schriftsätze selbst zu schreiben.«

Jeder dritte Mandant fühlt sich seinem Familienanwalt ausgeliefert. Zu diesem Ergebnis kommt der Hamburger Scheidungsforscher Professor Dr. Erich Witte. Nur jeder zweite ist mit der Arbeit seines Rechtsbeistands zufrieden:»Qualifikation und berufsübliche Reaktionsmuster liegen bei Anwälten eher in der Konfrontation mit der gegnerischen Partei als im mühseligen Herstellen von Einvernehmlichkeit. Konfliktbearbeitung und -entschärfung ist nicht Aufgabe und Auftrag der Anwälte«, so Witte.

Daß Paare sich trennen und trotzdem Eltern bleiben, erfassen die anwaltsüblichen Begriffspaare »Recht/Unrecht«, »Gut/Böse« nicht. In Großbritannien und Frankreich gibt es bereits spezialisierte Kinder- und Jugendanwälte. Gemeinsam mit unabhängigen Sozialarbeitern vertreten sie Kinder vor Gericht. Dänische und norwegische Kinder können sich an einen »Ombudsman« (Obhutsperson) wenden, der sich für ihre Rechte und Interessen einsetzt. Der Verband *Anwalt des Kindes* (VAK) fordert eine neue Gebührenordnung für »Familiensachen«: Beratung und Vermittlung sollten für das »Wirtschaftsunternehmen Anwaltskanzlei« lukrativer werden, denn zur Zeit rechnen sich Schlichtungsgespräche für den Anwalt nicht. Das Anfertigen von Schriftsätzen und »streitige Lösungen« kosten weniger Zeit und bringen in der Regel mehr Gewinn als eine mehrstündige Beratung. Gute Anwälte versuchen, in Abstimmung mit dem Anwalt der Gegenpartei, die Eltern an einen gemeinsamen Tisch zu bekommen, und ermuntern sie, Beratungsangebote bei einem Jugendamt oder einem Familientherapeuten anzunehmen. Klappt das nicht, stellen sie einen Antrag an das Gericht und bitten um Hilfe eines kompetenten Beraters, damit die Eltern selbst eine vernünftige Lösung für ihre Kinder finden – keine Alles-oder-nichts-Lösung.

Hinweise für den Umgang mit Anwälten

Sie sollten sich ihren Anwalt sehr gründlich auswählen. Holen Sie sich Rat in einer Vätergruppe, und nehmen Sie nur einen »Fachanwalt Familienrecht«. Gute Erfahrungen haben viele Trennungs- und Scheidungspaare mit Rechtsvertretern gemacht, die auch als Vermittler/«Familien-Mediator« (vgl. Kapitel 11) arbeiten.

Machen Sie Ihrem Interessenvertreter deutlich, daß er – in Ihrem Interesse – vor allem die Belange der Kinder im Auge behalten soll. Selbständige Verfahren im Sorge- und »Umgangsrecht« unterliegen keinem Anwaltszwang. Er sollte keine Möglichkeit auslassen, Ihre Ex-Partnerin zu Vergleichsgesprächen zu bewegen. Viele Scheidungspaare gelangen so doch noch zu einer einvernehmlichen Trennung.

Auf Beleidigungen und Herabsetzungen sollte Ihr Anwalt in seinen Schriftsätzen und vor Gericht vollständig verzichten. Auch heikle Stellungnahmen der »Gegenseite« werden moderat und sachlich beantwortet. Es empfiehlt sich, alle wichtigen Schriftstücke persönlich *gegenzulesen*, bevor sie die Kanzlei verlassen. Bitten Sie Ihren Anwalt deshalb um vorherige Zusendung.

Fragen Sie ihn im ersten – unverbindlichen – Beratungsgespräch, wie er zum gemeinsamen Sorgerecht steht. Ist der Advokat skeptisch, suchen Sie sich einen anderen. Wertvolle Hinweise über die Arbeitsweise von Familienanwälten erhalten Sie auch von Väter- und Geschiedenengruppen.

Einen hilfreichen »Fragenkatalog für den Umgang mit Rechtsanwälten« haben Gisela Lindemann-Hinz, Berlin, und Harro Graf von Luxburg, München, entwickelt. Anzufordern ist er bei der *Arbeitsgemeinschaft Humanes Familienrecht,* Postfach 15 13 06, 80048 München.

Jugendamtsmitarbeiter – »Wir können Ihnen da nicht weiterhelfen!«

Vor »Umgangs«- und Sorgerechtsentscheidungen schaltet der Richter das *Jugendamt* ein. Daraufhin besucht eine *Sozialarbeiterin* Mutter und Vater. In einer Stellungnahme an das Gericht schildert sie die wesentlichen Argumente, die von den Eltern vorgetragen worden sind, und beschreibt deren Lebensverhältnisse. Abschließend kann sie eine Empfehlung notieren. Natürlich ist der Richter nicht an diese Empfehlung gebunden; in der Regel wird er sie aber berücksichtigen.

Verbindliche Kriterien oder gar einheitliche Fragenkataloge gibt es für die Arbeit der Sozialarbeiter nicht. Sie unterrichten das Gericht also über ganz subjektive Eindrücke, die ihren jeweiligen Wertvorstellungen entsprechen. Oft berichten Jugendamtsmitarbeiter nur über sozialen Status und materielle Versorgung der Kinder. »Mittelschichtsorientierte Sauberkeits- und Ordnungsvorstellungen verführen gelegentlich dazu, aus Unordnung, aus ästhetischen Mängeln in der Wohnungseinrichtung oder der Art, sich zu kleiden, aber auch aus abweichenden hygienischen Gebräuchen, manchmal recht sachfremde Beurteilungen eines Elternteils abzuleiten. Auf diese Weise dienen die äußerlichen Umstände bisweilen als vermeintliche Beweise für die mangelnde Erziehungsfähigkeit.«[52]

Aber auch in die Jugendämter dringen neue Ideen: Sozialarbeiter sollen nicht länger nur als »verlängerter Arm des Richters« tätig werden. Nach dem Kinder- und Jugendhilfegesetz (KJHG) sind sie verpflichtet, Mütter und Väter auf dem Weg

---

52   Gaier, Otto R. (1991), S. 109.

zu mehr gemeinschaftlicher Verantwortung für die Kinder zu unterstützen (vgl. S. 273ff.).

Die *Beratungs- und Unterstützungsfunktion der Jugendämter* scheitert bislang jedoch zumeist an zwei Voraussetzungen: Zeit und Kompetenz. Vor allem in den Großstädten klagen Sozialarbeiter über personelle Engpässe. »Beratung« findet hier gewöhnlich im Minutenmaß statt. Nicht alle Jugendamtsmitarbeiter sind schon auf die neuen Berufsanforderungen eingestimmt worden, die das KJHG mit sich bringt. Fortbildungsveranstaltungen, zum Beispiel über den systemischen Familienansatz oder über Vermittlungstechniken, sind die große Ausnahme. Oft müssen sie sogar aus eigener Tasche bezahlt werden.

Viele Väter berichteten, daß sie in den Jugendämtern auf verschlossene Türen stießen. »Wir können Sie gut verstehen, aber weiterhelfen können wir Ihnen nicht.« Diesen Satz bekommen sie häufig zu hören, auch wenn ihre Ex-Partnerin den Kontakt mit den Kindern vollständig boykottiert. Oft dauert es Monate, bis ein Sozialarbeiter tätig wird.

Norman hegte große Hoffnung, als er seinen Sozialarbeiter aufsuchte. Vielleicht kann der ja ein wenig Bewegung in die »verhärtete Situation« hineinbringen, dachte der 43jährige Gymnasiallehrer und Vater ohne Trauschein. Aber schon nach einem Telefongespräch mit der Mutter gab der Diplompädagoge im Jugendamt auf. Für ihn stand fest: »Ihre ehemalige Partnerin will zur Zeit keinen Umgang zwischen Ihrem Kind und Ihnen.«

In seiner Stellungnahme teilte er dem Richter folgendes mit: »Wenn das Anliegen von Herrn I. auch zu verstehen ist, weiterhin Kontakt mit seiner Tochter haben zu wollen, so scheint mir die Praxis eines Umgangsrechts unter den augenblicklichen Bedingungen dem Kindeswohl wenig dienlich. Es scheint mir verständlich, daß die Kindesmutter zunächst einmal mit ihrem Kind zur Ruhe kommen möchte. Dieses wird aus meiner Sicht wohl kaum möglich sein, wenn die Kindeseltern ihre Schwierigkeiten miteinander nicht bewältigt haben. Zum augenblicklichen Zeitpunkt könnte ich einem Umgangsrecht zwischen Kindesvater und seiner Tochter ohne Bedenken nicht zustimmen.«

Wie die Schwierigkeiten der Eltern konstruktiv angegangen, vielleicht sogar reduziert werden könnten, darüber machen sich die wenigsten Sozialarbeiter Gedanken. Fällt der Jugendamtsmitarbeiter die Diagnose »Streit«, gilt der Fall für ihn zumeist als erledigt. Dann macht er sich daran, dem Gericht seine Stellungnahme über Mutter und Vater zu schreiben – und verschlechtert die Elternbeziehung damit meist noch zusätzlich. Vor allem die Rubrik »Sorgerechtsempfehlung« zementiert unversöhnliche Positionen.

Auch Jörg bat das Jugendamt immer wieder um Hilfe. Nach der Scheidung hatte sich seine Frau einer Bhagwan-Gruppe angeschlossen. Wenige Wochen später wurde seine Tochter Claudia in »Urja« umbenannt, in Rot gekleidet und bekam eine Holzkette des Meisters umgehängt. »Die Mutter begann systematisch, die Kontakte zwischen Claudia und mir zu hintertreiben. Während der Schulzeit flog sie mit ihr zum damaligen Hauptsitz der Sekte (Oregon/U.S.A.) oder nach Indien. Oft wurde Claudia bei Freunden und Bekannten untergebracht.«

Eines Tages erzählte ihm die Fünfjährige, daß sie mit ihrer Mutter nach Holland ans Meer ziehen und dort in einem Kinderhaus der Sekte wohnen werde. Jörg fragte daraufhin beim Jugendamt an, ob es Möglichkeiten gebe, der Mutter das Sorgerecht zu entziehen. »Als ich der Sozialarbeiterin von der psychischen Vernachlässigung meiner Tochter berichtete, entgegnete die mir ganz kategorisch: ›Solche Mütter gibt es nicht!‹« Auf die Frage, was er denn tun könne, sagte ihm der Leiter des Jugendamtes, ein Verwaltungsbeamter, frank und frei: »Erst wenn Sie uns das Kind mit blutigen Striemen zeigen, können wir etwas tun.«

»Der Sozialarbeiter hat mich nicht für voll genommen«, berichten viele Väter ohne Kinder. Diese Erfahrung machen vor allem Väter, die eine enge Beziehung zu Tochter oder Sohn haben – Väter, die unter der Trennung von ihren Kindern besonders leiden und eine gleichberechtigte Elternverantwortung fordern. Wenn diese Väter dann auch noch mit Nachdruck, vielleicht sogar nicht »sachlich«, sondern »emotional geladen« vortragen, daß sie Boris oder Nadja weiterhin als Vater erhalten bleiben möchten, und darüber hinaus auf bedenkliche Entwicklungen in der Mutter-Kind-Beziehung hinweisen, blocken viele Sozialarbeiter ab.

»Da fällt bei denen die Klappe runter«, sagt ein Vater. Wenn Väter sich um ihre Kinder kümmern wollen, aber nicht dürfen und das nicht hinnehmen, werden sie in den Augen von Jugendamtsmitarbeitern schnell zu »Querulanten und notorischen Nörglern«.

Hinweise für den Umgang mit Jugendamtsmitarbeitern

Was für den Umgang mit Anwälten, psychologischen Sachverständigen und Richtern gilt, das gilt auch für Kontakte mit Sozialarbeitern des Jugendamts: Sachlich und nachdrücklich sollten Sie darauf hinweisen, daß Sie Ihren Kindern weiterhin als selbstverständliche Bezugsperson erhalten bleiben möchten. Vermeiden Sie Hinweise auf Ihre Beziehungssehnsucht. Konzentrieren Sie sich vielmehr darauf, die *Interessen Ihres Kindes*, sein Bedürfnis nach *Beziehungskontinuität* mit soviel Mutter und soviel Vater wie möglich darzustellen.

Abhandlungen über »diese fiese Frau« oder »diese Rabenmutter« sind ebenfalls zu unterlassen. Viele Sozialarbeiter werten Partnerkonflikte als Argument gegen Kind-Vater-Beziehungen. Schildern Sie statt dessen ausführlich, wie die zukünftige Beziehung zu Ihrem Kind konkret aussehen soll.

Bevor die Jugendamtsmitarbeiterin zu Ihnen nach Hause kommt, empfiehlt es sich, mit ihr in der Dienststelle oder telefonisch ein kurzes Gespräch zu führen. Dabei wird zumeist schnell klar, wie sie zum »Umgangsrecht« für Kinder und Väter steht. Wünschen Sie im Gegensatz zu ihrer Ex-Partnerin das gemeinsame Sorgerecht, sollten Sie die Sozialarbeiterin nach ihrer persönlichen Meinung zu diesem Thema fragen. Nach Paragraph 17 (2) des Kinder- und Jugendhilfegesetzes (KJHG, s. S. 274f.) hat das Jugendamt beide »Eltern bei der Entwicklung eines einvernehmlichen Konzepts für die Wahrnehmung der elterlichen Sorge« zu unterstützen. Damit soll eine fortbestehende, möglichst gemeinsame Elternverantwortung für das Kind oder den Jugendlichen auch nach Trennung oder Scheidung gesichert werden. Nach Paragraph 18 (4) KJHG steht allen nicht sorgeberechtigten Elternteilen »Beratung und Unterstützung bei der Ausübung des Umgangsrechts« und bei der »Herstellung von Besuchskontakten« zu. Fragen Sie Ihre Sozialarbeiterin, welche Möglichkeiten sie in diesem Zusammenhang anbieten kann.

Sollte sich die Jugendamtsmitarbeiterin bedeckt halten oder eindeutig Partei für Ihre Ex-Partnerin ergreifen, bitten Sie die Leitung des Jugendamts darum, einen anderen Mitarbeiter mit Vermittlungsversuchen und der Stellungnahme an das Gericht zu betrauen. Fällt die Stellungnahme einseitig aus, können Sie das Gutachten eines psychologischen Sachverständigen beantragen.

Enthält die Stellungnahme des Jugendamts persönliche Wertungen über einen oder beide Elternteile oder vermochte der Berichterstattende Tatsachenfeststellungen sowie Angaben und Meinungen des anderen Elternparts nicht auseinanderzuhalten, können Sie das Jugendamt bitten, dies nachträglich deutlich zu machen. Ihre Bedenken gegen Schlußfolgerungen und Empfehlungen im Hinblick auf das »Sorge- und Besuchsrecht« sollten Sie oder Ihr Anwalt in einem Schriftsatz sachlich richtigstellen und knapp begründen.

Lesen Sie auf alle Fälle:
– Anderson, W. und Fischer, Wera: Welchen Beitrag können

Sozialarbeiter im Rahmen des Kinder- und Jugendhilfegesetzes (KJHG) zur Sicherung des Kindeswohls bei Trennung/Scheidung der Eltern leisten? In: ZfJ 8/1993, S. 319 – 327.

– Fischer, Wera: Kindschaftsrechtsreform: Bemerkungen zum Kindeswohl aus sozialarbeiterischer Sicht. Ein Plädoyer für mehr Kindorientiertheit bei Entscheidungen im Zusammenhang mit Trennung/Scheidung. In: ZfJ 1997, S. 235–249.

Psychologische Sachverständige – »Wem soll das Kind zugesprochen werden?«

»Jan verfügt über reichliche Erfahrung mit Psychologen. Über den damals siebenjährigen Jungen wurden vor der Scheidung seiner Eltern zwei Gutachten erstellt. Damals konnte Jan schon fast im Schlaf die kleinen Holzfiguren aufstellen, die zum Test eines ›Familienszenariums‹ gehören. Er kannte auch die Tierbilder, die ihm vorgelegt wurden. Zum Beispiel das Bild eines großen Hundes, der einen kleinen Hund auf dem Schoß hat. Wer ist der große Hund – Mama oder Papa? Und immer wieder wurde er mit der gleichen Frage geplagt: ›Wen hast du lieber, den Papa oder die Mama?‹«[53]

»1. Ein Besuchsrecht des Vaters entspricht dem Wohl des Kindes.

2. Das Besuchsrecht entspricht dem Wohl des Kindes nur dann, wenn es im Umfang äußerst beschränkt und ohne Anspruch auf den Aufbau einer tieferen Bindung zum leiblichen Vater gehandhabt wird. Um diesen Charakter klarzustellen, wird ein Besuchsrecht von zweimal pro Jahr vierstündig an ei-

---

53 Aus: Wilde, Barbara: Eine Familie bleiben. Das gemeinsame Sorgerecht – Ein neuer Weg bei Ehescheidungen. München 1989, S. 180.

nem Halbtag an einem vom Vater vorgeschlage-
nen Ort unter Vermittlung und in Anwesenheit neu-
traler Personen vorgeschlagen« (aus einem Gutach-
ten der Abteilung für Kinder- und Jugendpsychiatrie
des Klinikums der Universität Tübingen).

Wenn Mutter und Vater sich nicht über die Sorge für und den »Umgang« mit ihren Kindern einigen können, kann der Richter einen *Gutachter* bestellen. Der psychologische Sachverständige (ein Diplompsychologe oder Arzt mit dem Facharztzertifikat für Kinder- und Jugendpsychiatrie) gilt als der »heimliche Richter«: Nur wenige Richter beschließen gegen den herbeigeholten »Sachverstand«.

Unvoreingenommen und neutral soll der Gutachter sein. Zuerst einmal studiert er die Schriftsätze, Berichte, Beschlüsse und Stellungnahmen. Dann führt er Gespräche mit Eltern und Kindern, läßt Mutter und Vater Fragebögen ausfüllen und beobachtet sie »in Interaktion« mit dem Kind – besonders beliebt sind Bastel-Einheiten mit Knetgummi oder eine Runde »Mensch-ärgere-dich-nicht«. Mit Hilfe psychologischer Testverfahren (sogenannte explorative und projektive Tests) ergründet er den »Gefühlshaushalt« der Eltern.

Die Kinder müssen Bilder malen, Satzanfänge ergänzen, mit Puppen Familienszenen arrangieren oder den Familienmitgliedern mit Karten unterschiedliche Aussagen zuordnen. Viele Gutachter glauben, dadurch Informationen über die versteckten Wünsche und Bedürfnisse der Kinder nach *einem* Elternteil zu erhalten. Zahlengläubige Sachverständige greifen mitunter zu sehr obskuren Untersuchungsmethoden aus dem Reich der Magie: Einige erkundigen sich, welchem Elternteil das Kind wohl nachfliegen würde, wenn es ein Vogel wäre und aus seinem Nest fiele. Andere lassen Kinder Liebeskuchen oder Punkte an Mutter und Vater aufteilen. Der Elter mit dem größten Kuchen oder den meisten Kugeln bekommt dann den »Sorgerechtszuschlag«.

Aus seinem Erkenntnis-Mix schreibt der Gutachter dann ein Gutachten, mal fünf, mal 150 Seiten lang. Darin informiert er den Richter vor allem über das Bindungsverhalten des Kindes in bezug auf Mama und Papa sowie die Erziehungsfähigkeit von Mama und Papa in bezug auf ihr Kind. Zum Schluß gibt er meist eine »Sorgerechtsempfehlung«, mitunter auch eine »Besuchsrecht-Empfehlung«, und legt dar, was für den Kontakt zwischen Kind und Eltern sowie zwischen Mutter und Vater in Zukunft »wünschenswert« wäre.

»Wem soll das Kind zugesprochen werden?« / »Mit welchem Elternteil möchte das Kind weiterhin zusammenleben?« Viele Gutachter meinen, sie müßten der Frage nachspüren, »wen das Kind am liebsten hat und wer ihm am meisten vertraut ist«, wenn Eltern auseinandergehen und sich nicht über die Zukunft ihres Kindes einigen können. Ein Elternteil könne die Kontinuität von Erziehung und Entwicklung des Kindes besser gewährleisten als der andere Part, so die verschrobene Philosophie dieses Verfahrens. Der »schlechtere« Elternteil müsse aus der (rechtlichen) Mitverantwortung für sein Kind entfernt werden.[54]

Dieses Erkenntnisinteresse widerspricht den Interessen der Kinder, denn Kinder wünschen eine gesicherte Beziehung zu Mama und Papa. Es vermittelt zudem nur sehr eingeschränkte »Forschungsergebnisse« über die Kind-Eltern-Beziehungen: Denn die Bindung des Kindes zu Vater und Mutter zum Zeitpunkt X, die der Gutachter zu Papier bringt, kann wenige Monate später schon ganz anders aussehen. Dennoch sind

---

54 Vgl. Lempp, Reinhart: Die Ehescheidung und das Kind. Ein Ratgeber für Eltern. München [4]1989, S. 18. Lempps »Sachverstand«: »Die innere Beziehung, die das Kind in seinen ersten Lebensjahren entwickelt hat, meist zur Mutter, manchmal zur Großmutter, seltener zum Vater, muß beachtet werden« (S. 33). »Kleine Kinder bis zum dritten oder vierten Lebensjahr sollten im allgemeinen nur stundenweise zum nicht sorgeberechtigten Elternteil kommen« (S. 47). »Wer eine vollkommene Scheidung will, muß auch auf das Kind und jeden Kontakt mit ihm verzichten können« (S. 49).

viele psychologische Gutachten nichts anderes als simple Zustandsbeschreibungen, die von den gegenwärtigen Lebensbedingungen des Kindes, von der aktuellen Kind-Eltern-Beziehung berichten. Diese einmalige Inventur schreibt die momentane Bindung zwischen Kindern und Eltern fest. Doch Kinder entwickeln sich fortlaufend und brauchen in ihren zukünftigen Entwicklungsphasen vielleicht mal stärker die Mutter, mal stärker den Vater. Über »größere Liebe« oder »stärkere emotionale Bindung« zu einem Elternteil geben ihre »Willensbekundungen« ohnehin selten Aufschluß. Eher über ihre Hilflosigkeit, über die offene oder versteckte Beeinflussung ihrer Eltern, über ihre derzeitige Befindlichkeit, über ihre *momentanen* »Nähepräferenzen« (vgl. S. 211f.).

Sachverständige werden vornehmlich dann herangezogen, wenn die »kindlichen Bindungspräferenzen« (welch ein Unwort!) nicht ersichtlich sind. Also dann, wenn es keine *eindeutig* bessere oder schlechtere Entscheidung gibt. Kein Wunder, daß das Gutachten gerade in solch einer Konstellation beim disqualifizierten Elternteil für große Verbitterung sorgt, wenn der Ex-Partner die alleinige Sorge erhält. So auch bei Peter: »Unter Berufung auf den Deckmantel mütterlicher Fürsorglichkeit und auf die Rechtslage ist die Beziehung zu meinem Sohn kaputtgemacht worden. Unser Leben ist gewaltsam beruhigt worden«, faßt der Streetworker die Arbeit seiner Gutachterin zusammen. Acht Jahre lang hat er seinen Sohn Michael im Wechsel mit seiner ehemaligen Partnerin Elke betreut. Beide haben sich bereits zwei Jahre nach Michaels Geburt getrennt. Aber ihre Elternschaft ist damit nicht beendet: Peter und Elke wohnen nur wenige Straßenzüge voneinander entfernt; der Junge hat bei beiden ein Kinderzimmer. Um sich seinem Sohn intensiver widmen zu können, reduziert Peter seinen Job auf Teilzeit.

In seiner Wohnung spürt man die gelebte Vater-Kind-Beziehung: Auf dem Fußboden liegt Lego. Autos und selbstgebastelte Schiffe parken auf Michaels Hochbett. Eine »Carrera«-

Bahn führt durch das Wohnzimmer. In der Duschkabine stapeln sich Muscheln und Steine – Erinnerungen an den letzten gemeinsamen Urlaub.

Vier Tage bei der Mutter, drei Tage beim Vater und in den Ferien Hälfte-Hälfte: »Papa Hause, Mama Hause« – das war für Michael schon als kleines Kind eine Selbstverständlichkeit. »Sein Zimmer bei mir war ein Teil seines Zuhauses. Michael hatte zwei Zuhause. Acht Jahre lang gab es keine Probleme mit dem Hin- und Herpendeln«, sagt Peter. Das soll sich ändern, als Elke wieder heiratet und von ihrem neuen Mann ein Kind erwartet. Plötzlich stemmt sie sich gegen die Vater-Kind-Beziehung. »Elke wurde abweisend mir gegenüber. Auf einmal fehlte ihre Unterstützung dafür, daß Michael soviel Zeit bei mir verbringt.«

Peter hat die Anzahl der Übernachtungen seines Sohnes in der Zeit des Umbruchs festgehalten: September zehn, Oktober vierzehn, November zwölf, Dezember elf, Januar zwölf, Februar zehn, März drei, April drei, Mai vier, Juni drei ... Michael leidet sehr unter der Zäsur. »Als die Treffen schlagartig weniger wurden, fing er plötzlich an zu klammern und saß wie ein kleines Baby auf meinem Schoß. Wenn unsere Stunden abgelaufen waren, mimte er auf einmal den kranken Mann und wollte nicht aufbrechen. Er wurde sehr reizbar und aggressiv. Er schlief nur noch bei Licht ein, weil er Angst hatte, daß sonst die Vampire kämen.«

Daraufhin beantragt Peter beim Gericht, das Umgangsrecht wieder auszuweiten: vierzehntägig ein Wochenende und einen Werktag pro Woche, fordert er. Der Jugendamtsmitarbeiterin sagt Michael im Beisein seiner Mutter: »Ich will den Papa öfter sehen!« Die Sozialarbeiterin protokolliert seinen Wunsch; in ihrer »Stellungnahme an das Gericht« plädiert sie dennoch »in Hinblick auf die Interessen der Mutter in ihrer neuen Familienkonstellation« für ein Umgangswochenende im Vier-Wochen-Turnus.

»Michael läßt kein großes emotionales Engagement, der Nähe des Vaters zu bedürfen, erkennen« – *die Arbeit einer Hamburger Gutachterin*

Peters Hoffnung gilt jetzt der Gutachterin. Die psychologische Sachverständige, die in einem Hamburger Arbeitskreis von Trennungsbegleitern und Scheidungsforschern für »mehr Elternverantwortung nach der Trennung« eintritt, kennt er aus dem Regionalfernsehen: »Wir brauchen großzügige Besuchsregelungen. Kinder leiden am meisten, wenn sie von einem Elternteil getrennt werden. Die Leiden der Kinder sehe ich als Gutachterin täglich – Schlafstörungen, Appetitstörungen, Konzentrationsstörungen, Rückzug von der Umwelt, depressives Verhalten oder ausgeprägte Aggressionen«, hatte sie dort einmal einer Reporterin anvertraut.

Im Gutachten ist allerdings von »großzügigen Besuchsregelungen« keine Spur. »Alle drei Wochen von Freitag abend bis Sonntag nachmittag«, lautet ihr Votum, dem sich der Richter anschließen wird.

Bereits am Telefon gibt die Sachverständige Peter klar zu verstehen, was sie von seinem Antrag hält: gar nichts. »Die gemeinsame Verantwortung der Eltern war ja rechtlich gar nicht vorgesehen«, erklärt sie ihm – Michaels Mutter hatte stets das alleinige Sorgerecht. Das Wohnen in zwei Wohnungen erscheint ihr »für ein Kind unmöglich«. Peter: »Im zweiten Gespräch berichtete sie mir, die Mutter wolle nichts mehr mit mir zu tun haben. Ihre Heirat stelle uns alle vor ganz neue Bedingungen, unter denen die alten Besuchsregelungen nicht verantwortbar seien. Sie müssen lernen ...« Weiter sprach die Gutachterin nicht. »Danach redeten wir nur noch gegeneinander. Stellenweise konnte ich keinen Satz zu Ende sprechen. Wenn ich versuchte, ihre Darstellungen zu korrigieren, behauptete sie, ich würde nicht zuhören. Sie ging davon aus, daß ich Elke ständig belästigen würde. Dabei habe ich sie nach ihrer Heirat nur zweimal angerufen, was ja wohl auch ganz normal ist, wenn man zusammen ein Kind hat. Daß die Mutter ihren Boykott absichtlich inszenierte, um mit den daraus resultierenden Schwierigkeiten ihren Bruch unserer alten Umgangsregelung zu rechtfertigen, konnte sie sich nicht vorstellen.«

Michaels Leiden bringt die Gutachterin deutlich zu Papier: Der Junge fühle sich nicht geliebt, er sei bedrückt, er wolle den Vater öfter sehen, die Mutter räume ein, daß er über die Kürzung der Besuche traurig gewesen sein soll, er sei nach den Besuchswochenenden oft den Tränen nahe ... Durch eine verspiegelte Scheibe hindurch beobachtet sie Vater und Sohn beim Spielen. »Eine entwürdigende, beklemmende Situation mit Peep-Show-Charakter«, erinnert sich Peter. »Mutter und Kind wurden in einer derartigen Situation nicht observiert.«

Dreimal interviewt die Sachverständige den achtjährigen Michael. Dabei sitzt seine Mutter stets an seiner Seite. Zweimal fragt sie ihn, ob er den Papa häufiger sehen wolle. Zweimal sagt der Junge laut und deutlich: »Ich will Papa alle zwei Wochen am Wochenende sehen!« Aber die Gutachterin gibt nicht auf. Endlich, in der dritten Fragestunde antwortet Michael auf die erneute, gleiche Frage: »Ich finde das gut so.« Im Gutachten wird stehen: »Michael äußerte sich in den ersten beiden Kontakten dahingehend, den Vater alle zwei Wochen besuchen zu wollen. Im dritten Kontakt ließ er deutlich werden, die derzeitige Besuchsregelung ›gut so‹ zu finden.«

Mit diesen beiden Worten – »gut so« – wird der Familienrichter einen dreiwöchigen Besuchsturnus begründen: »Michael selbst fand die derzeitige Besuchsregelung letztlich ›gut so‹«, heißt es im Beschluß.

»Michael will von den ewig gleichen Fragen der Sachverständigen in Ruhe gelassen werden. Er will, daß die Inquisition endlich aufhört. Muß der Junge nicht den Eindruck haben, daß diese Frau etwas anderes hören möchte, obwohl er schon zweimal – und das im Beisein seiner Mutter – seine Meinung deutlich geäußert hat? Michael hat Angst, den verbliebenen Elternteil, seine Mutter, auch noch zu verlieren. Wenn die Mutter den Vater vom Umgangsrecht ausschließen will und das Kind daher nur noch die Mutter hat, wird es alles tun, um ihr zu gefallen«, vermerkt ein anderer Sachverständiger zum vorliegenden »Sachverstand«.

Mit keinem einzigen Wort erwähnt die Gutachterin die achteinhalb Jahre während Beziehung zwischen Kind und Vater. Eine Beziehung voller Alltäglichkeiten: Peter und Michael spielen zusammen Gitarre und Synthesizer; Peter hilft Michael bei den Hausaufgaben; er sorgt für ihn, ist für ihn da; er kocht, wäscht, liest vor, freut sich mit ihm und tröstet ihn. Einmal in der Woche bringt Michael seinen besten Freund zum Übernachten mit in die Wohnung des Vaters.

Keine Silbe davon im *Gut*achten. Dort erscheint ein belangloser, ein überflüssiger Vater. Für das Kind nicht von großer Bedeutung, diese Person: »Michael erwähnte außerdem noch, daß ihm die Matratze beim Vater nicht gefallen würde, sie sei ›zu hart‹, bei Elke sei seine neue Matratze ›schön weich‹. Entsprechend befragt, gab Michael an, in dieser Hinsicht von Elke nicht beeinflußt worden zu sein. Bei dem Besuchswochenende, das vor diesem Treffen stattgefunden hatte, will Michael die meiste Zeit im Bett gelegen und gelesen haben. Befragt, was der Vater gemacht habe, antwortete er: ›Er hat gegessen.‹«

In einer »Zusammenfassung der Befunde« wird der Verantwortliche für Michaels Trennungsleiden klar benannt: Sein Vater ist schuld. Hätte Peter sich schnell genug mit der neuen Besuchspolitik seiner Ex-Partnerin abgefunden, wäre alles in bester Ordnung:»Wenn der Vater die Entscheidung der Mutter akzeptiert hätte, wäre sie für Michael nie problematisch geworden.« Peter belaste den Jungen mit seinen unangebrachten »emotionalen Ansprüchen«, ihn öfter sehen zu wollen, berichtet die Sachverständige. »Aufgrund dessen(!) kam es zur Entwicklung von Verhaltensauffälligkeiten.« Denn:

»Die Kontakte stehen nicht unbedingt im Einklang mit Michaels Interessen.«

Nicht eine Zeile dagegen über die drastische Kürzung der Kontakte durch die Mutter. Die Mitteilung an den Richter lautet vielmehr:»Michael möchte mit seinem angegebenen Wunsch, den Vater alle vierzehn Tage zu besuchen, dessen gefühlsmäßige Ansprüche an ihn zufriedenstellen, ohne daß dieser Wunsch unbedingt seinem eigenen Bedürfnis entspricht.« Mit anderen Worten: Peter manipulierte sein Kind.

Kurios auch die Interpretation der Malsituation: Die Gutachterin bittet Michael, seinen Vater zu zeichnen. Der Junge malt einen Fisch – im Aquarium. (Zwei Wochen zuvor hatte ihm Peter so ein Aquarium geschenkt.) Die Botschaft der Zeichnung ist für die Gutachterin eindeutig: Der Junge braucht mehr Abstand zum Vater.»Michael ließ kein großes emotionales Engagement, der Nähe des Vaters zu bedürfen, erkennen, sondern er brachte eher zum Ausdruck, eine gewisse Distanz (Aquarium!) zum Vater zu benötigen.«

Die Konfliktsituation von Elke und Peter hält die Sachverständige für»unlösbar«. Ihr einziger»Ratschlag«:»Herr G. soll sich dringend darum bemühen, sich in seinen Bedürfnissen (...) zurückzunehmen.« Ausführlich beschreibt sie die akuten Dissonanzen zwischen Vater und Mutter. Daß sie damit auch die momentane Problematik der Beteiligten *fest*schreibt, erkennt sie nicht. Im Gutachten findet sich nicht ein einziger Hinweis, wie die festgefahrene Situation für Mutter, Vater und Kind aufgebrochen und verändert – entlastet – werden könnte.

Vielleicht durch eine sachverständige Beratung der Eltern? Eine Beratung, die Elke und Peter hilft, behutsam den Diskurs zu eröffnen, die sie dabei unterstützt, gewisse Dinge auszusortieren? Eine einfühlsame Hilfestellung – in Einzelgesprächen wie in gemeinsamen Gesprächen mit Vater und Mutter – damit die Ex-Partner die elementaren Bedürfnisse des gemeinsamen Kindes sowie ihre jeweiligen Erwachsenen-Bedürfnisse besser anerkennen können.

Zeit und Geld standen dafür zur Verfügung: 4716,98 DM hat sich die Sachverständige für ihr Gutachten in Rechnung gestellt. Die Diplompsychologin hat hart gearbeitet. So sieht ihre »Liquidation« aus:

Aktenstudium:	5 Stunden
Gespräche mit dem Vater:	8 Stunden
Gespräche mit der Mutter:	7 Stunden
Mal-, Spiel- und Fragestunden mit Michael:	6 Stunden
»Verhaltensbeobachtung eines Vater-Sohn-Kontakts«:	2 Stunden
Auswertung der Fragebögen, Teste und »Explorationen«:	4 Stunden
Korrespondenz und Telefonate:	3 Stunden
Abfassung, Diktat und Korrektur des Gutachtens:	20 Stunden
	55 Stunden

Kritiker der herkömmlichen Gutachterei fordern schon seit langem einen ganz neuen Sachverständigentypus: Der Gutachter soll zwischen Mutter und Vater *vermitteln* und die Interessen des Kindes vertreten. Er soll nicht länger herausdestillieren, welcher Elternteil »besser« oder »schlechter«, »wichtiger« oder »unwichtiger« ist. Gefordert ist ein feinfühliger Begleiter in einer Situation, in der Vater und Mutter nicht gerade vor Gelassenheit und Ruhe strotzen. Eine Person *mit Sachverstand*, die den Eltern vor Augen hält, wie belastend deren Reibereien für das Kind sind.

Gutachter sollten ihre psychologischen Fertigkeiten zuerst einmal dafür einsetzen, daß Vater und Mutter wieder über ihr Kind reden können. Denn die meisten zu begutachtenden Paare kommunizieren nur noch indirekt – über Anwälte und Kinder, manchmal auch per Telefon. In der Regel lehnt mindestens ein Elternteil den direkten Kontakt ab, weil er sich durch den ehemaligen Partner oder dessen Rechtsvertreter gekränkt und verletzt fühlt.

Genau hier setzen erfolgreiche Sachverständige an: Sie motivieren die »Streitparteien«, ihr Augenmerk weg von der negativen Vergangenheit und Gegenwart hin zur Zukunft zu lenken – weg von der problematischen Paar- hin zur fortbestehenden Elternebene. Denn beiden, Mutter und Vater, geht es ja um das Wohlergehen ihrer Kinder. An dieser Schnittstelle müssen die Eltern abgeholt werden.

Bereits auf dem 7. Deutschen Familiengerichtstag im Oktober 1987 formulierten Anwälte, Gutachter und Richter neue Richtlinien für die Arbeit der psychologischen Sachverständigen und forderten: »Der Schwerpunkt der Zusammenarbeit mit den Eltern sollte darin liegen, diese möglichst zu befähigen, ihre Verantwortung als Eltern wieder selbst wahrnehmen zu können und eine gemeinsame Regelung zum Sorge- und Umgangsrecht zu finden.«[55] Erst nach erfolglosen Vermittlungsbemühungen sollte der Gutachter dem Richter eine Entscheidung nahelegen. Dabei sollte vor allem eine Frage im Mittelpunkt stehen: *Welcher Elternteil ist besser geeignet, die Beziehungen zu allen für das Kind wichtigen Personen aufrechtzuerhalten?*

Die meisten Richter haben diese Empfehlungen bislang überhört. Daß psychologische Sachverständige in allererster Linie die Verhandlungsbereitschaft zwischen den Eltern fördern könnten, daß sie die Ex-Partner über die Bedürfnisse des Kindes aufklären und unbedachtes Eltern-Verhalten aufzeigen könnten, daß sie Eltern befähigen könnten, für das Kind weiterhin Eltern zu sein, daß sie sich bemühen könnten um Akzeptanz für gemeinsame Sorge und im Falle des Scheiterns über die Gründe des Scheiterns berichten, daran denken nur wenige Richter, wenn sie Gutachtenaufträge verteilen.

---

55 Deutscher Familiengerichtstag e.V. Brühl (Hg.): Brühler Schriften zum Familienrecht. Bd. 5, Bielefeld 1988.
Vgl. auch Spangenberg, Brigitte und Ernst: Psychotherapeutische Interventionen während der Gutachterexploration in Familiensachen? – Neuro-Linguistisches Programmieren. In: FamRZ 1990, H. 12, S. 1321–1324.

Folgender Beschluß eines Detmolder Familienrichters ist noch immer eine Ausnahme. Wenn Ihnen eine Begutachtung bevorsteht, sollten Sie ihrem Richter vorschlagen, einen ähnlich lautenden Gutachtenauftrag zu erteilen.

Amtsgericht Detmold, Beschluß vom 30.03.1992 – Az. 16 F 246/91 SO

»Zur Vorbereitung der Entscheidung des Gerichts, welche Regelung der elterlichen Sorge für das gemeinschaftliche Kind (…) für die Zeit nach der Scheidung dem Wohle des Kindes am besten förderlich ist (…), soll ein schriftliches Gutachten zu folgenden Fragen eingeholt werden:

1. Sind beide Eltern bei sachgerechter Intervention durch die Sachverständige in der Lage, ein einvernehmliches Konzept für die Wahrnehmung der elterlichen Sorge zu erarbeiten? (§ 17 Abs. 2 KJHG)
2. Welcher Art in Hinblick auf den Aufenthalt sind Wille und Tendenzen des Kindes?
3. Welcher Elternteil ist nicht in der Lage, »Paarbeziehung« von »Eltern-Kind-Beziehung« zu trennen? In welcher Weise ist dieser Elternteil behindert, sich tatsächlich auf die objektiven Kindesbedürfnisse einzustellen und die Bindung des Kindes an den anderen Elternteil zu tolerieren?
4. Durch welche gerichtlichen Maßnahmen kann am ehesten gewährleistet werden, daß die Eltern zu einer zunehmend kooperativen und konstruktiven Haltung zurückgelangen?«

Hinweise für den Umgang mit Gutachtern

» Der Sachverständige, für den ich plädiere, soll ein Helfer für Eltern und Kinder sein. Seine Aufgabe als Gehilfe des Gerichts soll er erst nach Scheitern seiner ersten Aufgabe angehen.« (Ernst Elmar Bergmann, Richter)

- Informieren Sie sich vor Beginn der Begutachtung über den vom Richter vorgeschlagenen psychologischen Sachverständigen. Viele Gutachter veröffentlichen Bücher und Aufsätze in Fachzeitschriften. Hinweise über weniger bekannte Sachverständige können Ihnen oftmals Vereine und Selbsthilfegruppen geben, in denen Väter, Geschiedene oder Alleinerziehende organisiert sind. Sie sollten vor allem wissen, welcher psychologischen Richtung oder »Schule« der Gutachter zuzuordnen ist. Manche Veröffentlichungen geben auch Hinweise darüber, wie der Gutachter zum (gemeinsamen) Sorgerecht oder zur Ausgestaltung von Besuchsregelungen steht. Wenn der Sachverständige sich reserviert gegenüber lebendigen Vater-Kind-Beziehungen nach Trennung oder Scheidung geäußert hat, sollten Sie ihn mit Hilfe Ihres Anwalts sofort nach dessen Ernennung wegen »Besorgnis der Befangenheit« ablehnen.

- Häufig geht der Gutachtenauftrag des Gerichts nicht an eine Einzelperson, sondern an ein kommerzielles – nichtwissenschaftliches – Institut. Auch hier sollten Sie sich vorab über die Arbeitsweise des Instituts informieren. Vor allem von Mitarbeitern des Bochumer *Instituts für Gerichtspsychologie* (IFG), sind zahlreiche parteiische Expertisen bekannt. Väter, die mit »Sachverständiginnen« – beim IFG arbeiten ausschließlich Frauen – dieses Gutachten-Vermittler-Unternehmens des Dr. Friedrich Arntzen zu tun haben, sollten die folgenden Veröffentlichungen lesen und anschließend mit ihrem Anwalt beraten, ob sie den Gutachtervorschlag ablehnen:

  – *Der Spiegel*, 1988, Nr. 35, S. 60–63: »Ich würde immer wieder abhauen.« Wie Gutachter, Juristen und Eltern um Scheidungskinder kämpfen – ein Einblick in die Arbeitsweise einer IFG-Gutachterin (vgl. auch *Der Spiegel*, 1988, Nr. 42, S. 74 ff.).

  – Uwe-Jörg Jopt: Im Namen des Kindes. Plädoyer für die Abschaffung des alleinigen Sorgerechts (Rasch und Röhring 1992), v. a. der Abschnitt: Der Psychologische Sachverständige, S. 251 ff. – mit einer detaillierten Darstellung über die Praktiken des IFG.

– Friedrich Arntzen: Elterliche Sorge und persönlicher Umgang mit Kindern aus gerichtspsychologischer Sicht (München 1980). Kind-Vater-Kontakte einmal pro Monat mit zusätzlichem zweimaligen längeren Ferienbesuch seien psychologisch gesehen der zu empfehlende Normalfall, so der Bochumer Gutachtermakler.

• Lassen Sie sich von Ihrem Sachverständigen vor Beginn der Begutachtung ausführlich erklären, was er wann mit welchen Methoden und unter welchen Gesichtspunkten untersuchen will. Sieht er seine Aufgabe allein darin, dem Richter eine Sorgerechtsempfehlung vorzulegen, oder wird er vorrangig versuchen, Ihre Ex-Partnerin und Sie zu einer einvernehmlichen Lösung im Sinne Ihres Kindes zu befähigen? Fragen Sie Ihren Gutachter auch, nach welchen Gesichtspunkten er in Ihrem Fall seine Empfehlung an das Gericht abgeben wird. Besteht er auf psychologischen Tests, sollten Sie sich vorher den Versuchsablauf erklären lassen und ihn fragen, welche Schlußfolgerungen er aus den Ergebnissen ziehen kann. Sie sind nicht verpflichtet, an Persönlichkeitstests teilzunehmen. Informieren Sie sich auch, wann und wo er das Kind mit welchem Elternteil beobachten wird. Bestehen Sie auf gleichen Bedingungen!

• Mehr als die Hälfte der psychologischen Gutachten entsprechen nicht den Richtlinien, die der Berufsverband Deutscher Psychologen (BDP) im Jahre 1986 aufgestellt hat. Viele Gutachter halten sich nicht an die vom Richter vorgegebene Fragestellung, beziehen sich kaum auf den Einzelfall, bedienen sich unsachgemäßer Untersuchungsmethoden oder grenzen Aussagen von Dritten nicht deutlich von eigenen Interpretationen ab. Überprüfen Sie deshalb mit Hilfe Ihres Anwalts oder eines anderen psychologischen Sachverständigen, ob ein eindeutig zu Lasten Ihres Kindes ausfallendes Gutachten nicht schon aus formalen Gründen anfechtbar ist. Die *Richtlinien für die Erstellung psychologischer Gutachten* sind erhältlich beim Deutschen Psychologen Verlag, Heilsbachstr. 22, 53123 Bonn.

• Vor der Gerichtsverhandlung sollte Ihr Anwalt alle Mißverständnisse, Fehler und Auslassungen – sachlich und knapp – richtigstellen bzw. ergänzen. Dabei sollten vor allem die Passagen kommentiert werden, die sich auf die jetzige und zukünftige Beziehung Ihres Kindes zu Ihrer Ex-Partnerin und Ihnen beziehen. Sind große Teile des Gutachtens nachweisbar parteiisch, können Sie das Gutachten ablehnen oder ein Ergänzungsgutachten beantragen.

Richter – Eingriffe in das Zentrum fremden Lebens

»Habe ich den Beteiligten genutzt oder geholfen? Habe ich Schädigungen – vor allem für die Kinder – begrenzen können? Was werden die Parteien aus den – hoffentlich – vertretbaren Entscheidungen machen?

Werden die Beteiligten (...) verstehen lernen, daß der Familienrichter sie aus ihrer gemeinsamen Verantwortung nicht entlassen kann, daß er nur den dünnen juristischen Rahmen für ein Zukunftsbild liefert, das von Eltern und Kindern selbst in grellen, dunklen oder auch freundlichen Farben gestaltet wird?

Habe ich mich ausreichend bemüht, die Kompetenz ihrer Entscheidungsfähigkeit zu bewahren oder wiederherzustellen, soweit das gerichtliche Verfahren das zuläßt?«

Diese Zweifel kommen Familienrichter Jürgen Grotevent oft in den Sinn nach einem »ganz normalen Sitzungstag«.[56] Was rechtfertigt überhaupt sein »›halbgöttliches Eingreifen‹

in das Zentrum fremden Lebens«, fragt er sich dann. Konflikte, stellt Grotevent resignierend fest, kann der Richter nicht lösen. Er kann nur analysieren und Weichen stellen – vermuten, woher der Zug kommt und wohin die Gleise führen werden. Viel Zeit bleibt ihm dafür nicht. Im Stundenrhythmus erscheinen die auseinanderdriftenden Partner im Sitzungssaal. Der Richter kennt sie aus Schriftsätzen, Stellungnahmen und Gutachten; in der Regel hat er Eltern und Kinder – Kinder ab dem vierzehnten Lebensjahr müssen vom Richter gefragt werden, bei welchem Elternteil sie leben wollen – auch »mündlich gehört«. Jedes Jahr kommt der Familienrichter auf 400 bis 600 Scheidungen. Bei 220 Arbeitstagen sind das zwei bis drei »komplette Vorgänge« pro Tag – vom Aktenstudium bis zur Urteilsverkündung.

Fachleute fordern *Fachrichter* mit genauen Kenntnissen über familiendynamische Zusammenhänge: Deren allererste Aufgabe sollte es sein, als *Moderator* zwischen den Eltern zu *vermitteln*, nicht aber zu entscheiden. Sie sollten Ex-Partnern klarmachen, daß sie auch nach der Trennung beide von ihrem Kind gebraucht werden. Niemand wird aus seiner elterlichen Verantwortung entlassen! Gemeinsam mit Mutter und Vater sollten sie versuchen, die optimale Lösung für das Kind zu erarbeiten.

Bei besonders zerstrittenen Paaren sollte der Richter nicht »beschließen«, sondern das Verfahren für eine gewisse Zeit aussetzen. Er sollte sie ermuntern, eine Trennungs- und Scheidungsberatungsstelle oder einen Vermittler/Mediator aufzusuchen. Denn diese »Streitparteien« werden feste juristische Rahmenbedingungen schnell als Handlungsanweisung *gegen* den ehemaligen Partner einsetzen.

Daß sich vor der Reform des Kindschaftsrechts bundesweit

56 Grotevent, Jürgen: »Ein ganz normaler Sitzungstag«. In: Fabricius-Brand, Margarete (Hg.): Wenn aus Ehen Akten werden. Scheidungsprotokolle. Frankfurt a. M. / New York 1989, S. 103–115.

nur knapp 20 Prozent der Mütter und Väter für die gemeinsame Sorge entschieden, lag nicht nur an den »hoffnungslos« zerstrittenen Scheidungspaaren. Schuld daran trägt bislang auch das professionelle Scheidungsumfeld – vor allem Anwälte und Familienrichter: Zu wenige bemühen sich, Ex-Partnern die Vorteile der gemeinsamen Sorge zu erläutern. Vielmehr befürchten sie, daß nachpartnerschaftliche Zusammenarbeit im Alltag nicht funktionieren könne.

Die meisten Richter stellen eine Rangordnung zwischen den Eltern auf und wiegen deren »Erziehungs- und Förderungsfähigkeit« gegeneinander auf. So forcieren sie Streit und unterstützen die gegenseitige Abwertung der Ex-Partner. Bei der Suche nach der »Hauptbezugsperson« bewerten sie die bisherige Betreuungs- und Versorgungssituation, obwohl sich die Bedeutung der Eltern für das Kind nicht daraus ergibt, wer für das Kind gekocht hat und wer mehr mit dem Kind zusammen war.

Für die Entwicklung des Kindes sind Mutter und Vater beide wichtig. Im Interesse des Kindes geht es nicht darum, denjenigen Elternteil ausfindig zu machen, zu dem es die »bessere Bindung« hat, »sondern darum, festzustellen, welcher Elternteil am ehesten in der Lage ist, die Bindungen des Kindes an beide Eltern aufrechtzuerhalten und Entscheidungen herbeizuführen, die von beiden Eltern getragen werden (Bindungstoleranz).«[57]

Für den »Suchprozeß« vieler Familienrichter nach dem »geeigneteren« – und somit auch nach dem »entbehrlicheren« – Elternteil zieht der Familientherapeut Uwe-Jörg Jopt einen interessanten Vergleich: Das ist so, »wie wenn man die tatsächliche Leistungsfähigkeit eines Sprinters zu einem Zeitpunkt

---

57 Fischer, Wera: Kindschaftsrechtreform: Bemerkungen zum Kindeswohl aus sozialarbeiterischer Sicht. Ein Plädoyer für mehr Kindorientiertheit bei Entscheidungen im Zusammenhang mit Trennung/Scheidung. In: ZfJ 1997, S. 235-249

feststellen wollte, wo dieser gerade an einem Beinbruch labo-
riert und – noch eingegipst – mühsam die ersten Gehversuche
am Stock macht. Denn wie dort jede vernünftige Feststellung
zum genannten Zeitpunkt unmöglich ist, so ist es auch auf
dem Sorgerechtsfeld ein psychologisches Unding, zu eben der
Zeit die bestmöglichen nachehelichen Lebensbedingungen
für ein Kind herausfinden zu wollen, zu der die beiden Subsy-
steme ›Eheleute‹ und ›Eltern‹ noch unentwirrbar miteinander
verknäult sind«.[58]

Über ausreichend Zeit und psychologisches Feingefühl –
das A und O für eine erfolgreiche Vermittlung zu gemeinsamer Elternverantwortung nach Trennung oder Scheidung –
verfügen nur wenige Juristen; psychologische Gesprächsfüh-
rung ist für viele ein Fremdwort. Das Jurastudium beinhaltet
nicht eine Stunde Psychologie. Zudem sind viele Richter nicht
bereit, sich mit ihren »Erfahrungssätzen« und stand-
ardisierten Textbausteinen auf den jeweiligen *Einzelfall* einzustellen. Oft handeln sie Verfahren nach »Schema F« ab, wonach »die Kinder zur Mutter gehören« und Väter »ohnehin
weniger Interesse an Kindern haben« (ein Kölner Familienrichter). Einige Väter berichteten, daß ihre Anträge gar nicht,
deutlich unwillig oder mit großer Verzögerung bearbeitet
wurden. Richter, die zum Beispiel Anträge auf *Mehr Vater fürs
Kind* pauschal als »abwegig« einstufen (so geschehen am
Landgericht Hamburg), sollten mit Hilfe eines Befangenheits-
antrages abgelehnt werden (s. S. 104).

Auch Richter haben die Aufgabe, Partnerkonflikte im Interesse der Kinder abzubauen, erkannte das OLG Bamberg bereits
vor zehn Jahren »Der Grundsatz der Amtsermittlung (§12
FGG [Gesetz über die Angelegenheiten der freiwilligen Ge-
richtsbarkeit]) sowie das Wächteramt des Staates (Art. 6
Grundgesetz) verpflichten den Familienrichter, möglichst viel

---

58 Jopt, Uwe-Jörg: Nacheheliche Elternschaft und Kindeswohl – Plädoyer
   für das gemeinsame Sorgerecht als anzustrebenden Regelfall. In: FamRZ
   1987, H. 9, S. 881.

Streitpotential zwischen den Eltern abzubauen und zu versuchen, die Voraussetzungen für das Funktionieren gemeinsamer elterlicher Sorge zu schaffen.«[59] Der Richter als Schlichter und Vermittler – genau diesen Punkt greift auch das neue Gesetz auf.

Empfehlung: Väter sollten sich gründlich über das bevorstehende Sorgerechtsverfahren informieren, bevor sie mit Trennungs- und Scheidungsbegleitern zusammentreffen. Zahlreiche Tips für den Umgang mit Anwälten, Jugendamtsmitarbeitern, psychologischen Sachverständigen und Richtern liefert der preis- wie empfehlenswerte »Leitfaden für familienrechtliche Auseinandersetzungen« von Sigrid Baumgarten-Weymar, Uwe Tewes und Gustel Wolff: *Vom Recht am Kind* (Rowohlt 1990).

59 OLG Bamberg, 7. Senat, Beschluß vom 26.1.1988 – Az. 7 UF 135/87. In: Der Amtsvormund (1988), S. 448.

6. »Das Kind braucht seine Ruhe!«

»Ist nicht der Mißbrauch der Kinder für die Ziele
und Motive der eigenen Rechtfertigung und des
eigenen Hasses die frühe Weichenstellung für die
Entwicklung eines besonders in der westlichen
Kultur fatalen Konfliktentferners: des Kontakt-
abbruchs?«
(Willi Butollo, Psychologe)

»Fest steht jedenfalls, daß in strittigen deutschen
Sorgerechtsentscheidungen bei Scheidung viel von
›Ordnung‹ oder ›klaren Verhältnissen, welche die
Kinder brauchen‹, die Rede ist. Und davon, ›daß
das Kind wissen müsse, wo es hingehört‹. Dagegen
habe ich noch in keiner einzigen Gerichtsentschei-
dung gelesen, daß das von Scheidung seiner Eltern
betroffene Kind Liebe brauche und wissen müsse,
daß es von seinen beiden Elternteilen geliebt wird.«
(Dr. iur. Peter Koeppel, Gründungsmitglied des
Vereins Väter für Kinder[60])

Nachdem der Richter Sorgerecht und Besuchszeiten festgelegt
hat, wähnen sich viele allein Sorgeberechtigte im Besitz einer
Anweisung, mit der Vater-Kind-Kontakte so knapp wie mög-
lich gehalten werden können. Diese Erfahrung machte auch
Bernd:»Meine Ex-Frau weiß genau, was sie will. Sie will unse-
re Beziehung minimieren. Neulich wollte mein Sohn eine
Stunde länger bleiben. Dann rief er drüben an, aber seine
Mutter sagte zu ihm: ›Nein, das geht nicht!‹ Das Gericht habe
die Zeiten so beschlossen, und daran müsse sie sich halten.
Ansonsten würde sie Ärger kriegen. Was für eine lügenhafte

---

60 Koeppel, Peter: Das deutsche Kindschaftsrecht kennt das Wort »Liebe«
    nicht! In: FamRZ 1992, H. 1, S. 31.

Behauptung! Mein Sohn weiß mittlerweile genau, daß er bei ihr keine Erweiterung unserer Besuchszeiten durchsetzen kann. Deswegen fragt er auch gar nicht erst. Das hat er über Jahre versucht. Irgendwann hat er es aufgegeben.«

»Das Kind braucht seine Ruhe!«: Dieses Unisono von Müttern und Richtern amputiert viele Kind-Vater-Beziehungen nach Trennung oder Scheidung. Es entspricht dem juristischen Denkmodell von »klaren Rechtsverhältnissen« – ein Schema, das aufzuteilenden Hausrat und Bindungen zwischen Kindern und Vätern in einen Topf schmeißt.

Mit Hilfe der »Ruheformel« werden Väter schnell zum »Störfaktor«, zum alleinigen »Verursacher« der Konflikte ernannt. Kommen *Mutter und Vater* nicht zur Ruhe, reduzieren viele Richter Vaters »Umgangsrecht«. Mitunter setzen sie es auch ganz außer Kraft: So lange, begründete ein Richter seinen Beschluß, bis »das unentspannte Verhältnis der Parteien durch ein mehr emotionsloses, zwangloses Verhältnis ersetzt worden ist«.

Wie dieser Zustand erreicht werden könnte, darüber machte der Jurist keine Angaben. Fest stand für ihn jedoch: »Der Vater hat keinen durchsetzbaren Anspruch darauf, daß die Mutter sich ihm zuwendet und damit den Boden für einen Spannungsausgleich bereitet.« Daß die Mutter vom Tag der Trennung an den Kontakt zwischen Vater und Kind vollständig verhinderte, war für den Familienrichter nicht von Belang. Mit Verweis auf die bestehende – von der Mutter erzwungene – »Kontinuität der Kind-Mutter-Beziehung« wurde die Kind-Vater-Beziehung abgewürgt.

Mit derartigen Beschlüssen legen Richter die Kontakte zwischen Kindern und Vätern in die Hände der Mütter. Denn solange das in vielen Gerichtsbeschlüssen zitierte »Kontinuitätsprinzip« beinhaltet, daß Mütter den »Umgang« *ihrer* Kinder mit dem Vater be- bis verhindern dürfen, solange Kontinuität nicht zuerst einmal *Beziehungskontinuität* zwischen den Kindern und beiden Eltern bedeutet, bleibt der Mißbrauch von Elternrechten an der Tagesordnung. Solange werden Mütter geradezu eingeladen, zurückliegende Paarkonflikte ausführlich darzustellen und damit dem Ex-Partner die rote Karte zu zeigen. Solange aber Mutters Befinden und Ruhebedürftigkeit darüber entscheiden können, ob und wie sich die Vater-Kind-Beziehung nach Trennung oder Scheidung entwickelt, werden viele Väter den Kontakt zu ihren Kindern verlieren.

Daß die Unlogik der »Ruheformel« nicht nur den Kindern schadet, sondern den Streit zwischen Mutter und Vater noch weiter verschärft und »Umgangsstreitigkeiten« vorprogrammiert, scheinen viele Richter zu übersehen. Väter, die *reagieren*, die sich – verständlicherweise – gegen Ausgrenzungen zur Wehr setzen und so weitere gerichtliche Auseinandersetzungen wahrscheinlich machen, bestätigen sie vielmehr in ihrer festen Überzeugung: Die Eltern streiten sich. Das Kind braucht seine Ruhe.

Ein Teufelskreis.

Denn kurz nach der Trennung erleben Ex-Partner ihre Enttäuschungen, Verletzungen und Schuldgefühle besonders heftig. Jedes Aufeinandertreffen mit dem »Ex« sorgt da für neuen Zündstoff. In dieser Zeit können Ruhe (= Abstand vom ehemaligen Partner) *und* Beständigkeit (in den Kontakten zwischen Kind und beiden Eltern) für alle Beteiligten sinnvoll sein. »Klare Besuchsregelungen« können Kindern in dieser Phase helfen, sich langsam an die neuen Familienverhältnisse zu gewöhnen.

»Klare Verhältnisse« – das heißt aus Sicht des Kindes jedoch immer: klare, langfristig garantierte *emotionale* Verhältnisse zum getrennt lebenden Elternteil. Die Ruheformel von Müttern und Scheidungsbegleitern bewirkt jedoch genau das Gegenteil! Sie leistet einen bedeutsamen Beitrag dazu, daß etwa 50 Prozent aller Kinder und Väter nach Trennung oder Scheidung den Kontakt verlieren.

»Wir brauchen jetzt erst einmal unsere Ruhe« – für viele Väter heißt das im Klartext: Du sollst unser Kind gar nicht sehen. Daß damit kein vorübergehender Zustand gemeint ist, wird ihnen erst nach Monaten oder Jahren klar. Immer wieder berichtet ihre ehemalige Partnerin am Telefon:»Ich bin noch nicht soweit!«, bis schließlich aus dem»Wir-wollen-erst-einmal-zur-Ruhe-Kommen« eine massive Abwehrhaltung wird:»Wir wollen von dir in Zukunft in Ruhe gelassen werden!«

»Dann erweist sich, daß der Spruch: ›Ich will erst einmal zur Ruhe kommen!‹ nichts weiter war, als der Versuch, Zeit zu ›gewinnen‹, um damit eine Auseinandersetzung über die weitere Beziehung zwischen meinem Kind und mir zu verhindern. Und um dann endlich zu sagen: ›Nun sind wir zur Ruhe gekommen. Jetzt kann ich dir offen sagen, was ich von Anfang an wollte: Ich will mich mit dir nicht weiter auseinandersetzen!‹«, faßt ein Vater die Ausgrenzungspolitik seiner geschiedenen Frau zusammen.

Die Scheidungsforscherin Anneke Napp-Peters hält solche »Umgangsmuster« für alarmierend:»Unsere Ergebnisse belegen, daß Kinder die Scheidung ihrer Eltern eher ohne Störung verarbeiten, wenn ihnen die Beziehung zum nichtsorgeberechtigten Elternteil erhalten bleibt.«[61] Ihre Untersuchungen (vgl. S. 205ff.!) verdeutlichen, daß »Ruhe« fast immer nur den Wünschen des ausgrenzenden Elternteils entspricht. Mit den Bedürfnissen der Kinder hat sie nur sehr selten etwas zu tun.

Im Gegenteil: Gerade unmittelbar nach der Trennung sind Kinder auf die beständige Rückversicherung angewiesen, daß Mutter und Vater weiterhin verfügbar bleiben. Vor allem jüngere Kinder entwickeln große Schuldgefühle und Ängste, wenn ein Elternteil plötzlich verschwindet:»Ist der Papa böse auf mich, oder warum kommt er nicht mehr?« – »Will er mich nicht mehr sehen?« – »Hat er mich überhaupt noch lieb?« Sie neigen dazu, sich selbst verantwortlich zu machen für den Weggang eines geliebten Elternteils. Wie wichtig fortbeste-

---

61 Napp-Peters, Anneke: Ehe geschieden – Familie intakt? In: Kinderschutz aktuell 4/89, S. 5.

hende Beziehungen zu Mutter und Vater für das Kind sind, dazu mehr in Kapitel 8.

Warum grenzen Mütter Väter aus?

»Es wäre hilfreich, wenn den vielen Müttern, die skeptisch auf die Beziehung ihrer Kinder zum nichtsorgeberechtigten Vater schauen, bewußter wäre, wieviel Aggression im Zusammenleben sie sich selbst ersparen würden, wenn ihnen eine Aufwertung der Beziehung zum Vater gelänge.«[62]
(Elisabeth Mackscheidt, Familienpsychologin)

Warum grenzen Mütter Väter nach Trennung oder Scheidung von ihren gemeinsamen Kindern aus? Viele Scheidungsfachleute sind der Ansicht, daß die Mutter der Vater-Kind-Beziehung stets aufgeschlossen gegenüberstehe, wenn ihr Partner zuvor Kontakt mit den Kindern gehabt habe. Wenn die Mutter sich querstelle und den früheren Lebensgefährten von den Kindern fernhalte, dann ausschließlich »aus wohlüberlegten Gründen«[63], meinen auch die Väterforscherinnen Cheryl Benard und Edit Schlaffer.

Die Ursachen für »Umgangskonflikte« liegen meist woanders. Aus Angst vor Streit, vor neuen Verletzungen – aus Selbstschutz –, halten viele Mütter den Kontakt zwischen

---

62 Mackscheidt, Elisabeth: Loyalitätsprobleme bei Trennung und Scheidung – Überlegungen zum Kindeswohl aus familientherapeutischer Sicht. In: FamRZ 1993, H. 3, S. 257.
63 Benard, Cheryl/Schlaffer, Edit (1991), S. 238. Das »doppelte Lottchen der Frauenbewegung« nennt fünf dieser »wohlüberlegten Gründe«:
1. Der Vater zahle zu wenig oder gar keinen Unterhalt für die Kinder.
2. Die »Qualität der väterlichen Erziehung« lasse zu wünschen übrig.
3. Die Kinder würden den Vater nicht sehen wollen.
4. Das Verhalten der Kinder nach einem Besuch beim Vater sei schwierig.
5. Die im Zusammenleben angestauten Aggressionen der Mutter gegen den Vater seien zu groß (ebd., S. 238 f.).

Kind und Vater auf Sparflamme, denn mit jedem »Umgang« kommen erneut schmerzhafte Erinnerungen hoch: Kann der einst geliebte Partner mich/uns nicht endlich in Frieden lassen? Hat er nicht auch die Beziehung zum Kind aufgelöst, indem er mich verließ? Warum kann er jetzt nicht vollständig die Konsequenzen ziehen? Zumindest hat er sich nun an meine Bedürfnisse, an meinen Rhythmus anzupassen und muß weniger Kind in Kauf nehmen! Denn wenn ich den Laden allein schmeiße, wenn ich mich einschränken, auf vieles verzichten muß, dann will ich auch sagen, wo es langgeht ...

Fast alle Trennungseltern bleiben lange, oft über Jahre, in Trauer, Verbitterung und Kummer stecken. Dieses Verharren in der Vergangenheit kostet Kraft; ein Neubeginn ist kaum möglich. Sitzen die Verletzungen und Enttäuschungen besonders tief, bleiben einvernehmliche »Umgangsvereinbarungen« auf der Strecke. Kontakte zwischen Vätern und Kindern werden immer wieder torpediert, gekürzt, gestrichen oder auf Dauer unterbunden. Das »Besuchsrecht« wird zum Kampfrecht.

Scheidungsforscher sprechen von einem »nachehelichen Projektionssystem«: Mit alten und neuen Vorwürfen wird der Ex-Partner zum *Alleinschuldigen* auserkoren. Nur er ist für die Schwierigkeiten in der Beziehung und deren Scheitern verantwortlich. Die eigenen Anteile werden abgeschüttelt. Jetzt gilt es, die Kinder vor diesem Elternteil zu schützen. Der andere soll aus dem eigenen Leben und dem der Kinder gestrichen, die gemeinsame Vergangenheit muß vollständig ausgelöscht werden. Seine mißliebigen Charakterzüge und Verhaltensweisen sollen den Kindern erspart bleiben: »Denn er war schlecht zu mir, also ist er es auch für mein Kind!«

Der Wiener Psychotherapeut Helmuth Figdor liefert in seinem vorzüglichen Buch *Kinder aus geschiedenen Ehen – zwischen Trauma und Hoffnung* zahlreiche Beispiele für Projektionen nach Trennung oder Scheidung:

»Um sich gegen die Bestürmungen des Mannes, das Zureden ihrer Freunde, gegen ihre eigenen Liebeswünsche und gegen die Schuldgefühle, dem Kind den Vater zu nehmen, wehren zu können, mußte [die Mutter] das Bild seines Verrates und seiner Niedertracht lebendig halten, ja, in einer gewissen Weise – natürlich unbewußt – kultivieren. Je häßlicher sie vor sich das Bild von ihm zeichnete, desto geschützter war sie, ›schwach‹ zu werden: Einem solchen (›nur bösen‹) Menschen *kann* man nicht mehr trauen, ja man *kann* ihn auch nicht lieben. Und dafür, dem Kind *solch einen Vater* zu nehmen, braucht man auch kein schlechtes Gewissen zu haben. Solche ›Spaltungen‹, die am einst geliebten Menschen kein gutes Haar lassen, bergen eine große Gefahr für eine Fortführung der Beziehung des Kindes zu diesem nun gehaßten und *haßbaren* Menschen in sich: Von einem durch und durch bösartigen Menschen geht Gefahr aus, vor der man auf der Hut sein muß. Wie also kann eine Mutter, in ihrer psychischen Abwehr so weit gekommen, ihr Kind ›diesem Mann ausliefern‹? Diese Angst bildet den Hintergrund vieler Besuchsrechtskonflikte, in denen (aus Sicht der Väter) ›böse Mütter‹ den Kontakt zwischen Kind und Vater vereiteln. Diese ›Bosheit‹ ist oft ein unmittelbarer Ausdruck von Mütterlichkeit: Die Mutter schützt ihr Kind vor einem Ungeheuer, zu dem sie den Vater machen mußte, um die Trennung von ihm zu bewältigen und mit den eigenen Schuldgefühlen fertig zu werden.«[64]

Partner, die sich nicht vom anderen trennen können, weichen besonders häufig auf die rechtliche Ebene aus. Sie rationalisieren ihre Aggressionen – die häufig ein Versuch sind, sich selbst und dem anderen die Trennung zu ermöglichen – und Bestrafungswünsche packen sie in Rechtspositionen. Und die gilt es durchzusetzen, egal wie. Bloß nicht nachgeben, nicht verlieren, heißt das Motto. Wer von den beiden Partnern die Beziehung beendet hat, wer wen verläßt, ist dabei

64 Figdor, Helmuth: Kinder aus geschiedenen Ehen. Zwischen Trauma und Hoffnung. Mainz, 1991, S. 120.

grundsätzlich egal. Denn auch der Aufkündiger einer Beziehung sieht sich ja zumeist durch den anderen zu diesem Schritt veranlaßt.

»Bei Streitigkeiten um das Sorge- oder Umgangsrecht ist häufig das Gefühl vorherrschend, auf der Paarebene Opfer gewesen zu sein und jetzt auf der Elternebene das Gefühl der Macht in der Sorge- und Umgangsauseinandersetzung ausleben zu können«, beobachtet Hannelore Diez von der Trennungsberatungsstelle *Familien-Notruf München*. Damit sind Auseinandersetzungen vor dem Familiengericht vorprogrammiert.

Zu den Bestrafungs- und Rachephantasien gegen den ehemaligen Partner kommen meistens noch große Verlustängste: Verliere ich nach dem Scheitern der Partnerschaft nun auch noch mein Kind? Eltern mit solchen Verlustängsten neigen dazu, massiv am Kind zu klammern. Sie wollen es vollständig für sich »gewinnen«. Dabei verkommt das Sorgerecht zum Selbstwertsorgerecht: Der Sorgeberechtigte empfindet Gefühle der Kränkung, Eifersucht und Angst, wenn er bloß daran denkt, daß das Kind auch den Ex-Partner liebt. Erst recht ist es ihm unmöglich, diese Gefühle zu bejahen oder gar zu fördern. Denn *sein* Kind ist für ihn der Garant für eine verläßliche Liebesbeziehung, und die muß er vor dem Ex-Partner schützen. Also kämpft dieser Elternteil dafür, daß sein Kind nur ihn allein liebt.

Verletzungen und Ängste der auseinanderdriftenden Paare reichen mitunter bis in die Kindheit zurück. Die Sozialpädagogin Astrid Cierpka kommt zu dem Ergebnis, daß Mütter, die den Kontakt zum Vater ihres Kindes abbrechen, »ihre Herkunftsfamilien signifikant schlechter einschätzen« als andere Mütter. »Sie erleben ihre Herkunftsfamilien sehr problematisch in Hinblick auf Stabilität und Kontrolle.«[65] Biographi-

---

65 Cierpka, Astrid et. al.: »Männer schmutzen nur!« – Eine Untersuchung über alleinerziehende Mütter in einem Mutter-Kind-Programm. In: Praxis der Kinderpsychologie und Kinderpsychiatrie 1992, S. 173.

sche Bürden aus der Kindheit bestätigt der Familientherapeut Uwe-Jörg Jopt, können »an der Schmerzstelle des Partnerverlustes zum verzweifelten Festhalten am eigenen Kind führen – sozusagen als nur psychologisch verstehbare Demonstration selbst früher nicht erlebter Eltern(teil)-Kind-Nähe, mangelnder Geborgenheit sowie als Ausdruck tiefster Ängste vor dem erneuten Beziehungsverlust«.[66]

»Ich kann ihm das Kind jetzt nicht geben!«

Wie wenig »wohlüberlegt« es zugehen kann, wenn Mütter ihren Kindern nach Trennung oder Scheidung den Vater vorenthalten, zeigt auch der folgende Fall. Als Gisela sich von Thomas trennte, war Martin noch ein Baby, gerade fünf Monate alt. Seinen Vater hat er seitdem nicht wieder gesehen. Er weiß nicht einmal, daß es ihn überhaupt gibt. Gisela will das so. (Einen sozialen Vater hat Martin nicht.)

Auch drei Jahre nach der Trennung untersagt Gisela unverändert jeglichen Kontakt zwischen Vater und Sohn. Immer wieder hat Thomas den Versuch unternommen, mit ihr ins Gespräch zu kommen: Persönlich, über alte Freunde, über das Jugendamt, über eine Trennungsberatungsstelle, über einen Kinderpsychologen – ohne Erfolg. Schließlich reicht er beim Gericht einen »Antrag auf Besuchskontakte« ein. Die Richterin bestellt einen Gutachter, dem Gisela folgende Sätze ins Mikrofon spricht:

»Mittlerweile ist es nicht nur das Kindeswohl, um das es geht. Mittlerweile geht es auch darum, nicht mehr nachzugeben. Ich kann ihm das Kind jetzt nicht geben. Ich muß dabei bleiben.

Ich möchte das nicht. Ich habe das schon tausendmal erklärt. Ich kann nicht sagen, ich möchte das nicht, weil das

---

66 Jopt, Uwe-Jörg (1987), S. 880.

und das passiert ist. Ich weiß natürlich auch, daß der Vater kein Monster ist. Ich denke auch nicht, daß er dem Kind etwas tun würde.

Ich weiß, daß das für das Kind nicht schön ist, und ich weiß auch, daß mein Sohn mich irgendwann mal fragen wird, ob er zu seinem Papa kann. Ich werde ihm irgendwann die Wahrheit sagen müssen. Da würde ich mich nicht querstellen. Aber zur Zeit sehe ich einfach keinen Sinn darin. Ich kann mit dem Mann nicht mehr reden, und ich denke, solange die Sache so ist, hat es überhaupt keinen Zweck, daß er kommt. Ich werde meinem Sohn später sagen, daß wir uns nicht verstanden haben. Mein Sohn ist kein Exot. Es gibt viele Kinder, die keinen Kontakt zum Vater haben. Bis er genauer nachfragt, wird er soweit sein, daß er das versteht. Wenn er seinen Vater später kennenlernen will, ist das seine Entscheidung.

Natürlich habe ich Angst, daß ich den Martin verlieren werde. Manchmal denke ich, daß der Vater eines Tages kommt und ihn fragt: ›Möchtest du nicht zu deinem Papa kommen?‹ Davor habe ich Angst.«

Diese Aussage liegt der Richterin vor. Schwarz auf weiß. Doch obwohl der Gutachter eine behutsame Anbahnung des »Umgangs« vorschlägt und beiden Eltern empfiehlt, ihre Partnerprobleme mit Hilfe einer Therapie in den Griff zu bekommen, lautet ihr Votum: »Ein Umgangsrecht des Vaters ist derzeit nicht angezeigt.« Begründung: Das Kind könne in »Loyalitätskonflikte« geraten. Einziger Lichtblick für den Vater: »Der Antragsteller hat ein Recht auf Lichtbilder und Entwicklungsberichte.«

Ein alltäglicher Fall. Obwohl die Mutter jahrelang den Kontakt zwischen Kind und Vater vollständig verhindert hat, beläßt das Gericht alles beim alten. Es verzichtet sogar darauf, Mutter und Vater Beratung oder fachkundige Hilfestellung zu empfehlen – ein hilfloser Kotau vor den egoistischen Motiven eines kompromißlosen Erwachsenen, der gegen die Interessen seines Kindes handelt. Mit dem verfassungsrechtlichen Auftrag, das »Wohl des Kindes« zu schützen, hat dieses Wegsehen der Richterin mit Sicherheit nichts zu tun.

Zu wenige Richter haben den Mut, deutliche Zeichen zu setzen, wenn Mütter ihre Kinder nicht aus ihrer symbiotischen Umklammerung herauslassen. Die meisten trauen sich nicht, »Kontaktverweigerinnen« damit zu konfrontieren, daß sie ihr Sorgerecht mißbrauchen. Vielmehr bestärken diese »Kindeswohlschützer« Mütter oft sogar noch in ihrem Verhalten, indem sie deren Anträgen auf Ausdünnung oder Aussetzung der Kind-Vater-Beziehung stattgeben. Mütter, die Kontakte zwischen Vater und Kind verweigern oder sabotieren, müssen nur selten mit einer gelben, fast nie mit einer roten Karte rechnen. Richter und Jugendamtsmitarbeiter schauen in der Regel tatenlos zu. So laden sie »Umgangsverhinderer« dazu ein, Konflikte zu inszenieren, die dann als »Argument« dienen, das Recht des Kindes auf beide Eltern zu unterlaufen.

Was könnten Richter tun, wenn die Mutter mechanisch und ohne sachliche Gründe das Kind vom Vater abschottet? Müssen sie ihre Hände in den Schoß legen, *wenn jede Aufklärung, wenn selbst feinfühlige Hilfe kompetenter Berater versagt hat?*

Der Hamburger Trennungs- und Scheidungsberater Michael Blank hat sich ausführlich mit dieser Frage beschäftigt. Seine Antwort: »Wenn deutlich wird, daß eine Mutter eigene, individuelle Problemstellungen durch Verbannung des Vaters aus dem Leben des Kindes zu lösen gedenkt, muß der Richter die Courage haben festzustellen: ›Das, was Sie da tun, ist unrealistisch. Es hat nichts mit den Bedürfnissen, sondern mit der Instrumentalisierung Ihres Kindes zu tun. Das Gericht ist nicht bereit, diesen Schädigungen des Kindes länger zuzusehen!‹«

Michael Blank fordert die Richter auf, kompromißunwilligen Eltern Widerstand zu leisten: »Mutigen humanen Widerstand. Damit meine ich nicht, mit Hinweis auf ein gerichtlich festgelegtes Umgangsrecht das Kind gewaltsam mit Polizei und Gerichtsvollzieher vom Sorgeberechtigten abzuholen. So etwas darf es auf gar keinen Fall geben. Gerichtliches Zwangsgeld zeigt meist keine Wirkung. Vielmehr ist es an der Zeit zu sagen: ›Hier ist jetzt Halt. Wenn Sie, liebe Frau, oder Sie, lieber Mann, so weitermachen, dann laufen Sie Gefahr, das Sorgerecht zu verlieren!‹

Ich mache die Erfahrung, daß die betreffende Person dann meistens schon am nächsten Tag am Verhandlungstisch sitzt.«

Vision: Wenn ein Elternteil den »Umgang« boykottiert, bemühen sich Richter, Jugendamtsmitarbeiter und Sachverständige gemeinsam, den drohenden Kontaktabbruch zu verhindern. Vor den ersten Anzeichen: Aufklärung, Aufforderung zur Beratung, Therapie. Parallel dazu: Aussetzen des Verfahrens, Umgangspflegschaft, Übertragung des Aufenthaltbestimmungsrechts, Androhung des Sorgerechtsentzugs, Sorgerechtsübertragung auf den Elternteil, der besser gewährleistet, daß das Kind beide Eltern lieben darf (»Bindungstoleranz«). Das spricht sich herum und hat für Kontakttöter etwas Entmutigendes.

In Frankreich wird die Verhinderung von gerichtlich festgelegten »Umgangsregelungen« als Straftatbestand verfolgt und kann mit einem Jahr Gefängnis und einer Geldstrafe von 100.000 Francs bestraft werden. In den U.S.-Bundesstaaten Florida und Utah können die Gerichts- und Anwaltkosten voll dem »Umgangsboykotteur« auferlegt werden. Außerdem können die Richter Kurse über Elternverantwortung, Sanktionen wie Arbeit zum Gemeinwohl sowie Sorgerechtsübertragungen anordnen.

Beispiele für »humanen Widerstand« zum Wohle des Kindes:
• Das Familiengericht Aalen, Baden-Württemberg, ordnet eine *Umgangspflegschaft* »zum Zwecke des Besuchsrechts«

an, nachdem die Mutter jahrelang jegliche Kontakte zwischen der mittlerweile vierzehnjährigen Tochter (K.) und ihrem Vater vereitelt hat. Damit überträgt das Gericht Teile des Sorgerechts auf das Jugendamt. »Der persönliche Umgang des Vaters mit K. ist für die Entwicklung von K. von größter Bedeutung«, begründet der Richter seine Entscheidung. »Ohne den Umgang mit dem leiblichen Vater ergeben sich unter anderem *Selbstwertprobleme* bei heranwachsenden Mädchen.«

AmtsG Aalen, Beschluß vom 29. August 1990 – Az. 3 F 115/90-13. Abgedruckt in: FamRZ 1991, H. 3, S. 360–361.

Leitsatz: »Ist der Umgang des Kindes mit dem nicht sorgeberechtigten Elternteil notwendig, wird er aber von dem Sorgeberechtigten verhindert, so kann die Anordnung einer Umgangspflegschaft, verbunden mit einer zeitlich begrenzten Übertragung des Aufenthaltsbestimmungsrechts auf den Pfleger, angezeigt sein.«

• Noch weiter geht das Oberlandesgericht München in einem ähnlich gelagerten Fall. Die Richter *übertragen das Sorgerecht von der Mutter auf den Vater*, obwohl das Kind seinen Vater zwei Jahre nicht gesehen hat. Sie werten die *Unterbindung von Kontakten* zwischen Kind und Vater als *schweren Erziehungsfehler*. Wörtlich: »Insgesamt erscheint die Mutter dem Senat in dem für die Entwicklung des Kindes eminent wichtigen Bereich der Kontakterhaltung zum anderen Teil nicht erziehungsgeeignet.« Das Gericht bezeichnet es als ein wesentliches Sorgerechtskriterium, »ob der potentiell sorgeberechtigte Elternteil vorbehaltlos bereit ist, den persönlichen Umgang des Kindes mit dem anderen Elternteil zuzulassen und das Kind – wenn nötig – hierzu auch zu motivieren oder nicht«.

OLG München, Beschluß vom 12. April 1991, Az. 26 UF 1464/89. Abgedruckt in: FamRZ 1991, H. 11, S. 1343–1346.

Leitsatz: »Unterbindet die Mutter über längere Zeit (hier nahezu zwei Jahre) jeglichen Kontakt des gemeinsamen Kindes zum Vater, so ist bei der Sorgerechtsentscheidung dem Kontinuitätsgrundsatz selbst bei sonstiger Erziehungseignung der Mutter wegen der notwendigen Aufrechterhaltung der Verbindung zwischen Kind und Vater nicht ohne weiteres der Vorrang einzuräumen.«

Aus der Begründung:»Angesichts der fehlenden Erziehungseignung in einem wichtigen Teilbereich kann die Fortführung der Erziehung durch die Mutter wie bisher nur zu weiteren erheblichen Schädigungen des Kindes führen. Es stellt sich somit die Frage, ob das Prinzip der Erziehungskontinuität, also die Sicherstellung der Stetigkeit der Erziehung und Betreuung, hier dazu führen kann, daß eine verfehlte Erziehung durch ihre Aufrechterhaltung verfestigt werden soll, oder ob dem Kontinuitätsprinzip in einem Falle wie dem vorliegenden keine ausschlaggebende Bedeutung zuzumessen ist. (...) *Die Anwendung des Kontinuitätsprinzips darf nicht dazu führen, daß eine zwar gleichmäßige, aber schädliche Entwicklung unter Vernachlässigung anderer, insbesondere zukunftsgerichteter Aspekte des Kindeswohls fortgeführt wird.* Ist es daher mit dem Kindeswohl zu vereinbaren oder verlangt gar das Kindeswohl, einen Wechsel der Bezugspersonen durchzuführen, so ist die Zumutbarkeit einer Auswechselung der Bezugsperson in jedem Falle zu prüfen.« (...) Die Mutter erkenne noch immer nicht, so das Gericht,»daß es ihre erzieherische Aufgabe im wohlverstandenen Interesse ihres Kindes ist, M. für den Kontakt mit dem Vater zu motivieren; statt dessen schiebt sie dem von ihr negativ beeinflußten Kind die Entscheidung über Zeit, Ort und Umstände der Begegnung mit dem Vater zu. Demgegenüber hat der Vater mehrfach erklärt, daß er für den Fall der Übertragung der elterlichen Sorge auf ihn M.s Kontakt zur Mutter keinesfalls unterbrechen, ihn vielmehr aufrechterhalten und fördern werde.«

- *OLG Bamberg, 23.7.1985 – Az. 7 UF 42/85. Abgedruckt in: FamRZ 1985, S. 1175.*

Das Gericht bestätigt die *Übertragung des Aufenthaltsbestimmungsrechts* auf den Vater, da es das Wohl des Kindes »durch die beschränkte Erziehungsfähigkeit der Mutter, die das Kind ohne jede Vaterbeziehung heranwachsen lassen will, erheblich gefährdet« sieht.

- *OLG Hamm, 17.12.1992 – Az. 2 UF 271/92. Abgedruckt in: FamRZ 1994, H. 1, S. 57f.*

Besuchsrecht trotz Kontaktverweigerung der Kinder – beide Eltern sollten therapeutische Hilfe in Anspruch nehmen.

- *OLG Frankfurt/M., 6. Familiensenat in Darmstadt, 29.1.1993 – Az. 6 UF 125/92. Abgedruckt in: FamRZ 1993, S. 729.*

Die Konsequenz aus der Aversion gegen den Vater sei »nicht, nun erst recht die Umgangsbefugnis zu versagen, sondern vielmehr diese Fehlhaltung, d.h. die *Aversion, zu erkennen, zu korrigieren, abzubauen* und für die Zukunft neue Perspektiven zu eröffnen.« Die Mutter habe »den Kindern nicht geholfen (...), den unvermeidlichen Trennungsschmerz zu vergessen, zu verkraften. Es wurde also erst im nachhinein eine Verweigerungshaltung aufgebaut. (...) Es geht also nicht darum, den Willen der Kinder zu brechen, sondern um eine einfühlsame Besprechung der gesamten gegenwärtigen Situation.«

- *Bezirksgericht Frankfurt/O., Familiensenat, 24.3.1993 – Az. 11 WF 130/92. Abgedruckt in: FamRZ 1994, H. 1, S. 58.*

Leitsatz:»Jedenfalls bei einem unter zehn Jahre alten Kind ist regelmäßig anzunehmen, daß der Sorgeberechtigte es bei sachgerechtem Einsatz seiner erzieherischen Fähigkeiten bewegen kann, Kontakt zum Nichtsorgeberechtigten zu pflegen.«

- *OLG Hamm, 25.3.1993 – Az. 7 UF 89/93. Abgedruckt in FamRZ 1994, H. 1, S. 58 f.*

Leitsätze:»1. Ein völliger Ausschluß des Umgangsrechts ist – ausnahmsweise – nur gerechtfertigt, wenn das Kind infolge des Umgangs körperlich oder seelisch konkret gefährdet ist und der Gefährdung nicht durch eine bloße Einschränkung des Umgangsrechts oder dessen sachgerechte Ausgestaltung begegnet werden kann.

2. Allein die *Verfeindung der Eltern rechtfertigt den völligen Ausschluß des Umgangsrechts nicht.*

3. Das Recht zum Umgang besteht auch dann, wenn sich die Eltern bereits vor der Geburt getrennt haben und der *Vater das Kind noch nie gesehen* hat...«

- *OLG Celle, 25.10.1993 – Az. 19 UF 208/93. Abgedruckt in: FamRZ 1994, S. 924.*

Der Vater erhält das *Sorgerecht, nachdem die Mutter die Umgangsregelung regelmäßig problematisierte.* Es liege im wohlverstandenen Interesse des Kindes, die Bindungen auch zum nichtsorgeberechtigten Elternteil aufrechtzuerhalten, weshalb das diesbezügliche Verhalten des sorgeberechtigten Elternteils – die sogenannte *Bindungstoleranz* – *eines der maßgeblichen Kriterien für die Beurteilung der Sorgerechtsübertragung* sei. Dies auch dann, wenn der andere Elternteil ansonsten ungünstigere Rahmenbedingungen aufzuweisen habe, wenn gewährleistet erscheint, daß das Kind die Bindungen zum anderen Elternteil bewahren und fortentwickeln könne (vgl. OLG Celle, 12.6.1995 – Az. 10 UF 195/94: »Ihre mangelnde Erziehungseignung ergibt sich daraus, daß sie hartnäckig bestrebt ist, das Kind dem Vater zu entfremden und beharrlich das Umgangsrecht zwischen Vater und Kind verweigert«).

- *OLG Nürnberg, 11. Familiensenat, 8.2.1994 – Az. 11 UF 2641/93. Abgedruckt in: FamRZ 1994, S. 1393.*

Der Senat geht davon aus, daß der *Unterhaltsanspruch* einer Ehefrau nur *bei* nachhaltigen und *langandauernden Verstößen gegen die ›Wohlverhaltensvorschrift‹* auf den Mindestunterhalt *herabsetzbar* sei. Ein solcher Fall sei nach 20 Monaten gegeben. Die Mutter habe durch die »Unterbindung eines jeglichen persönlichen Kontaktes die Kinder dem Vater entfremdet. Darüber hinaus hat sie die Kinder in ihre Auseinandersetzungen mit dem Vater mit einbezogen und beide

Kinder unter starken Loyalitätsdruck gesetzt. Die Kinder lehnen nunmehr den Vater ab, weil sie befürchten, ansonsten die Zuwendung der Mutter zu verlieren. (...) Es ist ferner zu berücksichtigen, daß die Aufrechterhaltung einer persönlichen Beziehung zum umgangsberechtigten Elternteil im wohlverstandenen Interesse der Kinder selbst liegt. Auch diesem Ziel dient die Herabsetzung des Unterhaltsanspruchs der Mutter. Sie erleidet Nachteile aufgrund ihrer Verweigerungshaltung, und es ist zu erwarten, daß sie *dadurch zu einem Umdenken angeregt wird.*« (Vgl.: OLG-Report München 1997, S. 45)

- *OLG Hamm, abgedruckt in: FamRZ 1996, S. 1096 f.*

Das OLG *überträgt* bei gleicher Erziehungseignung das *Sorgerecht* dem Elternteil, den die Eltern des anderen Elternteils vehement ablehnen, weil das OLG befürchtet, daß deren Dominanz zu einer Ausgrenzung des abgelehnten Elternteils im Verhältnis zu den Kindern führen werde. Den ausdrücklich geäußerten Wunsch der acht und elf Jahre alten Kinder, ständig bei dem anderen Elternteil leben zu wollen, hielt das OLG für weniger bedeutsam, weil die *Äußerungen der Kinder lediglich ihre Sehnsucht nach häufigerem Kontakt zum anderen Elternteil offenbarten.*

- *OLG Bamberg, 7. Zivilsenat, 14.3.1995 – Az. 7 WF 122/94.*

»Der einer Wiederanbahnung der Begegnungen mit und der Beziehungen zu dem Vater *entgegenstehende Wille der Kinder ist unbeachtlich.* Er ist (...) Ausfluß der bereits unter Beeinträchtigung des Kindeswohls eingetretenen Entfremdung gegenüber dem Vater und somit Symptom einer bereits durch die lange Trennung vom Vater und dessen unberechtigte Verächtlichmachung eingetretenen Schädigung. Dem Willen der Kinder zu folgen würde daher bedeuten, sich an deren weiterer Schädigung zu beteiligen. Ein solches Recht zur Selbstschädigung steht Kindern aber nicht zu (...) Zudem weist die bei der richterlichen Anhörung von R. (11 Jahre) gebrauchte Formulierung ›es gibt auch Kinderrechte‹ unmißverständlich auf Fremdbeeinflussung hin.«

- *OLG München, 8.5.1996 – Az. 12 WF 712/96. Abgedruckt in: FamRZ 1997, S. 45.*

Verhindert der sorgeberechtigte Elternteil den Umgang des Kindes mit dem anderen Elternteil, könne Anlaß bestehen, wegen fehlender Erziehungseignung des Sorgeberechtigten ein Verfahren zur *Abänderung der Sorgerechtsentscheidung* einzuleiten.

- *Landgericht Bremen, 30.6.1996 – Az. 7 T 791/95.*

Ein *Umgangsausschluß* sei *nur zulässig*, wenn dieser durch ein *Sachverständigengutachten* unter Beweis gestellt wird. Verhindert der Sorgeberechtigte die Erstellung des Gutachtens, so dürfe der Umgang nicht ausgeschlossen werden.

- *OLG Celle, 15. Zivilsenat, 16.4.1997 – Az. 15 W 8/97. Abgedruckt in: NJW 1997, H. 39, S. 2624.*

Eine weitere Beschwerde gegen Ablehnung einer *Zwangsgeldandrohung* (wegen Nichteinhaltens einer gerichtlichen Umgangsregelung) sei statthaft.

- *AG Würzburg, 3.9.1997.*

Aufgrund fortgesetzter Kontaktvereitelung entzieht das Gericht der Mutter das Sorgerecht und bestimmt den Vater ohne Trauschein als Vormund.

»Ein Ausschluß des Umgangsrechtes des Vaters kam nicht in Frage. Eine solche Konsequenz wäre eine *nicht hinnehmbare Belohnung* des Verhaltens der *Mutter* gewesen, *bestandskräftige gerichtliche Entscheidungen zu unterlaufen.* (...) Der Richter ist sich bewußt, daß die Mutter die allgemeinen Sorgeleistungen für M. in der Vergangenheit fürsorglich erbracht hat und daß sie ihr Kind sehr liebt. Dies allein reicht aber nicht für die Entwicklung des Kindes aus. Zur Förderung des seelischen Wohles gehört auch die *Förderung der Beziehung des Kindes zum anderen Elternteil.* (...) Dem Richter ist es klar, daß die Veränderung der Lebenssituation für Melanie mit großen Umstellungsschwierigkeiten einhergehen wird. (…) *Ein schmerzhafter, aber einmaliger Eingriff ist immer noch besser als ständig wiederkehrende Belastungen,* die gleichermaßen mit Schmerz verbunden sind. (…) Durch die getroffene Entscheidung ist sichergestellt, daß M. weiterhin Kontakt zu ihrer Mutter haben kann, da der Vater sich von Anfang an bereit erklärt hat, für diesen Fall der Mutter ein großzügiges Umgangsrecht einzuräumen.«

(Hervorhebungen vom Autor)

Weitere positive »Umgangsbeschlüsse« für Väter und Kleinkinder s. S. 109 ff. Aktuelle Urteile stehen im Internet unter

http://www.paPPa.com

Lesehinweise:
Väter mit »Umgangsproblemen« erhalten wertvolle Informationen von:
Fthenakis, Wassilios E.: Umgangsmodelle zur kindgerechten Gestaltung der Beziehungen zwischen Eltern und Kinder in der Nachscheidungsphase. In: Familie/Partnerschaft/Recht 4/1995, S. 94 – 98 (Haufe-Verlag).
Wolfgang Klenner: Rituale der Umgangsvereitelung bei getrenntlebenden oder geschiedenen Eltern. Eine psychologische Studie zur elterlichen Verantwortung. In: FamRZ 1995, S. 1529 – 1535.
Kodjoe, Ursula/Koeppel, Peter: The Parental Alienation Syndrome (PAS). In: Der Amtsvormund 1/1998, S. 9 – 26. (S. Seite 172ff. in diesem Buch!)
Elisabeth Mackscheidt: Loyalitätsproblematik bei Trennung und Scheidung – Überlegungen aus familientherapeutischer Sicht. In: FamRZ 1993, H. 3, S. 254 – 258.
Oelkers, A.: Die Rechtsprechung zum Umgangsrecht – eine Übersicht der letzten fünf Jahre. In: FamRZ 1995, S. 1385 ff.

Plattner, Ilse E.: Entsprechen deutsche Sorge- und Umgangs-rechtsentscheidungen dem Zeitempfinden des Kindes? In: FamRZ 1993, H. 4, S. 384 – 386.

Spangenberg, Brigitte: Umgangsvermittlung mit Methoden der Mediation und mit modernen Kommunikationsstrategi-en (NLP). In: Der Amtsvormund 7/1997, S. 557 – 561.

»Die alleinige elterliche Sorge ist die Ausnahme« – Lichtblicke für Väter und Kinder

Es folgen weitere Urteile, die Vätern und ihren Kindern wohl-gesonnen sind. Väter, die auch nach Trennung oder Schei-dung sorgerechtliche Verantwortung für ihre Kinder tragen wollen, sollten die folgenden Beschlüsse gründlich studieren. Die folgenden Passagen eignen sich gut für wörtliche Zitate in Anträgen und Schriftsätzen.

• *OLG Bamberg, 7. Zivilsenat, Beschluß vom 9. Februar 1988 – Az. 7 UF 135/87. Abgedruckt in: FamRZ 1988, H. 7, S. 752–753.*

Die Richter liefern viele Argumente, die für das gemeinsame Sor-gerecht – »*die denkbar beste Lösung*« *– nach Trennung oder Scheidung sprechen.*

Aus der Begründung: (…) »Die Anordnung der gemeinsa-men elterlichen Sorge ist in dafür geeigneten Fällen sowohl aus rechtlichen wie auch aus psychologischen Erwägungen die am meisten dem Kindeswohle dienende Regelung. Für den psychologischen Bereich folgt dies daraus, daß die Bin-dungen der Kinder in und an ihr gewohntes Beziehungsge-flecht in einem Höchstmaß erhalten werden und daß das für ein gedeihliches Heranwachsen unverzichtbare ständige Erfahren von Mutter und Vater, wenn auch abgeschwächt, weiterhin gewährleistet bleibt. Zudem erspart eine solche Regelung Kindern die belastende Entscheidung, welchem Elternteil sie den Vorzug geben sollen. Darüber hinaus *be-*

friedet das gemeinsame Kümmern und Sorgen um das Wohl des Kindes geschiedene Eltern, ein Ergebnis, das sowohl diesen als auch dem Kinde zugute kommt.

Für den rechtlichen Bereich folgt die Bedeutung gemeinsamer elterlicher Sorge daraus, daß das Kind zwei voll berechtigte Eltern und damit zwei gleichwertige Ansprechpartner behält (...) Zudem beläßt gemeinsame elterliche Sorge den Eltern ihre Position aus Art. 6 II Grundgesetz – ein natürliches, dem Staat vorgegebenes Recht – und erfüllt die Forderung des als Bundesgesetz zu beachtenden Artikels 23 IV des Internationalen Paktes für bürgerliche und politische Rechte vom 19. Dezember 1966 (vgl. S. 96!), nach dem Ehegatten bei Auflösung der Ehe gleiche Rechte haben sollen und den Kindern der nötige *Schutz* – nach Meinung des Senats auch *vor dem unnötigen Verlust eines Elternteils als Mitinhaber der elterlichen Sorge* – zu gewähren ist.« (Vgl. auch OLG Karlsruhe, Zivilsenat in Freiburg, Beschluß vom 16. 12. 1992 – Az. 5 UF 195/92.)

- *AG Groß-Gerau, Beschluß vom 25. 11. 1992 – Az. 71 F 267/92. Abgedruckt in: FamRZ 1993, H. 4, S. 462–463.*

Revolutionäres aus dem hessischen Groß-Gerau: Als erster bundesdeutscher Familienrichter überträgt der Amtsrichter Ernst Spangenberg beiden Eltern das *gemeinsame Sorgerecht* für ihre Kinder, *obwohl* sich die *Mutter dagegen* ausgesprochen hat. Der Vater lebt bei München, circa 450 Bahnkilometer von seinen Kindern entfernt. Neu auch der Verweis auf die UNO-Kinderrechtekonvention.

Entscheidungsgründe (zitiert nach dem Beschluß):»Die elterliche Sorge über die vier und acht Jahre alten Töchter der Parteien bleibt beiden Eltern übertragen, das entspricht dem Wohle der Kinder. (...) *Die gemeinsame elterliche Sorge ist der Regelfall, die alleinige elterliche Sorge die Ausnahme.* Das ergibt sich zum ersten aus Artikel 6 Absatz 2 Satz 1 Grundgesetz, in dem es heißt: ›Pflege und Erziehung der Kinder sind das natürliche Recht der Eltern und die zuvörderst ihnen obliegende Pflicht.‹ Damit sind Eltern gemeint, die im gleichen Maße verantwortlich sind, und nicht ein sorgeberechtigter und ein nichtsorgeberechtigter Elternteil. Erst wenn die ›zuvörderst‹ Verpflichteten ihre Aufgabe nicht erfüllen, darf die wachende staatliche Gemeinschaft ihren Schutz bieten, etwa bei Nachteilen für das Kindeswohl eine von der gemeinsamen Sorge abweichende Regelung treffen. (…)

Übereinstimmender oder widerstreitender Elternwille haben nur insofern Bedeutung, als sie bei der Prüfung des Kindeswohles mit abzuwägen sind. (…)

Verwiesen sei auch auf Artikel 18 des in der Bundesrepublik ratifizierten Übereinkommens über die Rechte der Kinder (s. S. 42f.!): ‚Die Vertragsstaaten bemühen sich nach besten Kräften, die Anerkennung des Grundsatzes sicherzustellen, daß beide Elternteile gemeinsam für die Erziehung und Entwicklung des Kindes verantwortlich sind.‹« (…)

Konkret nennt das Gericht sechs Gründe, es bei dem gemeinsamen Sorgerecht für Mutter und Vater zu belassen:

1. Eltern und Kinder sind einander »herzlich zugetan«.
2. Die Kinder sehen ihren Vater trotz der großen Entfernung regelmäßig.
3. Das gemeinsame Sorgerecht ist der »günstige äußere Rahmen«, sollten die Mädchen später zu ihrem Vater wechseln wollen.
4. Beide Kinder haben in bestimmten Fragen »zwei gleichberechtigte Ansprechpartner« statt einer in Zweifelsfällen allein entscheidenden Mutter.
5. *Eltern, die in der Erziehung gleichberechtigt sind, geben den Kindern »ein besseres Erwachsenen- und Elternmodell« ab als Eltern unterschiedlichen Rechts.* »Die Gefahr, einen Elternteil zu haben, der sich als der schlechtere Elternteil, als der Verlierer oder gar der Entmündigte fühlt und als solcher die Kinder prägt, ist bei gemeinsamer elterlicher Sorge sicher geringer als bei der Einzelsorge«.

6. Letztlich wird es für die Kinder zunehmend von Bedeutung sein, daß nicht nur ihre peruanische Mutter, sondern auch ihr deutscher Vater für sie verantwortlich bleibt, da sie die deutsche Staatsangehörigkeit haben und in der Bundesrepublik aufwachsen.

- *AG Groß-Gerau, 26.8.1993 – Az. 71 F 379/93. Abgedruckt in: FamRZ 1994, S. 922-923.*

Gemeinsames Sorgerecht gegen den Willen der Mutter:
»So problematisch der Umgang der Eltern miteinander und so schwierig und belastend es sein mag, Detailfragen auszudiskutieren, das Kindeswohl wird dadurch allenfalls mittelbar, jedenfalls weniger betroffen als durch das Alleinbestimmungsrecht eines Elternteils. *Es ist Sache der Eltern, zwischen Paarproblemen und Elternverantwortung zu trennen* oder diese Trennung notfalls mit fachlicher Hilfe zu lernen. Darauf hat Sarah ein Recht.«

- *OLG Bamberg, 7. Familiensenat, 30.4.1996 – Az. 7 UF 214/95. Abgedruckt in: FamRZ 1997, S. 48 f.*

Das *gemeinsame Sorgerecht* komme *auch* dann in Betracht, *wenn ein Elternteil erklärt, das Sorgerecht allein zu wollen.* Vielmehr seien dann die Auswirkungen der in Frage kommenden Sorgerechtsalternativen auf das Kindeswohl miteinander zu vergleichen. Könnten die Eltern ihre Auseinandersetzungen auf der Paarebene halten, so daß Auswirkungen des Elternkonflikts auf das Kindeswohl nicht zu befürchten seien, und bestehe ein *Mindestmaß an elterlicher Verständigungsbereitschaft*, könne es bei dem gemeinsamen Sorgerecht bleiben, da dieses keine Nachteile gegenüber der Übertragung auf einen Elternteil verspreche.

- *OLG Köln, abgedruckt in: FamRZ 1997, S. 386 f.*

Das OLG macht deutlich, daß aus dem gemeinsamen Sorgerecht nicht die Befugnis eines Elternteils folge, ohne Einverständnis des anderen, gleichberechtigten Elternteils den *Aufenthalt des Kindes* zu verändern.
(Hervorhebungen vom Autor.)

Weitere wichtige Beschlüsse, die in der *Zeitschrift für das gesamte Familienrecht* (FamRZ) veröffentlicht worden sind:

- »Es gibt keinen allgemeinen Erfahrungssatz dahin, daß ein dreieinhalb Jahre altes Kind eher zur Mutter gehört.«
  OLG Celle, 12. Zivilsenat, Beschluß vom 23. Juli 1984 – Az. 12 UF 97/84; in: FamRZ 1984, H.10, S. 1035–1036.

- »Ein gemeinsames Sorgerecht beider geschiedenen Ehegatten für ihr Kind kommt auch dann in Betracht, wenn zwischen ihren Wohnorten eine *weite Entfernung* besteht und das Kind den einen Elternteil nur während der Ferien besuchen kann« – der Vater wohnt in Cuxhaven, die Mutter in Heidelberg.
  OLG Celle, 18. Zivilsenat, Beschluß vom 20. November 1984 – Az. 18 UF 219/84; in: FamRZ 1985, H. 5, S. 527–528.

- »Eine fortgesetzte schuldhafte Vereitelung des Umgangsrechts kann zu einer *Herabsetzung des Unterhaltsanspruches* des personensorgeberechtigten Elternteils (nicht des Kindes, A.S) gemäß § 1579 Nr. 6 BGB führen.«
  OLG Celle, 10. Zivilsenat, Urteil vom 2. März 1989 – Az. 10 UF 228/88; in: FamRZ 1989, H. 11, S. 1194–1196.

- »Nicht nur der sorgeberechtigte Elternteil, sondern auch der andere, auf den zeitlich begrenzten Umgang angewiesene Elternteil muß – nicht zuletzt im Kindesinteresse – die Gelegenheit haben, im Rahmen seines Umgangsrechts aus dem normalen Ablauf des Jahres herausragende Tage gemeinsam mit dem Kind zu verbringen. In erster Linie zählen hierzu die sog. großen *Feiertage* und die *Geburtstage*.«
  OLG Bamberg, 2. Zivilsenat, Beschluß vom 9. August 1989 – Az. 2 UF 245/89; in: FamRZ 1990, H. 2, S. 193.

- »Erklärt ein Vater glaubhaft zu gerichtlichem Protokoll, daß er im Falle der Sorgerechtsübertragung seine tägliche *Arbeitszeit reduzieren* werde, so stellt er damit die ›Chancengleichheit‹ mit der teilzeitbeschäftigten Mutter (wieder) her. Die biologische Mutterschaft stellt für sich gesehen kein Kriterium bei der Beurteilung des Kindeswohles dar.«

OLG Frankfurt a. M., 1. Familiensenat, Beschluß vom 10. Oktober 1989 – Az. 1 UF 177/89; in: FamRZ 1990, H. 5, S. 550.
– »Wird bei der Scheidung das *gemeinsame Sorgerecht* der Eltern beibehalten, so gebietet Artikel 6 I Grundgesetz, eine solche Regelung *gerichtskostenfrei* zu gestalten.«
AG Kamen, Beschluß vom 14. Oktober 1991 – Az. 5 F 84/91; in: FamRZ 1992, H. 1, S. 87–90.

Einen hervorragenden Service bietet Andreas Rippich: Er pflegt eine große *Datenbank* mit *Urteilen, Gutachten und Artikeln* zu den Themen *Sorgerecht, Besuchsrecht und Mißbrauchsvorwurf.* Für 80 DM bietet Rippich eine 90seitige Übersicht mit ausführlichen Zusammenfassungen. Natürlich können Sie auch die vollständigen Texte bestellen. Aber schon die Zusammenfassungen stärken Ihre Position vor Gericht: Sie bzw. Ihr Anwalt, der die meisten Fundstellen nicht kennen dürfte, können günstige Zitate aus den Urteilen und Gutachten anbringen, die Ihrem Fall ähneln.

Andreas Rippich, Nebelerstr. 9, 82110 Germering bei München, Tel.: 089-894 7438, Fax: 089-841 4331, email:ANDRIP@aol.com – Internet: http://www.rian.com/kind

Eltern-Kind-Entfremdung

Aus »Das-Kind-braucht-seine-Ruhe!« wird schnell: »Das-Kind will-nicht!« In den USA wird die kompromißlose Zuwendung des Kindes zu einem – dem »guten« – Elternteil und die gleichzeitige kompromißlose Abwendung vom anderen – dem »bösen« – Elternteil »Parental Alienation Syndrome« (PAS) genannt: Der verbliebene Elternteil erwartet vom Kind (meist unausgesprochen) Loyalität mit seinem eigenen emotionalen Konflikt – das Kind lehnt den außerhalb lebenden Elternteil ab, obwohl es zum ihm bisher eine ganz normale

Beziehung hatte. Denn es glaubt, es werde vom verbliebenen Elternteil nur dann geliebt, wenn es so empfindet wie dieser. Also »lebt« es fortan die Gefühle des festhaltenden Elternteils: Wut, Enttäuschung, Destruktion etc.

Über die Psychodynamik der Kinder und des programmierenden Elternteils sowie über Diagnostik und Therapiemöglichkeiten berichten erstmals in Deutschland die Freiburger Psychologin Ursula Kodjoe und der Münchner Familienrechts-Experte Peter Koeppel. Väter mit »Umgangsproblemen« sollten ihren brillanten Aufsatz aufmerksam studieren und Familienrichter, Gutachter und Jugendamt zukommen lassen.

- O.-Kodjoe, Ursula/Koeppel, Peter: The Parental Alienation Syndrome (PAS). In: Der Amtsvormund 1/1998, S. 9 – 26 (zu bestellen unter T. 06221/9818–0, Fax –28).

So entwickelt sich »PAS« nach O.-Kodjoe und Koeppel: Der betreuende Elternteil kritisiert den anderen Elternteil (dieser zahle zu wenig Unterhalt, habe die Kinder verlassen, liebe sie nicht mehr usw.), läßt Termine ausfallen oder macht den Kindern z.B. mit attraktiven Konkurrenzangeboten den »Umgang« madig. Die Kinder geraten in Konflikt: Sie identifizieren sich mit den Bedürfnissen desjenigen, mit dem sie zusammenleben. Aus Angst, diesen Elternteil auch noch zu verlieren, folgen sie dessen Erwartungen und verdrängen eigene Erfahrungen mit dem anderen Elternteil. Die verbale Aufforderung: »Geh mit Deinem Vater/Deiner Mutter« widerspricht der nonverbalen: »Wenn Du mich liebhast, dann bleibst Du bei mir.« Mimik, Gestik, Körperhaltung, Stimmlage, Sprechgeschwindigkeit, Lautstärke und Tonhöhe nehmen die Kinder sehr viel stärker wahr (s. S. 212 ff.).

Der nichtbetreuende Elternteil wird für Trennungsreaktionen der Kinder verantwortlich gemacht, der »Umgang« ausgesetzt (s. S. 219ff.). Dann lautet die Argumentation: die Beziehung sei abgerissen. Die Kinder resignieren, sind zerrieben durch den Streit ihrer Eltern, wollen tatsächlich endlich ihre Ruhe haben. Um den Kontaktabbruch zu besiegeln, kommt es in hochstrittigen Fällen zu Vorwürfen der (sexuellen) Kindesmißhandlung.

Die Trennung der Eltern macht den Kindern angst: Verunsicherung, Nichtverstehen und Verlassenheit lösen bei ihnen Traurigkeit, Einsamkeit, Wut und Zorn aus. Programmiert ein Elternteil die Kinder gegen den anderen (in 90 Prozent der Fälle programmiert die Mutter), reagieren sie diese Gefühle gegen den anderen Elternteil ab und produzieren »eigene Geschichten«. Zur eigenen Sicherheit übernehmen sie die ablehnende Haltung des betreuenden, überbehütenden Elternteils: »Du bist an allem schuld, Papa!« Sie blenden schöne gemeinsame Erfahrungen aus und stufen den Vater zunehmend als gefährlich ein. Auf Befragen können sie meist nichts Konkretes erzählen: »Das ist so, ich weiß das.« Sie werden traumatisiert – bis ins Erwachsenenalter hinein.

Die Autoren fordern: Der Familienrichter muß alle Beteiligten hören und vor allem beobachten – Kinder und Eltern jeweils einzeln, die Eltern gemeinsam, alle zusammen, Kinder und ein Elternteil zusammen. Unterschiede zwischen den Kinderaussagen geben Aufschluß über reale oder phantasierte Ereignisse.

Sie schlagen vor: Verfahren aussetzen und Familientherapie; rechtzeitige Anhörung der Kinder (Tonbandaufzeichnung); Pflichtberatung; gerichtlich angeordneter »Umgang« – dann müssen die Kinder zum anderen Elternteil gehen und verraten den geliebten Elternteil nicht; disziplinübergreifende Zusammenarbeit am runden Tisch.

Die Autoren stufen mittelschwere und schwere Fälle von »PAS« als seelische Kindeswohlgefährdung nach § 1666 I BGB ein. In den USA wird »PAS« als emotionaler Kindesmißbrauch verstanden. Die Fähigkeit, die Bindung des Kindes an den anderen Elternteil zu respektieren (»Bindungstoleranz«), soll im-

mer dann zum wichtigsten Kriterium der Sorgerechtsentscheidung werden, wenn ein Elternteil die alleinige Sorge
beantragt.

Das Standardwerk über »PAS« hat der US-amerikanische
Professor für Kinderpsychiatrie, Richard A. Gardner, geschrieben: The Parental Alienation Syndrome – A Guide for Mental
Health and Legal Professionals. Es ist 1992 erschienen im Verlag *Creative Therapeutics*, 155 County Road, Cresskill, New Jersey 07626-0317, U.S.A.; ISBN 0-933812-24-S.

Informationen zum Thema PAS gibt es im Internet unter:

http://www.users.aol.com/vfk

http://www.fresnomall.com/comsumer/brainwashing/
Archive – E-mail an: brainwashing execpc.com

http://www.vev.ch/en/pas/

http://www.rgardner.com/pas.html

7. Väter in der Zeit danach

»Das Kind gewinnt mit dem Brüchigwerden der
Beziehungen zwischen den Geschlechtern
Monopolcharakter auf lebbare Zweisamkeit, auf
ein Ausleben der Gefühle im kreatürlichen Hin und
Her, das sonst immer fragwürdiger wird.«
(Ulrich Beck, Soziologe)

Plötzlich treffen Väter ihre Kinder nur noch ein- bis zweimal im Monat: Sonnabends (und sonntags) in ihrer neuen Wohnung oder in Freizeitparks, Kinos und Zirkuszelten. Manche nur quartalsweise für ein paar Stunden auf dem Spielplatz – *Umgang light* unter Aufsicht ihrer Ex-Partnerin oder eines Sozialarbeiters. Vielleicht aufgrund der großen Entfernung auch bloß in den Schulferien – drei Wochen Robinson-Club an der Costa Brava.

Die neue Rolle als Besuchsvater macht ihnen zu schaffen: Abgewertet, beraubt, entmündigt fühlen sie sich. Unfähig, als Vater zu handeln. Ihre Gefühle in der »Zeit danach« sind oft schmerzhaft: »Du fühlst dich so, als wenn dir die Eingeweide herausgezogen werden«, beschreibt ein Vater diesen Zustand. Mann ist hilflos und oft sehr einsam.

Auch für die meisten Väter sind die Kinder ein zentraler Teil ihrer Identität, ihres Selbstwertgefühls, ihres Selbstbewußtseins. Nach der Trennung spüren sie sehr schmerzhaft, wie schön und sinnerfüllend es war, mit ihnen zusammenzuleben. Die meisten Trennungs- und Scheidungsväter wollen ihre Kinder nicht vergessen. Sie wollen weiterhin für sie sorgen und mit ihnen zusammensein.

Aber wie?

Väter ohne Kinder stellen sich Fragen: Welcher Platz bleibt ihnen eigentlich noch im Leben der Kinder? Hat ihre Ex-Partnerin bereits einen neuen Partner? Mögen die Kinder den? Heißt der etwa schon »Papa«? Und was sollen sie machen, wenn die Sehnsucht nach den Kindern groß, der nächste Besuchstermin aber noch fern ist?

Ohnmächtig fühlen sich diese Väter nach Trennung oder Scheidung, aus dem Leben ihrer Kinder ausgeschlossen. Entmündigt. Sind sie überhaupt noch zuständig für ihre Kinder? Werden sie überhaupt noch benötigt als abwesender Vater? Oder sind sie entbehrlich geworden? Überflüssig? Entscheidet die Ex-Partnerin jetzt nicht ganz allein über ihre Beziehung zum Kind?

Zu den Ohnmachtsgefühlen kommen häufig noch große Verlustängste, besonders dann, wenn die »Ex« Besuchstermine oder geplante Urlaubsreisen absagt oder mit »Kontaktkürzungen« droht. Mitunter klammern sich Besuchsväter verzweifelt an die akribische Ausarbeitung von Wochenend- und Ferienplänen, um wenigstens auf diese Weise »handlungsfähig« zu bleiben. Andere werden unruhig, wenn eine regelmäßige Telefonzeit mit ihren Kindern ausfällt. Sie befürchten, daß die Verbindung vollständig abreißen könnte.

»Wie fühlt sich das eigentlich an, Vater zu sein?«

»Was da an Emotionen hochkam nach der Trennung, konnte ich irgendwann nicht mehr aushalten. Ich habe die Gefühle, was meine Tochter angeht, später verdrängt und nicht mehr wahrgenommen«, erzählt Ronald, 32, von Beruf Bankkaufmann. »Alle vier Wochen bin ich mit ihr durch unseren Umgangssonntag gehetzt. Acht Stunden, und das einmal im Monat. Meine Tochter und ich wurden uns immer fremder. Die Verdrängung sieht dann so aus, daß der Gedanke: ›Ich habe ein Kind, eine Tochter, ich bin Vater‹ immer weniger zugelassen wird.

Dann ist Arbeit um mich herum, in die ich mich hineinvertiefe. Je weniger ich meine Tochter sehe, desto abstrakter wird alles. Manchmal erschrecke ich, wenn ich mich sagen höre: ›Ich habe eine Tochter.‹ So weit ist das schon gekommen, und dann frage ich mich: Wie fühlt sich das eigentlich an, Vater zu sein? Ich ahne, daß da doch einmal ein Gefühl war, sich als Vater zu erleben. Dann kommt sofort eine Schwelle, die mir Schmerzen macht. Eigentlich müßte ich mich auf diesen Schmerz einlassen und mir sagen: ›Ich bin ein Vater ohne Kind.‹ Aber ich kann mit diesen Schmerzen nicht umgehen, und dann fange ich an, meine Tochter zu verdrängen.«

Wie Ronald stürzen sich viele Väter nach der Trennung von ihrer Partnerin in Arbeit und Aktivitäten. Sie setzen eine Maske auf, wollen nicht mehr an die schmerzhafte Trennung erinnert werden. Das gilt vor allem für Väter, die ihr Kind gar nicht mehr sehen dürfen, obwohl sie ihr Vatersein auch außerhalb von Überweisungsformularen ausleben wollen. Lange Zeit haben sie vergeblich versucht, den Kontakt nicht ganz abreißen zu lassen. Aber ihre Briefe und Päckchen kamen immer wieder zurück – »Annahme verweigert«. Ihre Anrufe wurden abgewimmelt. An Besuche war gar nicht zu denken.

Nach einiger Zeit, wenn sie meinen, der Alltag halte wieder Einzug, spüren diese Väter, daß ihre Wunden noch längst nicht verheilt sind. Sie können ihre Kinder nicht einfach von heute auf morgen abschreiben.

Das »Ergebnis ist für diese Väter wie für ihre Kinder, daß die täglichen oder doch jedenfalls ganz häufigen Begegnungen zu Ende sind. Das erzeugt Schuldgefühle, für die andererseits weniger Chancen da sind, sie im Zusammensein mit den Kindern gewissermaßen abzuarbeiten.«[67]

Manche Väter macht die erzwungene Trennung von ihren Kindern krank und depressiv: »Psychophysiologischer Erschöpfungszustand« lautete die Diagnose von Olafs Hausarzt. Wenige Tage zuvor hatte seine ehemalige Partnerin durch ei-

---

67 Mackscheidt, Elisabeth (1993), S. 256.

nen Anwalt mitteilen lassen, daß Olaf seinen Sohn nicht mehr sehen werde. Der 27jährige Student, bis dahin regelmäßiger »Besuchsvater«, hängte daraufhin sein Studium für ein Jahr an den Nagel, ging in therapeutische Behandlung und bekam eine Kur verschrieben.

Er beantragte beim Gericht ein »Umgangsrecht« für sich und seinen dreijährigen Sohn. Der eingeschaltete psychologische Sachverständige schreibt in seinem Gutachten:

»Mag die gegenwärtige familiale Position des Vaters eine etwas larmoyante und sentimentale Haltung seinem Kind gegenüber begünstigen. Daß er jedoch keine echte Bindung zu seinem Sohn haben sollte, das kann man dem Vater nicht unterstellen. Es ist nicht zuletzt die Art seines körpersprachlichen Ausdrucks – seine Mimik und Gestik, sein Stimmverhalten –, die seine Ausführungen über die Beziehung zu seinem Kind begleitete, in der sich Gefühle einer echten Bindung zu seinem Kind manifestierten. In den Schilderungen des Vaters zeigte sich ein echtes Gefühl der Bindung und des Verlustes. Er vermißt seinen Sohn.

Bei der Geburt war der Vater dabei. Er kam anschließend regelmäßig zu den Wochenendbesuchen, beteiligte sich an der Pflege und Fürsorge des Kindes. Er zeigte echte Zuneigung zum Kind und Interesse an seiner Entwicklung. Man muß weiter seine psychosomatischen Reaktionen sehen, die in Therapien mündeten, um festzustellen, wie sehr er unter der Kappung der Beziehung zu seinem Sohn litt. Das warf den Vater dann in eine tiefe psychologische Krise. Zitat: ›Ich war fertig und habe viel im Bett gelegen.‹ Oder: ›Das geht unter die Haut.‹

Die familiale Realität des Vaters ist dadurch charakterisiert, daß er aus dem Leben des Kindes als Vater total ausgeblendet worden ist. Die Beziehung zu einem Kind aufrechtzuerhalten und pflegen zu wollen, entspricht einer ganz natürlichen elterlichen Regung und einem gut nachvollziehbaren Bedürfnis. Seine Liebe und Zuneigung zu seinem Kind nie mehr erfahren und fühlen zu dürfen ist ein emotionaler Verlust. Das gilt nicht im besonderen Maße für den Vater, sondern allgemein für jeden empfindsamen Menschen. Auch Väter sind fühlende und empfindende Menschen.«

Erlebnisdimension Gewinnen und Verlieren

Eigentlich könnte der Entzug des Sorgerechts für diesen Elternteil ohne Auswirkung bleiben: Niemand hindert sorgerechtlich gespaltene Eltern daran, ihre fortbestehende Verantwortung weiterhin wahrzunehmen. Warum scheitern so viele Ex-Partner an dieser Aufgabe?

Der Sorgerechtsentzug, auch wenn er »einvernehmlich« zustande kam, wird zu einem denkbar ungünstigen Zeitpunkt vorgenommen: Die ehemaligen Partner sind gerade ganz auf sich fixiert. Sie fühlen sich verletzt, betrogen, verraten. Häufig hegen sie große Aggressionen gegeneinander. Sie sind enttäuscht, haben Schuldgefühle und machen sich Vorwürfe. Sie haben Angst, die Liebe ihrer Kinder zu verlieren.

Die Sorgerechtsfrage trifft Scheidungspaare in der wohl kritischsten Phase ihrer Elternbiographie. Sie berührt und bestärkt ihr Gewinner-Verlierer-Gefühl: Der nicht sorge-, sondern nur noch »umgangsberechtigte« Vater empfindet und erlebt den Verlust des Sorgerechts häufig als »Verlust des Kindes«. Die Mutter hingegen wird in ihrem Gefühl bestärkt: »Das Kind gehört jetzt mir!« Sie hat fortan entscheidenden Einfluß auf – man kann auch sagen: Macht über – die Beziehung zwischen dem Ex-Partner und ihrem Kind.

Oft setzen Mütter diese Macht gegen Vater und Kind ein.

»Die durch die Scheidung bewirkte Machtposition gegenüber dem Vater hat nämlich für viele Mütter auch eine wichtige Wiedergutmachungsfunktion für die in der Ehe erlebten Enttäuschungen und Kränkungen«[68], beobachtet der Wiener

---

68 Figdor, Helmuth (1991), S. 175.

Psychotherapeut Helmuth Figdor. Diese Mütter sehen in ihrem alleinigen Sorgerecht eine Gebrauchsanweisung, mit der sie über Ausmaß und Ausgestaltung der Vater-Kind-Kontakte entscheiden können.

Und die Väter? Viele fühlen sich nunmehr als Bittsteller, als »Umgangsbettler«, die sich mit der Kind-Vater-Konzeption ihrer geschiedenen Frau abzufinden haben. »Der ›Verlust des Kindes‹, verkörpert in der räumlichen Trennung und in der Einbuße der väterlichen Rechte und des Einflusses, ist nicht bloß schmerzhaft, sondern – als Niederlage – eine schwere narzißtische Kränkung, die an der (männlichen) Identität zehrt«[69], sagt Figdor.

»Wenn meine Töchter und ich über das Wochenende zu meinen Eltern fahren wollen, und die Mutter sagt ›Ist nicht!‹, dann war's das. So einfach geht das«, berichtet ein Vater. »Den siebten Geburtstag meiner Tochter mußte ich auf der Straße in meinem Auto feiern, weil ich nicht in ihre Wohnung hinein sollte. Wie ein Aussätziger bin ich mir vorgekommen.«

Vatersein ist auf einmal ganz und gar nichts Selbstverständliches mehr. Das Kind wird dem Vater von der Mutter quasi geliehen. Sie stellt ihm das Kind aber nur dann zur Verfügung, wenn er ihre Anordnungen, wie er mit dem Kind umzugehen hat, genau befolgt. Der Besuchsvater wird »infantilisiert«, schreibt Figdor, »er gleicht weniger einem Vater, der erzieherische Verantwortung trägt, als dem großen Bruder, dem das Kind von der Mutter auf Zeit zur Aufsicht oder zum gemeinsamen Spielen anvertraut wird.«[70]

Dazu folgende »Erklärung«, die ein Vater vor dem gemeinsamen Urlaub mit seiner Tochter unterschreiben mußte:

Hiermit verpflichte ich mich, die gemeinsame Tochter S. bei allen Fahrten in meinem Pkw auf einem sicher installierten Kindersitz anzuschnallen. Ich verpflichte mich weiterhin, die

69 Ebd., S. 172 f.
70 Ebd., S. 173.

Erziehungsziele der Kindesmutter, S. zu Ehrlichkeit und Offenheit zu erziehen, nicht dadurch zu hintertreiben, daß ich S. auffordere, der Mutter falsche Angaben über das Anschnallen zu machen. Darüber hinaus verpflichte ich mich, zusammen mit S. keine Fahrten im Pkw zu unternehmen, die länger als drei Stunden dauern. Sollte ich eine längere Wegstrecke mit ihr zurückzulegen haben, werde ich diese in mehrere Etappenziele splitten.

K., den ... Unterschrift des Vaters

Das staatliche Zertifikat »Sorge-Recht« für die Mutter schürt Unsicherheit beim ent-sorgten Vater: Hat er es jetzt nicht amtlich, daß er für seine Kinder nicht mehr verantwortlich ist? Daß er der schlechtere, unwichtigere Elternteil ist und war? Sorgen machen kann er sich noch *um* seine Kinder, aber darf er auch noch *für* sie sorgen?

Aus einem Eltern*abend, erfuhr Norbert, wird schnell ein Elterabend. Sein Amt als stellvertretender Elternsprecher mußte er nach der Scheidung sofort aufgeben. Der Schulleiter verwies ihn auf ein Urteil des Verwaltungsgerichtshofs Baden-Württemberg, wonach ein nicht sorgeberechtigter Elternteil »gegen die Schule seines Kindes keinen Anspruch auf Auskünfte und Informationen« habe. Begründung: »Wenn das Gericht einen Elternteil vom Sorgerecht ausgeschlossen und dieses dem anderen Elternteil zugesprochen hat, ist dies um des Wohls der Kinder willen geschehen. Dieser Zweck könnte beeinträchtigt werden, wenn der vom Sorgerecht ausgeschlossene Elternteil sich in die schulischen Belange einmischen könnte.«[71]

Der Entzug des Sorgerechts bestärkt Väter in ihrem Verantwortlichkeits- und Interessenverlust für ihre Kinder. Vor allem dann, wenn sie gezwungen sind, unter unwürdigen Bedingungen mit ihnen zusammenzutreffen – an einem »neutralen Ort«

---

71 Verwaltungsgerichtshof Baden-Württemberg (Az. 9 S 2163/90), zitiert nach Nürtinger Zeitung vom 10.6.1992.

oder unter Aufsicht einer Amtsperson. Die Väter spüren während der knapp dosierten »Meetings«, daß auch ihre Kinder unter den künstlichen, spärlichen Besuchsarrangements leiden. Dann treten sie oft – auch aus einem Gefühl der Selbstachtung – den Rückzug an.

Natürlich garantiert das gemeinsame Sorgerecht nicht, daß Mutter und Vater eine gute Beziehung zu ihren Kindern behalten. Wem aber ausdrücklich die Bedeutsamkeit für seine Kinder abgesprochen wird, wer nur noch »umgangsberechtigt« ist, fühlt sich weniger zuständig. Er fühlt sich vielleicht sogar so überflüssig, daß er auch auf das verbliebene »Besuchs-/Umgangsrecht« verzichtet.

Bis zum 1. Januar 1980 hieß dieses »Umgangsrecht«, das die Beziehungen zwischen Kindern und ihren »besuchsberechtigten« Elternteilen regelt, noch »Verkehrsrecht«. Gelebte, liebevolle Beziehungen zwischen Kindern und Eltern dürften die Schöpfer dieser »Rechte« wohl kaum im Sinn gehabt haben, am wenigsten die Verfasser des »Umgangsrechts«.

Ob irgendeinem Rechtsgelehrten wohl schon einmal in den Sinn gekommen ist, daß »umgehen« nicht nur »verkehren mit«, sondern auch »sich entziehen von« bedeutet?

»Meine Kinder könnten zwei Zuhause haben!« – wenn du an dein Kind denkst: Was fällt dir da zuerst ein?

»Vom Bett aus schaue ich morgens immer auf drei Fotos von meiner Tochter. Da ist dann dieses Gefühl, daß du ausgestoßen bist von einer ganz natürlichen Sache: von dem Verhältnis eines Vaters zu seiner Tochter. Ausgestoßen sowohl von der Mutter als auch von der Gesellschaft, die mit ihren Gesetzen eine solche Konstellation überhaupt erst möglich macht – eine anonyme Macht im Hintergrund, gegen die du nicht ankommst. Und wenn ich an mein Kind selber denke, kommen mir diese wenigen Male in den Sinn, wo ich sie sehen konnte. So ein Lockenköpfchen, ganz süß, sehr lebendig, sehr pfiffig, verspielt, mit der Mutter schmusend. Und du stehst als Außenstehender daneben und betrachtest dieses Glück. Du weißt, es wird dir etwas vorenthalten.« (Jochen, 43, Vater ohne Trauschein und Kind)

»Viele Eltern werden von ihren Kindern mit dem Vornamen angeredet, aber bei uns war das früher nicht so. Meine Ex-Frau redet mit unserem Sohn nicht mehr von Papa. Da bin ich jetzt auf einmal der Jürgen. Wenn ich Andy treffe und er freudig auf mich zurennt, bin ich für ihn nicht mehr Papa. Als ich das ›Hallo Jürgen!‹ zum ersten Mal von ihm hörte, war das sehr schmerzhaft.« (Jürgen, 33, »Sonntagsvater«)

»Man konnte mit ihm durch die Gegend tanzen, ihm etwas vorsingen, ihn im Arm halten und füttern. Er war immer gut drauf und hat gelacht. Ich habe mich gern mit ihm beschäftigt, habe ihn lange beobachtet, was er denn schon kann. Wenn er die Flasche im Mund hatte, fing er immer an, seine Hand dahinzuhalten. Dann habe ich die Flasche ganz langsam losgelassen und geguckt, ob seine Hand die schon hält. Oder ich habe ihn genommen, mich hingelegt, ihn auf meinen Bauch gestellt, ganz langsam meine Arme weggenommen und geguckt, ob er schon stehen kann. Nach ein, zwei Sekunden begann er dann einzuknicken und hat gelacht.« (Kai, 39: »Die Mutter praktiziert den Kindesentzug mittlerweile seit zwei Jahren!«)

»›Jetzt schmeiße ich die Sache!‹ Das hab' ich schon oft gedacht. Wenn ich dann ausgeschlafen bin, komme ich aber immer wieder zum Schluß: Ich muß für meinen Sohn und für mich weitermachen. Damit schaffe ich mir sicherlich Unruhe, aber ich kann meine Beziehungssehnsucht zu meinem Sohn nicht einfach per Knopfdruck abstellen.« (Markus, 34, bemüht sich seit vier Jahren vergeblich um Kontakt zu seinem Kind)

»Meiner geschiedenen Frau geht es zur Zeit sehr schlecht.

Sie ist in therapeutischer Behandlung. Es fällt mir nicht leicht, die Trennung von meinen Kindern hinzunehmen, aber im Moment kann ich nichts tun. Ich muß abwarten und kann nur hoffen, daß sich bei ihr etwas ändert, daß sie stärker wird und den Kontakt zwischen meinen Kindern und mir aushalten kann.« (Im vergangenen Jahr hat Sebastian, 36, seine Kinder zweimal à 45 Minuten gesehen.)

»Wenn ich an meine Kinder denke, werde ich meistens sehr traurig, weil ich sie nur zweimal im Jahr sehen darf und immer das Gefühl habe, ich kann nichts tun. Ich bin immer angewiesen auf das Verhalten der Mutter – was sie gelten läßt, was sie will. Ich bin da völlig machtlos, völlig hilflos.« (Anton, 31, zur Zeit in therapeutischer Behandlung)

»Meine Kinder haben kein Zuhause, obwohl sie zwei Zuhause haben könnten. Sie haben es auch bei der Mutter nicht, weil die Mutter den ganzen Tag nicht da ist. Die Kinder kommen mittags nach Hause. Mein jüngster Sohn setzt sich dann vor den Fernseher, und seine Brüder verschwinden irgendwohin. Und wenn die Mutter dann heimkommt, werden die Kinder von ihr irgendwie wegorganisiert.« (Hans-Peter, 40, Vater von drei Kindern)

»Oft denke ich daran, daß wir uns total fremd sind, wenn wir uns wiedersehen. Wahrscheinlich vermittelt die Mutter Babsi ein sehr schlechtes Bild von mir. Vielleicht denkt sich meine Tochter: ›Was ist das denn für ein böser Papa. Wenn der nicht da ist, mag er mich sicherlich nicht.‹ Das macht mir angst.« (René, 32, seit siebzehn Monaten von seiner Tochter, 4, getrennt)

»Gesa ist mir von der Mutter systematisch weggelebt worden. Ich habe den Eindruck, daß sie aus meinem gegenwärtigen Erleben, aus meinem Lebenskreis weggezogen worden ist. Und zwar mit einer Systematik, die ungeheuerlich ist, von der ich eigentlich noch gar nicht weiß, ob sie der Mutter selbst so bewußt ist.« (Holger, 37, Pastor in einer ländlichen Gemeinde und Vater ohne Trauschein)

Reaktionen von Vätern ohne Kinder

Trauer und Niedergeschlagenheit, Sehnsucht und Schmerz, Kränkung und Verbitterung, Gleichgültigkeit, Angst, Ohnmacht oder »eine Mordswut im Bauch«: Die Trennungs- und Verlustreaktionen von Vätern sind ganz unterschiedlich. Vor allem kurz nach der Trennung schwanken sie zwischen Entschlossenheit und Niedergeschlagenheit, zwischen wütendem Aufbegehren und verdrängender Resignation.

Drei extreme Reaktionsformen wurden während der Gespräche und Interviews ersichtlich: Der »flüchtende Vater«, der »arme Vater« und der »wütende Vater«. Die Verhaltensmuster dieser Väter sind nicht immer fein säuberlich zu trennen; mitunter treten sie nacheinander auf. In zumeist schwächeren Dosen kommen sie bei fast allen Vätern in der Nachtrennungsphase irgendwann einmal vor.

Der flüchtende Vater:

»Familie? Nie gehabt!« Über Nacht durchtrennt der flüchtende Vater alle bisherigen Familienbande, läßt Kind und »Lebensabschnittsgefährtin« links liegen. Sein Verdrängungsapparat läuft auf Hochtouren. Die »neue Freiheit« kostet er in vollen Zügen aus.

Oft verschwindet er nicht völlig von der Bildfläche, nervt die Umwelt jedoch mit seiner notorischen Unzuverlässigkeit: Unterhaltszahlungen – »Müssen wir darüber schon wieder reden?« Geburtstage der Kinder – »Vergesse ich meistens.« Besuchstage – »Stören meine Freizeitgestaltung. Wenn die Kinder kommen, verziehe ich mich. Sie können sich ja auch mit ihren Großeltern beschäftigen.«

Bernd ist so ein flüchtender Vater. Nach seinem Auszug blendete er »Frau und Kind« erst einmal völlig aus. »Florians Entwicklung habe ich ein halbes Jahr nicht so recht nachvollziehen können. Ich habe mich nach der Scheidung in den Alkohol, in Diskotheken und in irgendwelche Frauengeschichten geflüchtet, so daß ich permanent irgendwie geistig abwesend war und nicht viel über meinen Sohn nachgedacht habe – nachdenken mußte. In dieser Zeit habe ich nur ganz wenig darunter gelitten, daß ich mein Kind nicht sehen konnte. Manchmal habe ich gedacht: Da hast du nun ein Kind, aber du wirst nicht mit ihm zusammen groß, weil du mit der Beziehung nicht zurechtkommst. Gedanken um das Drumherum habe ich mir selten gemacht.«

Der arme Vater:
»Sie ist an allem schuld!« hat er sich auf die Stirn geschrieben. Als »hilfloses Opfer« der Ex-Partnerin wirbt er um die Unterstützung seiner Umgebung. Diskussionspartner, die nicht binnen einer viertel Stunde auf »sein Thema« zu sprechen kommen, sind für ihn uninteressant. Fast jedes Gespräch vermag er schnell auf »den Wahnsinn der mütterlichen Destruktionsmaschinerie« zu lenken.

Mit seinen Kindern spricht er gerne und ausdauernd über die »schöne Zeit, als Mama, Papa, Tim und Timo noch sehr glücklich waren.« Indem er die Scheidungssituation meist unbewußt aufrecht erhält, agiert der arme Vater machtvoll gegen einen »Nach-Scheidungs-Alltag«. Daß er damit vor allem seine Kinder belastet, ist ihm nicht bewußt.

Mathias geht es auch zwei Jahre nach der Scheidung »meistens sehr schlecht«. Er sieht seinen Sohn Daniel einmal in der Woche. Jeden Mittwoch holt er ihn von der Schule ab und bringt ihn am nächsten Morgen wieder dorthin zurück.

»Daniels zehnten Geburtstag feierte die Mutter im Ferienhaus einer Freundin. Ich habe mich fürchterlich elend gefühlt, Daniel an seinem Geburtstag nicht zu sehen. Nicht zu hören, wie ihm das kleine Geschenk gefällt, das ich ihm mitgegeben hatte. Am Nachmittag habe ich mir überlegt: Dann feiere ich eben Daniels Geburtstag alleine! Wenn ich ihn schon nicht sehen kann, dann nehme ich mir ein Foto und gehe jetzt Kaffeetrinken mit Daniel. Abends habe ich meine

Freundin zu einem Glas Sekt eingeladen, einfach so, ganz spontan, und ich habe gesagt: ›Wir feiern jetzt Daniels Geburtstag!‹

So konnte ich die negative Energie, die ich in mir hatte, doch noch ganz gut in positive Energie umwandeln. Meine neue Freundin erlebt diesen entsetzlichen Kampf, den ich mit meiner Ex-Frau um die Kinder führe, auch sonst hautnah mit. Diese ganze Problematik belastet unsere Beziehung natürlich sehr, weil bei mir überhaupt keine innere Ruhe da ist. Es kommt immer sehr viel Aufruhr in mir hoch, wenn ich von meiner Ex-Frau wieder einmal vor den Kopf gestoßen worden bin.«

Der wütende Vater:

»Widerstand gegen diese widerborstige Frau!« heißt sein Leitspruch. Dem wütenden Vater geht es auch um »Wiedergutmachung«. Mit Hilfe von Verbündeten – Freunden, Eltern, Privatgutachtern und Anwälten (deren mindestens zwei) – will er seine Verletzungen »rückgängig machen«.

Den Erziehungsidealen der Ex-Partnerin trotzt der in seiner Selbstachtung getroffene Vater nach allen Regeln der Kunst: Bei ihm dürfen die Kinder auf einmal »Video around the clock« gucken. Vaters Gummibären und Smarties sagen Mutters Vollwertküche den Kampf an. Kleine Nadelstiche gegen »eure Mutter« sind auf der Tagesordnung. Gemeinsam mit seinen Kindern fühlt sich der wütende Vater wieder stark.

Manch Widerständler liebt es, bar jeder »väterlichen Vernunft«, weiterhin das Familienoberhaupt zu spielen. Ein Vater pflegte seine – kerngesunden – Kinder am Besuchstag bei seinem Hausarzt vorzustellen. Ein anderer meldete die Söhne im Fußballverein an, obwohl seine Frau sie tags zuvor im Tennisclub untergebracht hatte. Seine verflossene Kompetenz glaubte ein Vater dadurch ausleben zu können, daß er sich in der gleichen Gymnastikgruppe wie Ex-Frau und Tochter anmeldete – frei nach dem Kommunikationsforscher Paul Watzlawick: »Es ist nicht möglich, nicht zu kommunizieren.«

Auch Gerd ist wütend. Seit Jahren ringt er mit Sozialarbeitern, Sachverständigen und Richtern um mehr Besuchszeiten, kämpft für das gemeinsame Sorgerecht. Von Geburt an hat der Unternehmer seine beiden Töchter betreut, lange Zeit als Hausmann, während seine Frau in der Firma das Geld verdiente.

»Da ist eine sehr intensive Herzensbindung gewachsen. Für meine Kinder ist es ganz wichtig, daß sie freien Zugang zu ihrem Vater haben, denn dies ist der einzige stabile männliche Mensch in ihrem Leben, bis sie einmal selber heiraten. An der Seite der Mutter wird es mehrere soziale Väter geben, die mit den Kindern alle nicht die innige Beziehung haben, die nicht alles Leid, alle Not durchstehen werden wie ich. Außerdem möchte ich meine eigenen Kinder weiterhin begleiten dürfen. Ich möchte mit meinen Kindern endlich einmal zur Ruhe kommen. Das ist der eine Antrieb für mein Engagement.«

Und der andere? Da ist auch noch die »Erlebnisdimension Gewinnen–Verlieren«, von der bereits die Rede war: Gerd gibt zu, daß es ihm nicht nur um seine Kinder geht. »Das ist keine selbstlose Aktion. Ich denke, mein Engagement ist fifty-fifty: Ich möchte auch, daß die Willkür der Mutter einmal ein Ende findet. Diese andere Hälfte ist für *mich* ganz wichtig. Für mein Lebensglück.«

Gerd will nicht nachgeben. Nicht noch mehr verlieren. »Ich kann doch meine Kinder nicht aufgeben! Ich habe meinen Beruf aufgegeben. Ich habe mein Vermögen aufgegeben. Ich habe einen Offenbarungseid abgelegt, habe 200 000 Mark Schulden. Aber ich werde doch meine Kinder nicht aufgeben. Das ist das allerletzte, was mir im Leben passieren kann!«

Gerd hat die ablehnende Haltung der Trennungsbegleiter als »Herausforderung« angenommen. Sie ist zu seinem neuen Lebensinhalt geworden. »Meine Auseinandersetzung mit denen ist für mich auch eine psychohygienische Maßnahme, die ganz allein mich betrifft, die ich verwende, um nicht unterzugehen. Es ist doch unerträglich, wenn du von denen plötzlich laufend in den intimsten Belangen deiner Lebensführung fremdbestimmt wirst. Ich stoße da auf Wertungen, die über meine Handlungen, meine Person abgegeben werden, und stelle regelmäßig fest, daß sie niemals sachlich begründet sind, sondern immer dem Schema F folgen. Diese Widersprüche versuche ich an die Instanzen zurückzuweisen – in Texten oder in Handlungen gegenüber dem Gericht, gegenüber dem Jugendamt oder gegenüber dem Gutachter. Das ist ein sehr anstrengender Prozeß, der mir aber außerordentlich hilft, bei der Wahrheit der Empfindungen zu bleiben, die es zwischen den Kindern und mir gibt.«

Was tun, wenn die Mutter den Kontakt zum Kind blockiert?

»Die Reaktionsmuster, die du eben beschrieben hast, sind doch auch ganz normale, zum Teil sogar wichtige und berechtigte Bewältigungsstrategien von Vätern, die ihre Kinder nicht aufgeben wollen«, vermerkte ein Vater, nachdem er mein Manuskript gelesen hatte. Zu Recht:

Hinter dem »Ich-muß-hier-weg!« *flüchtender* Väter steckt häufig große Hilflosigkeit und tiefe Verletztheit – der Entzug des Sorgerechts, der plötzliche Bedeutungsverlust treibt manche Väter in die Flucht. Die Reaktionen vieler *armer* Väter zeigen deutlich, wie sehr sie der Abbruch einer fundamentalen Beziehung schmerzt, wie stark ihre Bindung zum Kind ist. *Wütend* ist der Vater ohne Kind auch wegen des Unrechts am Kind und weil seine Beziehung zum Kind mißachtet wird. Angesichts der Verständnislosigkeit, mit der viele Trennungsbegleiter Vater-Kind-Bindungen behandeln, angesichts der entwürdigenden Bedingungen, unter denen einige Väter nach Trennung oder Scheidung mit ihren Kindern zusammentreffen, kann ich sehr gut verstehen, daß ein Vater wütend ist.

Die Beschreibung des wütenden Vaters ist also keine Aufforderung, nichts zu tun und alles hinzunehmen, wenn die ehemalige Partnerin den Kontakt zum Kind aushöhlt. Wenn die »Ex« sich immer wieder querstellt, wenn sämtliche Vermittlungsversuche fehlschlagen, dann braucht der Vater viel Energie für die notwendigen Anträge beim Gericht, für die vielleicht erforderlichen Dienstaufsichtsbeschwerden und Befangenheitsanträge.

Mit der typisierenden Darstellung möchte ich mich nicht über verständliche Verlust- und Ohnmachtsgefühle von Menschen lustig machen, die an einem ganz empfindlichen Nerv – an der Beziehung zu ihren Kindern – getroffen werden, oder sie abwerten. Vielmehr möchte ich Väter ohne Kinder anregen, sich zu fragen und zu verstehen, wo sie selbst gerade stehen und einmal einen *Perspektivenwechsel* vorzunehmen. Denn Ohnmacht führt leicht zu Reaktionen, die mit dazu beitragen, daß keine »Normalität« in der Nach-Trennungs-Zeit einkehrt. Leicht werden aus solchen Reaktionen Querschläger, die dann mehr der eigenen »psychischen Hygiene«, weniger den Interessen des Kindes dienen.

Wie sollen sie sich verhalten, wenn ihre Ex-Partnerin den Kontakt zu ihren Kindern einschränkt oder vollständig unterbindet? Wie können sie die Beziehung zu ihnen erhalten, neu aufbauen?

Das fragen sich viele Väter ohne Kinder. Aufgeben wollen sie ihre Töchter und Söhne nicht. Sie möchten ihnen weiterhin als selbstverständliche Bezugsperson erhalten bleiben. Aber bringen ihre Bemühungen für alle nicht nur noch mehr Hektik und Unruhe?

Wenn Väter ihre Kinder schon über Monate oder Jahre nicht mehr gesehen haben, fangen sie an, auch über ihre Motivation nachzudenken: Warum suchen sie überhaupt noch Kontakt zu ihren Kindern? Langsam zerrinnt die Beziehung zu ihnen, verblaßt die Erinnerung an die gemeinsam verbrachte Zeit. Ist da nicht nur noch dieses Gefühl des »Sich-kümmern-Müssens«?

Geht es ihnen vielleicht nur noch um Rechthaberei? Wollen *sie* ihre frühere Partnerin nicht in Ruhe lassen?

Väter ohne Kinder stecken in einer Zwickmühle: Halten sie sich an das von der Ex-Partnerin verordnete Kontaktminimum oder -verbot, wird das von vielen Gerichten falsch verstandene»Kontinuitätsprinzip« schnell zum Bumerang für sie und ihr Kind. Der Richter könnte dann nämlich auf die entstandene »fehlende Beziehungskontinuität« verweisen und die Kontakte noch weiter verringern oder ganz einstellen. Verhalten Väter sich aber »ungehorsam«, indem sie den Willen der Ex-Partnerin mißachten, dann wendet man auch dies schnell gegen sie.

Soll der Vater den Willen seiner ehemaligen Partnerin also mißachten und nur seinem Empfinden folgen? Zeigt er seinem Kind damit nicht an einer entscheidenden Stelle, daß nicht er es ist, der keine Kontakte mehr will? Macht er sich nicht zum Komplizen der Mutter, wenn er nicht handelt? Oder schadet er mit seinem Widerstand gegen deren Anweisungen und Richters Beschlüsse seinen Kindern nicht noch zusätzlich?

Ich meine, Väter sollten ihre Kinder nicht aufgeben, auch wenn ihre ehemalige Partnerin sie aus jeglicher Zuständigkeit entlassen will. Sie sollten versuchen, deutlich zu machen, daß sie (weiterhin) Verantwortung für die Kinder übernehmen wollen. Denn später sind die Vorwürfe – an Vater und Mutter – groß: »Warum hast du mich damals verlassen?« – »Warum hast du mich aufgegeben?« – »Warum hast du mir nie etwas von Vater erzählt?« (vgl. S. 215ff.).

Doch dieses »Nicht aufgeben« bedeutet nicht: Blindlings anrennen! Väter ohne Kinder, auch die vollständig ausgebooteten, sollten sich zuerst einmal fragen, was sie bei sich selbst verändern können. Welchen Beitrag können sie leisten, damit die Konfrontation mit ihrer früheren Partnerin nicht noch weiter angeheizt wird? Welche Zeichen und Impulse können von ihnen ausgehen, damit wieder mehr Frieden einkehrt?

Nehmen sie Rücksicht auf ihre berechtigten Interessen? Welche Vorleistungen können sie erbringen, damit sie einlenkt? Wieviel Verantwortung für ihre Kinder wollen sie konkret übernehmen? Sind sie bereit, auch Opfer zu bringen, beruflich zurückzustecken, zu koordinieren zwischen ihrer alten und neuen Familie? Sind sie bereit, auch Pflichten zu übernehmen? Oder wollen sie sich nur die Rosinen herauspicken, während die Mutter mit den Kindern die Klippen des Alltags umschifft?

Dazu gehört auch, daß Väter sich kritisch mit ihrem eigenen Konflikt- und Schuldanteil, mit ihrem eigenen Beitrag zur entstandenen »Sprachlosigkeit« auseinandersetzen!

Viele ausgegrenzte Väter sind der Auffassung, ihre ehemalige Partnerin handele aus Bosheit und wolle sich mit ihrer strengen Umgangspolitik rächen. Häufig sind es jedoch (Verlust-)Ängste, Verletzungen und Kränkungen, die es ihr erschweren, zwischen Partner- und Elternebene zu unterscheiden (vgl. Kapitel 6).

Väter ohne Kinder sollten versuchen, sich in die Lage und Gefühle ihrer Ex-Partnerin hineinzuversetzen. Sie sollten versuchen, sie zu *verstehen*. Verstehen heißt dabei nicht, ihre ablehnende Haltung zu akzeptieren. Väter ohne Kinder sollten ihrer ehemaligen Partnerin deutlich machen, daß ihnen die Beziehung zu den Kindern wichtig ist, daß es ihnen ernst damit ist, für sie zu sorgen, für sie Verantwortung zu tragen. Väter ohne Kinder sollten beharrlich und beständig sein, wenn es darum geht, die Interessen der gemeinsamen Kinder nach Mutter und Vater darzustellen. Da darf Mann auch mal nerven.

Eines aber ist sicher: Psychoterror bringt niemanden weiter – weder Mutter noch Vater, noch Kind. Sich zu verstehen, sich in seinen berechtigten Interessen und Bedürfnissen wahrzunehmen, ist eine entscheidende Voraussetzung für Dialogfähigkeit zum Wohle des Kindes. Wenn Väter versuchen, sich in die andere Seite einzufühlen, können sie dazu beitragen, die bestehenden Konflikte aufzubrechen.

Es gibt keine Patentrezepte, wie die Bindung zum Kind aufrechterhalten werden kann, obwohl sich die ehemalige Partnerin dagegen stemmt. Das wurde in den Gesprächen und Interviews deutlich. Manche Väter hielten sich an die von ihrer Ex-Partnerin verordnete Kontaktsperre und blieben erst einmal in »Wartestellung«. Nach mehreren Monaten konnten sie dann wieder eine Beziehung zu ihren Kindern aufbauen. Ihre Partnerin, sie selbst hätten diese Zeit gebraucht, um Paar- und Elternschiene zu entflechten, berichteten einige dieser Väter. Sie glaubten, daß mit Hilfe von Beratung oder mit gerichtlichen Beschlüssen »alles nur noch schlimmer« geworden wäre.

Bei anderen Vätern hingegen hatte die Blockade ihrer früheren Partnerin nur ein Ziel: Die Kind-Vater-Kontakte vollständig und endgültig auf Eis zu legen. Jahrelang versprachen diese Mütter, daß Kind und Vater sich »bald« wieder sehen dürften. Bis schließlich deutlich wurde, daß diese Isolation auf Dauer erwünscht war. Was diesen Vätern mit zahlreichen Briefen, Telefongesprächen und Kompromißvorschlägen nicht gelang, wo Trennungs- und Scheidungsberater mit jeglichen Informations- und Vermittlungsversuchen auf taube Ohren stießen, wurde mit Hilfe eindringlicher Appelle eines Richters oder mit verordneten »Umgangszeiten« von einem Tag auf den anderen wieder möglich: eine Beziehung zwischen Vater und Kind. Mitunter eröffneten die Beschlüsse der Richter sogar eine konstruktive Zusammenarbeit der Ex-Partner für ihr Kind.

»Manche Kinder haben sogar zwei Väter« – Väter ohne Trauschein im Gespräch

»Ein Vater ist nie ersetzbar. Vater ist derjenige, der das Kind gezeugt hat.«

»Das ist ein Mythos. Es gibt heute viele gute soziale Väter. Auch ich bin dafür, den leiblichen Vater nicht auszuschließen, wenn er eine gewachsene Beziehung zu seinem Kind hat oder wenn er für sein Kind sorgen will. Aber grundsätzlich brauchen Kinder nicht leibliche, sondern fürsorgliche Eltern. Der richtige Vater will doch häufig gar keine Verantwortung übernehmen.«

»Viele Trennungskinder, vor allem nichtehelich geborene, wissen von ihren Vätern nicht einmal den Namen. Später machen sie sich dann auf die Suche nach ihrem Vater. Auch wenn ihre Eltern sich schon früh getrennt haben und die Mutter schnell einen neuen Partner findet, sollten sie so früh wie möglich erfahren, wer ihr leiblicher Vater ist.«

»In Ordnung: Es ist gut, wenn das Kind eine gute Beziehung zum sozialen Vater hat und trotzdem die Beziehung zum leiblichen Vater halten oder aufbauen kann.«

»Genau. Wenn das Kind einen sozialen Vater hat, darf ›sozial‹ nicht heißen, daß ihm der leibliche Vater vorenthalten wird. Du mußt mal die Kinder in meiner Schule hören. Die erzählen sich zum Teil ganz stolz: ›Du, ich habe sogar zwei Väter.‹«

»Oft frage ich mich: Was kriegen meine Kinder für ein Vaterbild? Meine Ex-Freundin ist ihnen eine liebevolle Mutter, doch ihre Ausgrenzungsbemühungen mir gegenüber, das ist für mich psychische Kindesmißhandlung. Man muß auch einmal über die psychische Gewalt von Frauen gegenüber ihren Kindern reden.«

»Väter emanzipieren sich zur Zeit noch zu selten von der Vorstellung, daß das Kind zur Mutter gehört. Vielen Männern ist gar nicht bewußt, was sie sich alles nehmen lassen.«

»Väter müßten stärker in die Erziehungspflicht genommen werden – vor und nach der Trennung. Wenn Väter eine größere Verantwortung für ihre Kinder übernehmen, dann haben sie auch im Trennungsfall eine stärkere Beziehung zu ihren Töchtern und Söhnen.«

»Gleichberechtigung müßte dann aber heißen: Gleiche Pflichten und auch gleiche Rechte – auch was die Sorge für die gemeinsamen Kinder angeht.«

»Es wäre schöner, wenn mein Kind nicht nach seinem Vater fragt!« – alleinerziehende Mütter ohne Trauschein im Gespräch

»Er hat sich schon kurz nach der Geburt aus dem Staub gemacht. Wir waren nicht verheiratet. Jetzt will er das Kind plötzlich wieder sehen. Das macht er doch nur aus Rachegefühlen mir gegenüber. Für seine Kehrtwendung ist es jetzt ein bißchen zu spät.«

»Trotzdem hat dein Kind ein Recht auf seinen Vater.«

»Meine Tochter wird rechtzeitig erfahren, wer ihr Vater ist. Ich werde ihr erklären: ›Es war besser, daß du ihn nicht kennengelernt hast.‹ Wie ich ihr das sagen soll, weiß ich noch nicht.«

»Ist das nicht ein Rachegefühl von dir?«

»Ihr Verhalten ist doch berechtigt. Ich würde genauso handeln.«

»Darum geht es doch nicht. Auch Katrins Tochter hat ein Recht darauf, ihren Vater kennenzulernen.«

»Dieser Mann ist mir gleichgültig. Er ist ihr Erzeuger, nicht ihr Vater.«

»Ich finde, man bleibt immer Eltern, auch bei strittigen Fällen.«

»Nein. Das ist bei uns echt nicht mehr! Dafür war sein Interesse während der Schwangerschaft und nach der Geburt zu gering. Ich habe keinen Haß mehr auf den Mann. Aber für das Kind ist es nicht gut, diesen Vater zu sehen. Vielleicht sagt sie mal: ›Mama, ich will ihn kennenlernen!‹ Dann lege ich ihr keine Steine in den Weg. Obwohl: Schöner wäre das schon, wenn sie das nicht sagt! Solange die Kinder klein sind, stellen sie sich nicht die Frage, wo ihr leiblicher Vater ist. Solche Fragen laufen erst in der Pubertät ab.«

»Das stimmt nicht. Schon im Kindergarten fragen die anderen Kinder: ›Warum hast du keinen Vater?‹ Manche Kinder antworten dann: ›Ich habe sogar zwei Väter!‹ Deshalb möchte ich meinem Sohn vor allem genug Selbstbewußtsein vermitteln, daß er zu seiner Herkunft steht.«

»Ich mache meine Sache als Alleinerziehende besser als so manche richtige Familie. Man macht sich einfach mehr Gedanken. Ich möchte meiner Tochter so viel mit auf den Weg geben, daß sie später sagt: ›Mama, das war in Ordnung.‹«

8. Kinder ohne Väter

*»Elterliche Liebe besteht vor allem darin, sich zur
Verfügung zu stellen für die Kinder, für die Liebe der
Kinder, für die ganze Palette ihrer Gefühle, ihre
Identifikations- und Abgrenzungswünsche und
auch für die Loyalitätsbeweise, die Kinder beiden
Eltern geben möchten«
(Elisabeth Mackscheidt, Familientherapeutin)*

*»Jede Beschneidung des Zugangs zu einem Eltern-
teil und erst recht jeder Versuch, diesen Elternteil
unkenntlich zu machen, ist inhuman und zynisch«
(Michael Blank, Trennungs- und Scheidungsberater)*

*»Ich bin ein Kind, das in einem Scheidungskrieg
aufgewachsen ist. Eine Zeitlang habe ich meiner
Mutter wirklich geglaubt, daß mein Vater mich
nicht mehr liebt. Den Verboten meiner Mutter,
ihn zu sehen, konnte ich mich nur durch Abhauen
widersetzen. Obwohl er inzwischen mein bester
Freund geworden ist, kann uns niemand die
versäumten Jahre und Chancen wiederbringen.
Ich kann nur an alle Mütter appellieren:
Tut euren Kindern das nicht an. Die Verzweiflung
und die Einsamkeit sind unermeßlich.«
(Sabine Heyse, Leserbrief in: Der Spiegel,
Nr.49, 1997)*

Kinder leiden am meisten unter den Trümmern der ge-
sprengten Elternbeziehung. Sie wollen sich von ihren Eltern
nicht trennen. Für Mädchen wie Jungen ist es wichtig, daß
sie für Mutter und Vater wertvoll bleiben, daß sie beide lieben dürfen und von beiden geliebt werden. Doch nach Trennung oder Scheidung bleibt das Interesse der Kinder meist

auf der Strecke: Für jedes zweite Kind wird der Kontakt zum außerhalb lebenden Elternteil – das ist in neun von zehn Fällen der Vater – ganz abbrechen; und jedes vierte Kind wird die Beziehung zu ihm als »sehr entfremdet« oder »nicht gut« erleben.

Kinder sind die größten Verlierer, wenn Mutter und Vater auseinandergehen. Die Trennung von Mama und Papa ist für sie ein gewaltsamer Eingriff in ihr Leben. Scheidung – das heißt für Kinder zuerst einmal nicht: Mama und Papa lassen sich scheiden. Bedeutsam für Kinder ist *ihre* Trennung vom Vater oder von der Mutter.

Oft erleben Kinder ihre Eltern als Großmächte, die – mitunter über Jahre – in einem ruinösen Wettbewerb verharren: »Meine Eltern leben wie in zwei völlig verfeindeten Ländern. Zwischen ihnen ist eine harte Grenze mit Stacheldraht und Wachtposten und Minen. Jeder sagt, in dem anderen Land ist es ganz schrecklich. Aber das stimmt nicht: Ich fühle mich in beiden Ländern gleich wohl. Nur wenn ich über die Grenze muß, kriege ich es jedesmal mit der Angst zu tun«, beschreibt ein neunjähriges Mädchen diese Situation. »Es ist weniger die Trennung an sich, die das Kind leiden und versagen läßt. Es ist vielmehr Art und Dauer, wie Eltern vor und nach der Scheidung miteinander *und* mit dem Kind umgehen«[72], schreibt der Sozialpsychologe Otto Gaier.

Scheidung bedeutet für jedes Kind etwas anderes: Ortswechsel, Schulwechsel, Berufstätigkeit der Mutter, sozialer Auf- oder Abstieg; viel, wenig oder gar keine Kontakte zum Vater; neue »Stiefeltern«, neue Geschwister, neue Verwandte, neue Freunde … Erlebt das eine Kind den totalen Zusammenbruch seiner Lebenswelt, empfindet das andere vielleicht »das Ende der ewigen Streitereien« erst einmal als große Erleichterung.

72 Gaier, Otto R. (1991), S. 74.

Kinder reagieren auf die Trennung ihrer Eltern ganz unterschiedlich. Manche werden eher aggressiv, andere ziehen sich zurück. Unmittelbar nach der Scheidung reagieren die meisten Kinder massiv verunsichert und hilflos: mit Trauer, Wut, Zerrissenheit, Schuldgefühlen und Verlustängsten. Viele verbinden die Trennung ihrer Eltern mit Gedanken an den Tod. Diese Veränderungen und Auffälligkeiten im Verhalten sind zunächst einmal *normale* Bewältigungsstrategien. Mit Hilfe ihrer altersgemäßen Reaktionen versuchen die Kinder, Verluste zu überwinden und eine aus den Fugen geratene Welt neu zu ordnen.

In der Essener Kontakt- und Beratungsstelle *KUGEL* begleiten Sozialarbeiterinnen Kinder in der Trennungskrise. Sie ermuntern die Mädchen und Jungen, zu toben, zu raufen und rangeln und Gefühle zu zeigen, Spannungen auszuleben. »Ich staune jedesmal wieder, wieviel Wut und Ärger die Kinder plötzlich herauslassen können«, berichtet eine Mitarbeiterin. »Manchmal explodieren sie richtig. Wie ein Dampfdrucktopf. Das zeigt, daß sie schon ganz viel in sich hineingefressen haben.« Heraus kommen Gefühle der Ohnmacht, aber auch Wut und Enttäuschung über das Verhalten der Eltern.

Die Folgen von Trennung oder Scheidung sind nicht zwangsläufig pathologischer Natur. Sie verursachen nicht automatisch »abweichendes Verhalten« oder massive Verhaltensstörungen. Zeigen Kinder keine sichtbaren Reaktionen, bedeutet das jedoch noch lange nicht, daß sie keine psychischen Konflikte mit sich herumtragen. Manche Kinder trauern leise – in ihrem Zimmer, im verborgenen. Oft weinen die Kinder, ohne daß Tränen fließen. Diese Kinder, die scheinbar nicht reagieren, die sehr still werden oder sich übermäßig anpassen, halten viele Kinderpsychologen für besonders gefährdet. Sie verdrängen – ihre »Ruhe« ist resignativ. Ihre Schwierigkeiten können später um so massiver herausbrechen. Deshalb sollten Eltern ihrem Kind *seine* Zeit der Wut, der Trauer, der Verunsicherung zugestehen.

Trennungs- und Scheidungskinder im Spiegel der Statistik

Jeden Tag verlieren in Deutschland rund fünfhundert Kinder durch Trennung oder Scheidung einen Elternteil. Trennung oder Scheidung – das bedeutet für Kinder fast immer: Trennung vom Vater. Trennungs- und scheidungsbedingte Vaterlosigkeit ist vor allem in den Großstädten weit verbreitet. Eine Untersuchung mit sechs- bis dreizehnjährigen Schülerinnen und Schülern an Berliner Grundschulen kommt zu dem Ergebnis, daß nur noch jedes zweite Kind mit beiden leiblichen Eltern zusammenlebt.[73]

Etwa jedes dritte Kind zwischen Rhein und Oder erlebt mittlerweile die Auflösung seiner Familie. 35 Jahre zuvor traf das erst auf jedes zwanzigste Kind zu. Wissenschaftler schätzen, daß fast die Hälfte der in den neunziger Jahren geborenen Kinder die Trennung ihrer Eltern erleben wird, bevor sie die Volljährigkeit erreicht. 148 782 Kinder verloren 1996 durch *Scheidung* einen Elternteil – 125187 Jungen und Mädchen in Deutschland-West, 23 595 in Deutschland-Ost. Trennungen nichtehelicher Lebensgemeinschaften werden statistisch nicht erfaßt.[74]

Familienstatistiker schätzen, daß in Deutschland rund 3 Millionen Trennungs- *und* Scheidungskinder leben, darunter immer mehr Einzelkinder – jedes dritte Kind wächst in den neunziger Jahren ohne Geschwister auf. Wenn ihre Familien auseinanderbrechen, ist ein Drittel der Kinder jünger als sechs Jahre, insgesamt 80 Prozent jünger als zwölf Jahre. Etwa jedes vierte Kind ist zu diesem Zeitpunkt noch keine drei Jahre alt.

---

73 Krappmann, Lothar: Über die Verschiedenheit der Familien alleinerziehender Eltern – Ansätze zu einer Typologie. In: Lüscher, Kurt u.a. (Hg.): Die »postmoderne« Familie. Familiale Strategien und Familienpolitik im Übergang. Konstanz 1988, S. 131–142.

74 Quellen: Familienwissenschaftliche Forschungsstelle im Statistischen Landesamt Baden-Württemberg und Statistisches Bundesamt, Wiesbaden; eigene Berechnungen. Das Deutsche Jugendinstitut, München, kommt im Familien-Survey (untersucht wurden 6486 Kinder in ihren »Familien«, nicht in ihren »Haushaltsverhältnissen«) zu etwas anderen Ergebnissen: »Über 90 % werden als Kinder *verheirateter, zusammenlebender Eltern* geboren, doch reduziert sich dieses Kindschaftsverhältnis mit zunehmendem Alter auf etwa 80 %«; »nur noch 68,5 Prozent der 16–17jährigen haben keinerlei Familienereignis (d. h. Familienlösung und/oder -bildung, A.S.) erlebt« (Nauck, Bernhard (1991), S. 399 und 417).

»Mein Sohn hatte Alpträume, daß sein Zimmer zuschneien würde« – unmittelbare Reaktionen auf die Trennung der Eltern

Jan-Jörg erinnert sich an die Zeit nach der Trennung: »Wenn mein Sohn zu Besuch kam und bei mir übernachtete, kam er auf einmal jede Nacht in mein Bett. Er fühlte sich verlassen. Knut fiel in kleinkindliche Verhaltensweisen zurück. Er hatte Alpträume, daß sein Zimmer bei mir zuschneien und vereisen würde. Das war für mich bildhaft: Die Beziehung zwischen uns erkaltet und erstarrt. Er suchte dann die Wärme durch das nächtliche Ins-Bett-Kommen. Mehrfach wollte er nach den Besuchstagen nicht zurück. Dann bekam er morgens um acht Uhr auf einmal Durchfall und saß eine halbe Stunde auf dem Klo. Das war seine Reaktion auf die Ausdünnung unserer Kontakte. Ich sollte dann in der Schule anrufen und ihn krank melden, damit er noch etwas länger bei mir bleiben kann. Danach mußte ich ihm eine Geschichte vorlesen, und sein Durchfall hörte auf.«

Knut war sieben Jahre alt, als seine Eltern sich trennten. *Kinder zwischen sechs und zwölf Jahren* erleben die Zerstörung der Familie als Bedrohung ihrer Existenz. Aus ihrer Sicht gehören Mama und Papa untrennbar zusammen. Sie fürchten, den abwesenden Elternteil für immer zu verlieren. Die Kinder schwanken in ihrem Verhalten: Mal fühlen sie sich hilflos, niedergeschlagen, einsam und ohnmächtig. Sie trauen sich nichts mehr richtig zu und weinen häufig. Dann sind sie wieder launisch und extrem reizbar; sie sind zornig auf den Elternteil, dem sie die Schuld an der Trennung zuschieben, und haben heftige Wutausbrüche. Sie können nicht verstehen, warum ihr Vater sie verlassen hat. Wieso läßt er sie in dieser schwierigen Situation im Stich? Oftmals glauben sie, daß sie selbst der eigentliche Grund für die Scheidung ihrer Eltern sind. Waren sie böse zum Papa? Sind sie ihm plötzlich egal? Oder weshalb kommt er nur noch so selten?

Kinder in Knuts Alter klagen häufig über Kopfschmerzen, fühlen sich schlapp und leiden unter chronischen Magen- und Darmbeschwerden. Andere Kinder reagieren mit Hautausschlägen, mit Sprach-, Eß- und Schlafstörungen. In der Schule können sie sich nicht mehr konzentrieren, ihre Leistungen fallen rapide ab. Oft schämen sie sich vor ihren Freunden, Mitschülern und Lehrern und ziehen sich zurück.

Kinder im Vorschulalter haben besonders große Schwierigkeiten, wenn ihre Eltern sich trennen. Sie fühlen sich dafür verantwortlich, daß ihr Vater weggegangen ist. Schuld-, Angst- und Verlustgefühlen sind sie unkontrolliert ausgeliefert. Sie befürchten, daß der andere Elternteil sie jetzt auch noch im Stich läßt, denn wenn der eine einfach verschwindet, könnte der andere dies ja auch tun. Infolgedessen fällt es ihnen schwer, sich von Mutter oder Vater zu trennen. Viele Kinder reagieren mit Eß- und Schlafstörungen (Alpträume). Manche neigen zu Temperamentausbrüchen, andere werden depressiv und ziehen sich zurück. Ihr Selbstwertgefühl leidet deutlich; in ihrer Entwicklung fallen sie oft zurück: Eine Vierjährige braucht wieder eine Windel, ein Fünfjähriger mag nicht in seinem Bett einschlafen, eine Sechsjährige möchte nicht mehr alleine auf den Spielplatz gehen.

Mit zunehmendem Alter fangen die Kinder an, sich um ihre Familie zu sorgen. Sie übernehmen Verantwortung für jüngere Geschwister und den Haushalt. Oft schlüpfen sie in eine Erwachsenenrolle: Sie werden Verbündeter des verbliebenen Elternteils und versuchen, einfühlsam auf dessen Probleme einzugehen. Die Umgebung mag ihr Verhalten als angenehm empfinden. Aber diese Tröster- und Helferrolle überfordert die Kinder eindeutig. Sie beschäftigen sich mit Sorgerechtsfragen, während ihre Schulfreunde noch in der *Bravo* schmökern. Ihre Beziehungen zu Gleichaltrigen leiden – mit ihren eigenen Problemen bleiben sie zumeist allein. Dabei bräuchten Kinder gerade in der Trennungszeit Ansprechpartner, die ihren Schmerz, ihre Verunsicherung, ihre Angst und ihre Wut verstehen.

Auch die meisten *Jugendlichen* reagieren heftig auf die Scheidung ihrer Eltern. In einer Phase, in der sie Rückhalt zur Ablösung bräuchten, fühlen sie sich von Mutter und Vater im Stich gelassen, zurückgestoßen. Viele Jugendliche fühlen sich leer. Sie können sich nicht konzentrieren, sind chronisch müde und träumen schlecht. Vor allem Jungen schwänzen häufig die Schule und bauen im Unterricht ab. Manche Fast-Erwachsenen distanzieren sich sehr von ihren Eltern: Sie verweigern ihnen den Gehorsam, ignorieren sie. Anderen gelingt die notwendige Ablösung von Mutter und Vater nicht, weil sie in deren Familienprobleme verwickelt bleiben. Das gilt vor allem dann, wenn ihre Eltern sie als Partnerersatz, Tröster, Bundesgenossen, Boten zum Ex-Partner oder Sündenbock mißbrauchen und damit ihre eigene Entwicklung behindern.

Lange Zeit hatten Scheidungsforscher angenommen, daß Jungen durch die Trennung der Eltern stärker beeinträchtigt werden als Mädchen, da sie meist auffälligere Verhaltensweisen an den Tag legen. Doch Mädchen leiden unter der Trennung ihrer Eltern ebenso wie Jungen. Sie reagieren nur anders: Jungen neigen zu »sichtbaren« Reaktionen – zu impulsivem Ausagieren, Aggressionen, Tobsucht und Wutanfällen. Mädchen tendieren zu depressivem Verhalten. Sie ziehen sich häufig zurück, zeigen sich verständig und übernehmen Verantwortung und erwecken den Anschein, mit der Situation bestens zurechtzukommen. Wissenschaftler vermuten, daß die unterschiedlichen Verhaltensweisen der Kinder von den Erwartungen ihrer Bezugspersonen mitbestimmt werden. So konnte beobachtet werden, daß Eltern aggressives Verhalten bei Jungen eher tolerieren. Gleichzeitig erhalten Jungen weniger positive Zuwendung und Hilfe als Mädchen.

Kinder brauchen Mutter und Vater – langfristige Reaktionen auf die Trennung der Eltern

Meistens klingen die unmittelbaren Reaktionen der Kinder ein bis zwei Jahre nach der Trennung ab. Doch jedes vierte Kind leidet *langfristig* unter der Trennung seiner Eltern. Zu diesem Ergebnis kommt die Hamburger Familiensoziologin Anneke Napp-Peters im Rahmen einer Studie mit 269 Scheidungskindern aus 150 Familien.[75] Ihre Untersuchung zeigt, daß Kinder aller Altersstufen von den langfristigen Problemen betroffen sind.

Viele Wissenschaftler ziehen in ihren Scheidungs- und Trennungsstudien recht gewagte, mitunter sogar *unsinnige Verknüpfungen*. Manche bringen Vaterabwesenheit mit Indikatoren wie »Karriereorientierung«, »Intelligenzquotient«, »moralisches Urteilsvermögen«, »kognitive Leistungen«, »Gewissensentwicklung«, »Schuld- und Schamgefühle« – auf seiten der Kinder – in Beziehung. Dabei entsteht meistens der Eindruck, daß Kinder ohne Väter »hoffnungslos benachteiligt« seien. Es kommt zu so dummen Aussagen wie der folgenden des Väterforschers Prof. Dr. Dr. Dr. Wassilios Emanuel Fthenakis: »Grundsätzlich waren vaterlose Jungen in der Entwicklung moralischen Verhaltens weniger weit fortgeschritten als Jungen aus vollständigen Familien; sie konnten Versuchungen schlechter widerstehen und zogen die sofortige Belohnung einer größeren, aber zeitlich aufgeschobenen Befriedigung vor.«[76]

Zu ganz anderen Ergebnissen kommt Dr. Anita Heiliger, wissenschaftliche Referentin in der Abteilung IV (Mädchen- und Frauenforschung) des Deutschen Jugendinstituts. In ihrem Buch »Alleinerziehen als Befreiung« singt sie das Hohelied auf die »autonome«, »verschmelzende Mutter-Kind-Ein-

75 Napp-Peters, Anneke (1988), S. 40 ff.
76 Fthenakis, Wassilios E.: Väter. Band 1: Zur Psychologie der Vater-Kind-Beziehung. München u.a. 1985, S. 371.

heit«. Ihre Botschaft: Ohne Vater geht's oft besser! Kinder fänden vor allem in der ledigen Mutter-Kind-Familie »nahezu optimale Bedingungen« vor. Hier seien die Mädchen und Jungen selbständiger, unabhängiger, selbst- und verantwortungsbewußter. In der Schule seien sie erfolgreich, manche brächten es auf einen IQ von 155![77] Doch damit nicht genug: Die Kinder in Heiligers »empirischer Untersuchung« sind anpassungsfähiger, wirken frühgereifter, sind weniger aggressiv und offener im sozialen Kontakt. Und auch ihre Mütter berichten über ein größeres Wohlbefinden: Sie haben mehr Selbstvertrauen sowie Gefühle von Unabhängigkeit und Selbstbestimmung; sie entscheiden frei über die familialen Belange und führen ein harmonischeres Leben.[78]

Ideologie statt Information! Derartige Abhandlungen verdienen sicherlich alles andere als das Prädikat »wissenschaftlich«. Hier verpacken Forscherinnen und Forscher nicht bloß ihre eigenen, aus der Kindheit, aus vergangenen Partnerschaften und Beziehungen resultierenden Verletzungen und Sehnsüchte in bedeutungsschweres Papier! Dem eigenen Ego tut's mit Sicherheit gut. Mit den Bedürfnissen der meisten Kinder hat dies aber herzlich wenig zu tun.

»Während bei etwa jedem zweiten Kind langfristige Störungen aufgetreten sind, das keine Beziehung oder eine durch andauernde Elternkonflikte belastete Beziehung zum getrennt lebenden Elternteil hat, trifft das gleiche nur auf jedes vierte Kind zu, bei dem entweder eine feste Besuchsregelung besteht oder ein zuverlässiger Kontakt zum nichtsorgeberechtigten Elternteil vorhanden ist.« (aus der Studie »Scheidungsfamilien« von Anneke Napp-Peters, S. 43)

[77] Heiliger, Anita: Alleinerziehen als Befreiung. Mutter-Kind-Familien als positive Sozialisationsform und als gesellschaftliche Chance. Pfaffenweiler 1991, S. 44.
[78] Heiliger, Anita: Ohne Partner geht's oft besser. In: Psychologie heute, November 1990, S. 74 f.

Wenn Kinder mit wenig oder ohne Vater aufwachsen, sind sie in der Tat nicht von vornherein »zum Scheitern verurteilt«, wie viele Untersuchungen es nahelegen wollen. Fest steht jedoch: »Kinder, die auch nach einer Scheidung von beiden Elternteilen erzogen werden, haben ein unschlagbares ›Plus‹ im Leben.«[79] Dieses Plus läßt sich in IQ oder kognitiven Leistungseinheiten jedoch schlecht messen. Viel sinnvoller ist es, den Blick auf *grundlegendere Faktoren* zu richten.

Kinder benötigen Mutter und Vater von klein auf für ihre *Identitätsfindung* und für ihr *Selbstwertgefühl*. Wird ihnen diese Gelegenheit verwehrt, machen sie sich später auf die Suche nach dem großen Unbekannten in ihrem Leben. Die gelebte Beziehung zu Mutter und Vater ist auch wichtig für ihre eigene, zukünftige Liebes- und Beziehungsfähigkeit. Sie wird »entscheidend zum späteren Lebensglück beitragen«[80].

Kinder im Vorschulalter setzen sich besonders intensiv mit ihrem Junge- oder Mädchen-Sein auseinander. Sie brauchen beide Geschlechter, um unterschiedliche Rollen zu lernen, um ihre *geschlechtsspezifische Persönlichkeit* – und die besteht aus gleich- *und* gegengeschlechtlichen Vorbildern – auszubilden. Wenn ein Elternteil selten da ist oder ganz fehlt, bleibt ihr Rollenmodell oft einseitig. (Klein-)Kindern ohne Väter oder mit Phantomvätern, ob nun Junge oder Mädchen, fällt es schwerer, Nähe- und Distanzwünsche zu erproben und die notwendige Loslösung von ihrer Mutter zu vollziehen. Das gilt auch für den notwendigen Ablösungsprozeß von Jugendlichen.

Jungen ohne Väter haben Probleme, ihre männliche Identität zu entwickeln.[81] Für sie sind Väter auch während des Ablösungs- und Verselbständigungsprozesses besonders wichtig. Wenn Jungen eine unzureichende oder gar keine Beziehung

79 Wilde, Barbara (1989), S. 24.
80 Ell, Ernst: Psychologische Kriterien zur Umgangsregelung. In: Der Amtsvormund, 10/1986, S. 746.
81 Vgl. Schnack, Dieter/Neutzling, Rainer: Kleine Helden in Not. Jungen auf der Suche nach Männlichkeit. Reinbek 1990, S. 28 ff.

zum Vater haben, verbringen sie später einen Großteil ihres Erwachsenenlebens mit der – zumeist quälenden und kraftraubenden – Suche nach einem, nach ihrem Vater.[82] Sie haben Probleme, Gefühle einzugestehen und Empfindungen auszudrücken. Jungen, die im Alltag auf positive, männliche Vorbilder verzichten müssen, neigen häufiger als andere Jungen zu gewalttätigen Aggressionen; sie sind – das verdeutlichen auch die Lebensverläufe vieler Skins und Neo-Nazis – für destruktive Pseudo-Ideologien besonders anfällig.

Aus vaterlosen Familien stammen in den USA: 63 Prozent der jugendlichen Selbstmörder; 71 Prozent der schwangeren Teenager; 90 Prozent aller Ausreißer und obdachlosen Kinder; 70 Prozent der Jugendlichen in staatlichen Heimen; 80 Prozent aller Vergewaltiger; 85 Prozent aller jugendlichen Häftlinge; 71 Prozent aller Schulabbrecher und 75 Prozent aller Heranwachsenden in Drogenentzugszentren.

Auch für Töchter sind Väter wichtig. Sie erfahren von ihnen männliche Anerkennung und Anregung. Die Familiensoziologin Anneke Napp-Peters kommt in ihrer Langzeitstudie zu dem Ergebnis:»Gerade Mädchen, die noch sehr jung waren, als ihre Eltern sich scheiden ließen und die mit der Scheidung zugleich den Kontakt zum Vater verloren haben, sind besonders gefährdet. Sie haben oft keine Erfahrungen mit einem liebevollen Vater und darum weniger Möglichkeiten, die sozialen Fähigkeiten und das Selbstvertrauen zu erwerben, die notwendig sind, um Beziehungen zu Jungen und Männern angemessen zu gestalten. In vielen Fällen sind ihre Erinnerungen an Männer mit Ängsten und mit einem Gefühl der Ablehnung verbunden.«

Helga Häsing-Levend vermerkt:»Verletzte oder ungelebte Beziehungen zum Vater sind ›offene Wunden‹, unter denen

---

82 Beal, Edward W./Hochmann, Gloria: Wenn Scheidungskinder erwachsen sind. Psychische Spätfolgen der Trennung. Frankfurt a. M. 1992, S. 63.

Töchter lebenslang leiden.«[83] Die Alleinerziehenden-Expertin sieht einen Zusammenhang zwischen fehlender Anerkennung und Nähe des Vaters und dem selbstüberfordernden Leistungsverhalten (die »Amazone«) oder der Püppchen-Rolle des ewig kleinen Mädchens (»Marilyn-Monroe-Komplex«). Die Psychotherapeutin Sigrid Steinbrecher beobachtet bei Töchtern, die auf die Liebe und Zuneigung ihrer Väter verzichten mußten, eine »Vaterfalle«: »Angst vor Liebesverlust, Verlassenheitsgefühle, Existenzängste überhaupt überwiegen und führen zu einer tiefen Verunsicherung.«[84]

Wie wichtig der Kontakt zu beiden Eltern ist, verdeutlicht auch eine Analyse von 32 Langzeitstudien, die der amerikanische Psychiater Edward Beal vorgenommen hat. Beal kommt zu dem Ergebnis, daß die »Schatten einer Scheidung« sich durch das ganze Leben ziehen. Erwachsene Kinder geschiedener Eltern berichten über durchweg mehr emotionale Probleme, mehr Identitätskrisen und weniger Wohlbefinden. Sie haben mehr Lebens- und Bindungsängste als Erwachsene, deren Eltern sich nicht getrennt haben. Es fällt ihnen schwerer, dauerhafte Beziehungen aufzubauen – ihre eigene Scheidungsrate übertrifft deutlich die von Kindern aus ungeschiedenen Familien.[85]

Wie gut oder schlecht Kinder mit der Trennung ihrer Eltern klarkommen, hängt zu einem großen Teil davon ab, wie sehr oder wie wenig Mutter *und* Vater verfügbar bleiben. Mädchen und Jungen mit sehr wenig oder gar keinem Draht zum »umgangsberechtigten« Elternteil haben die größten Probleme nach einer Scheidung. Sie leiden am meisten unter langfristigen Störungen, Verhaltensauffälligkeiten, Depressionen, ge-

83 Helga Levend: Ein Patriarchat ohne Väter. In: Psychologie heute 2/ 1992, S. 26.
84 Steinbrecher, Sigrid: Die Vaterfalle. Die Macht der Väter über die Gefühle der Töchter. Reinbek 1991, S. 14 f.
85 Beal, Edward W./Hochman, Gloria (1992), S.11, S. 35. Vgl. auch Wallerstein, Judith/Blakeslee, Sandra (1989).

ringem Selbstwertgefühl und Kontaktschwierigkeiten. Wenn Kinder dagegen weiterhin eine verbindliche Beziehung zu Mutter und Vater halten, werden sie deutlich besser mit der Trennung ihrer Eltern fertig.

»Vergleicht man die Biographien der Kinder, so wird deutlich, daß die Kinder, die ihr Leben in den Griff bekommen, dabei auf gute Kontakte zu ihren nichtsorgeberechtigten Eltern und auf viel Unterstützung durch sie zurückgreifen konnten«, resümiert Anneke Napp-Peters. »Fast alle Kinder mit anhaltenden Störungen sind in Familien aufgewachsen, die den nichtsorgeberechtigten Elternteil ausgegrenzt hatten. Die Hälfte der Kinder, deren Störungen bis heute andauern, wuchs in Familien mit Stiefvater oder -mutter auf, die um jeden Preis als ›Normalfamilie‹ gelten wollten. Über den Bruch in der Familiengeschichte durfte nicht geredet werden, der Kontakt zum getrennt lebenden Elternteil wurde unterbunden. Dafür mußte der neue Partner als Vater oder Mutter anerkannt werden. Für Kinder ist das meist eine ausweglose Situation. Sie leiden an dem Verlust und fühlen sich als Verräter, geraten in Loyalitätskonflikte. Sie müssen sich aber aus Angst, auch den zu verlieren, bei dem sie leben, anpassen.«

Fazit: Kinder wollen sich im Scheidungsfall nicht von ihren Eltern trennen. Vor allem wollen sie sich nicht *für* den einen und *gegen* den anderen Elternteil entscheiden. Ginge es nach ihnen, hätten sie auch nach dem Scheitern der Beziehung ihrer primären Bezugspersonen Kontakt zu Mama *und* Papa. Wenn die beiden es schaffen, bald nach ihrer Trennung einen Strich unter die Streitereien zu ziehen, hilft das den Kindern enorm. Dann kann die Scheidung der Eltern für die Kinder sogar zur Ent-Lastung, nicht zur Last werden!

»Kinder haben keine Probleme mit mangelnder Eindeutigkeit!«

Gespräch mit dem Hamburger Partnerschafts- und Trennungsberater Michael Blank

Viele Kinder stehen bei Trennung oder Scheidung ihrer Eltern vor der Wahl: Mutter oder Vater. Warum kritisieren Sie diese Aufteilungspolitik?

Kinder sind völlig überfordert, wenn sie gefragt werden: »Bei wem willst du leben?« oder: »Welchen Elternteil hast du lieber?« Diese Fragen werden leider noch immer von Sozialarbeitern, Gutachtern und Richtern gestellt – entweder direkt oder versteckt. Sie sind kinderfeindlich, weil ja ein Kind noch gar nicht überschaut, um was es dabei eigentlich geht. Das Kind kann die Folgen einer solchen Entscheidung nicht absehen. Bereits die Frage »Mutter *oder* Vater?« ist eine Manipulation, eine Projektion von Erwachseneninteressen auf die Kinder. Ein Kind mit sechs oder zehn Jahren will das nicht entscheiden. Aber man täuscht ihm vor, daß es sich für einen und damit gegen einen anderen Elternteil zu entscheiden hat.

Kinder müssen wissen, wohin sie gehören, würden Ihnen viele Scheidungsbegleiter da entgegnen.

Nur Erwachsene haben Probleme mit mangelnder Eindeutigkeit. Kinder haben damit keine Schwierigkeiten. Für Kinder ist es ganz normal, mit Mehrdeutigkeiten zu leben: Mit einem getrennt lebenden Vater dort und einer Mutter hier. Das läuft natürlich nur dann, wenn die Eltern ihre Auseinandersetzungen nicht auf dem Rücken der Kinder austragen. Kinder brauchen auch kein alleiniges Zuhause. Wir Erwachsenen brauchen das.

Aber oft scheinen sich Kinder doch ganz offenkundig für einen Elternteil zu entscheiden …

Wenn Kinder in Sorgerechtsverfahren klare Antworten liefern, zeigen sie damit meist vor allem eines: In welch hohem

Grade sie bereits von außen von ihren wahren Empfindungen abgetrennt wurden, manipuliert wurden, fremdbestimmt wurden. Loyalitätskonflikte, die auch aus der Wahl zwischen den Eltern resultieren, begleiten viele Menschen bis in ihr Erwachsenenalter.

Einige Ihrer Kollegen meinen: Wenn die Väter sich nach Trennung oder Scheidung klar und deutlich zurückziehen, werden unnötige Probleme aus der Entwicklung ihrer Kinder herausgehalten.

Das ist in meinen Augen eine Sackgasse: Kinder müssen in der Zeit ihres Heranwachsens unmittelbar erleben, wie man mit Konflikten zwischen zwei Menschen umgeht. Und wie lernen sie das anders als durch die Vorbilder ihrer Bezugspersonen! Das erlernen sie nicht, indem eine Friedhofsruhe eintritt, in der es scheinbar keine Probleme gibt. Eine solche Ruhe lehrt Kinder, daß Beziehungen brüchig sind, daß es sich nicht lohnt, etwas auszuhandeln, und daß man anderen nicht trauen kann.

Der Loyalitätskonflikt: Wer liebt wen am meisten?

»Loyalität, die: a) Treue gegenüber der herrschenden Gewalt; b) Vertragstreue, Achtung vor den Interessen anderer« (aus dem Duden, Bd. 5, Das Fremdwörterbuch).

»Loyalitätskonflikte«: So nennen Scheidungsfachleute den Zwiespalt, in den Kinder geraten, wenn ihre Erziehungsberechtigten hinsichtlich der Kind-Eltern-Beziehungen unterschiedliche Interessen verfolgen. Machen Mutter und Vater sich vor und nach der Trennung gegenseitig mies oder versuchen sie, den Kontakt zwischen Kind und anderem Elternteil einzudämmen, sind diese Konflikte besonders ausgeprägt. Dann schwirren Kinder als hilflose Doppelagenten zwischen ihren Eltern hin und her – als Nachrichtenkuriere, die mit den Botschaften des einen den anderen treffen sollen.

Manche Kinder erleben die Besuchssituation nach der Scheidung immer wieder als »Verrat« an dem Elternteil, den sie verlassen müssen. Andere ergreifen Partei für denjenigen, der aus ihrer Sicht hilfloser, schutzbedürftiger ist. Die Entscheidung für den einen führt bei anhaltendem Streit zwischen Mutter und Vater oftmals zur vollständigen Ablehnung des anderen.

Auch wenn sie es nicht zeigen: Fast alle Kinder haben Sehnsucht nach dem Elternteil, der von ihnen getrennt lebt. Sie wünschen sich, daß sie beide Eltern weiterhin unbeschwert liebhaben dürfen. Mit ihren eigenen Problemen, mir ihrem eigenen Recht auf Entwicklung bleiben diese Kinder meist auf der Strecke.

Kinder spüren genau, was ihre Alten wollen. Klare Worte oder Verhaltensanweisungen sind dafür nicht notwendig. Auch Eltern, die wissen, wie wichtig sie beide nach der Trennung für ihr Kind sind, benutzen – oft unbewußt – subtile, versteckte Mittel gegen den Ex-Partner. Verbal mögen sie dem Kind signalisieren, daß seine Kontakte zum anderen Elternteil »vollkommen in Ordnung« sind. Aber Mimik, Gestik, Tonlage, Betonung (»Typisch *dein* Vater/*deine* Mutter!«) und viele andere Signale (wenn das Kind vom Wochenende beim Vater erzählt, verstummt die Mutter und wechselt schnell das Thema) sprechen eine andere Sprache: Ablehnung! Um diese Ambivalenz auszuhalten, übernimmt das Kind häufig die Gefühle und damit die Sicht, die Denk- und Handlungsweise des verbliebenen Elternparts über den anderen. Das Kind weiß genau, was dieser (hören) will und erfreut ihn, indem es nicht zum anderen geht oder schlecht über ihn spricht. Denn es hat Angst, diesen auch noch zu verlieren.

Zunehmend bekommt das Kind den Eindruck, daß seine Liebe zu Mutter *und* Vater irgendwie nicht in Ordnung ist. Ist mit ihm selbst nicht auch etwas in Unordnung? Ist es vielleicht selbst für alles verantwortlich? »Zwischen Mutter und Vater hin- und hergerissen fühlte ich mich damals«, erinnert sich die 26jährige Susanne fünfzehn Jahre nach der Scheidung ihrer Eltern. »Ich kann mich noch genau daran erinnern, wie ich zu meinem Vater am Besuchstag sagte: ›Papa, ich will bei dir leben.‹ Um meiner Mutter dann wenige Stunden später dasselbe zu erzählen.«

Vor allem Mütter erwarten – bewußt oder unbewußt – nach der Trennung, daß ihr Kind den Vater nicht mehr sehen soll. Mit »Wohl des Kindes«, mit *Loyalität der Eltern gegenüber den Interessen ihres Kindes* hat das nichts zu tun. Übernimmt das Kind die negative Einstellung der Mutter über den Vater, gerät es in heftige Konflikte: Es muß dessen Liebe, dessen Eigenheiten und Wesenszüge vergessen und seine eigenen Gefühle zu ihm verschleiern. Es muß häufig sogar so tun, als ob der Vater gar nicht vorhanden wäre. Es muß seine Identität verstellen und verbiegen.

Ein Vater berichtet: »Mein Sohn lernt, daß er seine Beziehung zu mir heimlich leben muß. Gegenüber seiner Mutter kann er dazu nicht stehen. Das erzeugt bei ihm ein Untergrund-Bewußtsein. Thorsten lebt in einem Zwiespalt. Neulich hat er mich der Mutter seines besten Freundes vorgestellt und zu ihr gesagt: ›Das da ist der böse Mann.‹ Dann stellte er sich demonstrativ vor mich und umarmte mich, um ihr zu zeigen, was er von diesem bösen Mann hält.«

Kinder wie Thorsten haben ein langes Verdrängungstraining hinter sich. Sie wachsen mit einer Lebenslüge auf, mit einem Geheimwissen: »Eigentlich hab ich ja beide lieb. Aber das dürfen die beiden nicht wissen.« Sie fangen an zu verdecken und verdrängen ihre Gefühle. Aber Kinder kann man nicht halbieren. »Verdrängte Empfindungen, möglicherweise über Jahre hinweg, sind (...) fraglos so etwas wie das Rohmaterial für vielerlei Störungen bis hin zu schweren Verhaltensstörungen«[86] weiß Otto Gaier aus seiner Praxis als Kinderpsychologe.

---

86 Gaier, Otto R.: »Manchmal mein' ich, ich hätt' auf der Welt nix verloren«. Scheidungskinder erzählen. Hamburg 1988, S. 218.

Loyalitätsbrüche sind immer auch *Identitätsbrüche:* Wenn ein Elternteil den anderen abwertet, vielleicht sogar verbannt, wird auch ein bedeutender Teil des Kindes herabgestuft: ein Teil seiner Persönlichkeit – ein Teil seiner Lebensgeschichte.

Die Familientherapeutin Elisabeth Mackscheidt: »Kinder fühlen sich zerrissen, wenn sie den Eindruck gewinnen, daß es sich nicht verträgt, Vater *und* Mutter zu lieben; wenn sie in sich selbst eine Spaltung vollziehen müssen zwischen der Welt des Vaters und allem, was diese für ihre eigene Identität bedeutet, und der Welt der Mutter. Nicht daß diese beiden Welten verschieden sind und in gewissem Ausmaß auch unterschiedliche Regeln in ihnen gelten, ist das Problem der Kinder, sondern die Erfahrung einer gegenseitigen Entwertung dieser Welten (...) verzweiflungsvoll ist für ein Kind der Gedanke, daß es im Grunde wählen muß, ob es Vaters oder Mutters Kind ist. Es möchte nicht nur die Sicherheit haben, daß beide Eltern ihm zugetan bleiben, daß es keinen von beiden verliert, sondern es braucht auch selber das Bewußtsein, sich loyal zu verhalten, und zwar beiden Eltern gegenüber.«[87]

Auf der Suche nach den eigenen Wurzeln

»Wenn meine Tochter älter ist, wird sie ihre Mutter fragen: ›Warum hast du dich so verhalten, Mama?‹ Jetzt lebt sie in dem Glauben, daß ihr Vater jemand ist, der sich nicht um sie kümmern wollte. Jemand, der böse zu ihrer Mutter war. Doch irgendwann wird sie durchschauen, daß ihr etwas genommen worden ist. Und zwar von ihrer wichtigsten Bezugsperson: ihrer eigenen Mutter. Das wird sicherlich auf das Verhältnis zur Mutter Auswirkungen haben.«
(ein Vater »ohne Umgang«)

Immer mehr Kinder, vor allem außerehelich geborene, machen sich in der Pubertät und in der Adoleszenz auf die Suche

87 Mackscheidt, Elisabeth (1993), S. 257.

nach ihren Wurzeln. Die meisten haben keinerlei persönliche Erinnerungen an ihren Vater. Oft hat sie der neue Partner ihrer Mutter adoptiert, als sie noch in den Windeln lagen. »Viele Kinder erfahren erst mit fünfzehn oder sechzehn Jahren, daß sie noch einen anderen Vater haben, und wenden sich dann auf der Suche nach dem fehlenden Zweig ihres Stammbaumes an uns«, berichtet der Leiter einer westdeutschen Adoptionsvermittlungsstelle.[88]

Die Folge ungelebter Kind-Vater-Beziehungen: Je übersichtlicher die Erfahrungen der Kinder mit dem Vater gewesen sind, desto größer wird das Zerrbild von ihm: positiv wie negativ. Jahrelang trieben sie ungestillte Sehnsüchte, überzogene Wunsch- oder Haßbilder um – Bilder, die sie nicht durch eigenes Wissen, durch eigene Erfahrungen korrigieren konnten. »Vater«: das sind realitätsferne Idealisierungen, das sind düstere Imaginationen, die sie nicht an der Wirklichkeit des realen Vaters überprüfen können. Ein Unbekannter, diese Person. Ein Buch mit sieben Siegeln. Die Kinder phantasieren einen Vater, mit dem sie sich nie auseinandersetzen, an dem sie sich nicht reiben konnten. Sie konnten weder positive noch negative Gefühle aufbauen: für ihn, gegen ihn und mit ihm.

Wenn Kinder ihren Vater vollständig ausblenden müssen, haben sie keinerlei Möglichkeiten, das von ihrer Mutter aufgebaute »Vaterbild« zu überprüfen. Sie können sich kein realistisches Bild über seine Stärken und Schwächen machen, geschweige denn eine Beziehung aufbauen. Was oder wie ihr Vater ist, diese Ansicht übernehmen die Kinder von ihrer Mutter. Oft erkennen sie erst später, wer das Drehbuch »Dein Vater, dieser böse Mann« geschrieben hat.

---

88 Alle neueren Forschungen aus dem Adoptionsbereich stimmen darin überein, daß erwachsene Adoptierte es zeitlebens als Belastung empfinden, ihre Eltern oder einen Elternteil nicht zu kennen. Wissenschaftler betonen, wie wichtig es für die Heranwachsenden ist, sich mit ihren leiblichen Eltern auseinandersetzen zu können (vgl. u.a. Swientek, Christine: »Ich habe mein Kind fortgegeben«. Die dunkle Seite der Adoption. Reinbek 1988.)

Ihre Phantasiebilder brechen nun plötzlich auf. Die Kinder spüren: Ein Teil meines Lebenspuzzles fehlt mir. Sie fragen sich: Wer bin ich eigentlich? Woher komme ich? Wer kann ich sein?

Wenn Mütter den Vater möglichst komplett aus dem Leben ihres Kindes auszublenden versuchen, schlägt dies häufig ins Gegenteil um: Wird der Zugang zum anderen Elternteil verhindert oder auch »nur« behindert, kommt es in der Pubertät häufig zu einer Kehrtwende – Heranwachsende im »emotionalen Frontwechsel«: weg von der Mutter, hin zum Vater. Die oft bedrückende, einengende Beziehung zwischen Mutter und Kind gerät in die Krise. Für die Mütter ist der gewohnte Hausfrieden jetzt erst einmal vorbei. Plötzlich fliegen die Fetzen. Ihre pubertierenden Kinder konfrontieren sie mit ihrer starren Haltung, machen ihnen Vorwürfe und entwickeln zum Teil heftige Aggressionen.

Der Sozialpsychologe Otto Gaier beobachtet immer wieder, daß Jugendliche sich in der Pubertät zeitverschoben mit dem zuvor verbannten Vater liieren – »Nacharbeit« des behinderten oder verhinderten »Umgangs« mit dem »unbekannten Mann«. Er wertet dies als Indiz dafür, daß die Vaterdefizite bereits »bleibende Wunden« hinterlassen haben. Denn diese späte »Verbindung« passiert zu einem Zeitpunkt, wo andere Heranwachsende sich bereits von *beiden* Eltern lösen. »Manchmal hat man fast den Eindruck, als würde die verengte Kindheitsbeziehung zum Sorgeberechtigten auf den Umgangsberechtigten verschoben und dort noch einmal nachgespielt. Wenn Jugendliche das erlittene Leid ihrer Kindheit auf diese Weise kompensieren, so ist dies aber nicht altersgerecht.«[89]

Eigentlich hätten die Kinder ihren Vater viel früher gebraucht. Lebendige Beziehungen und Intimität entstehen nur durch beständiges Miteinandersein – jetzt lassen sie sich kaum noch aufbauen, geschweige denn nachholen. Viele dieser Kin-

---

89 Gaier, Otto R. (1991), S. 135.

der werden mit schweren Bindungs- undBeziehungsproble-
men ins Erwachsenenleben entlassen.

Wie erleben Kinder und Väter lange Phasen des Voneinander-
getrennt-Seins? Wie können sie wieder in Kontakt kommen? Mit
diesen Fragen beschäftigt sich der Psychotherapeut Willi Butollo in seinem fesselnden Buch »Die Suche nach dem verlorenen
Sohn. Von der Lebendigkeit des Totgeschwiegenen« (Piper
1993). Sensibel analysiert Butollo die Geschichte behinderter
Vater-Kind-Beziehungen. Wenn Kinder mit sozialen Vätern aufwachsen und diese für ihre leiblichen Väter halten, setzt bei ihnen im Erwachsenenalter häufig eine besessene Suche, ein zä-
hes Ringen nach ihrer Identität ein. Erst wenn diese Kinder und
Väter sich nach Jahren, mitunter Jahrzehnten, nach langer Zeit
der inneren Zerrissenheit kennengelernt haben, kommen beide
»zur Ruhe«.
Butollo, Professor für klinische Psychologie an der Universität
München, bezeichnet es als »Mißbrauch«, als »Behinderung und
Entstellung von Menschenwürde und Menschenrecht in den
elementarsten zwischenmenschlichen Beziehungen«, daß Kindern, aus der Angst heraus, sie könnten die Wahrheit nicht verkraften, ihre wahre Herkunft vorenthalten und der Kontakt zum
anderen Elternteil verwehrt wird. »Wer soll wirklich geschont
werden mit solchen Geheimnissen?« Butollos Antwort ist eindeutig: die ausgrenzende Elternperson und ihre Befürchtung, alles
werde zusammenkrachen; ihre Ängste, die Beziehung zum neu-
en Partner und zum Kind sei gefährdet.
Butollo plädiert für transparente Beziehungen: Aus »geleugne-
ter oder tabuisierter Elternschaft« ergeben sich Konflikte, die
»Beziehungswirklichkeit« sind. Werde diese totgeschwiegen,
»kostet das unmerklich Kraft, die dem Leben anderswo und
ständig fehlt«. Die betroffenen Kinder leben in einer Welt von
Heimlichkeit, Versteckspiel und Doppelbödigkeit, von Verleug-
nung und Verdrängung: »Verleugnete Beziehungen verursachen – wie alle Verdrängung – hohe psychische Kosten; sie
können die Entstehung von Identität, die Persönlichkeitsentwicklung beeinträchtigen, verhindern.«

Nicht gelebte Vater-Kind-Beziehungen können nicht wiederholt werden, schreibt Butollo. »Es gibt meist nichts mehr nachzuholen, nichts zu ersetzen, sondern nur die Chance, das schwere Schicksal und die zwar nicht gelebte, aber existente Beziehung zu würdigen.« Deshalb ermuntert er Kinder und getrennt lebende Eltern, das Gespräch zu suchen: »Der Mut, diesen Dialog zu versuchen, ist die wesentliche Vorausetzung dafür, daß der Dialog zwischen Kindern und denjenigen Eltern, die aus der Restfamilie ausgeschlossen sind, aufrechterhalten bleiben bzw. erst geschaffen werden kann.«

»Das Kind ist nach den Besuchen immer völlig durcheinander!«

»Der Schlüssel zu meinem Sohn liegt meiner Meinung nach ganz bei seiner Mutter. Entweder sie bringt ihm bei: ›Dein Vater war schlecht. Er will nichts von dir wissen. Nun sollst du auch nichts mehr von ihm wissen. Und wenn du etwas wissen mußt, dann nur Schlechtes.‹ Oder sie klärt ihn irgendwann auf, daß die Beziehung seiner Eltern gescheitert ist. Aber daran war das Kind nicht schuld.«
(ein Teilzeitvater)

Eine »klare Lösung« ist für alle das beste. Die Kinder müssen wissen, wo sie hingehören: Dieses Gefühl haben viele Mütter nach Trennung oder Scheidung. Verläuft der Erziehungsalltag ohne Vater nicht »reibungsloser«, nicht »störungsfreier« als mit ihm? Würde er allein mit den Kindern klarkommen? Hat er sich überhaupt schon mal um sie gekümmert? Eigentlich nur selten, also soll er sich jetzt auch heraushalten!

Das »Besuchsrecht« diene nur dem Ex-Partner und überfordere das Kind. Das Kind müsse »zur Ruhe kommen« und »Abstand gewinnen«. Das haben die anderen doch auch gesagt – Angehörige, Freundinnen, der neue Partner, der Hausarzt, der Anwalt. Und die Broschüren des *Verbandes alleinstehender Mütter und Väter* (VAMV). Mit diesem »guten Rat« stornieren viele Mütter die Beziehung zwischen Kind und Vater. Oder sie reduzieren die Kontakte auf ein – für sie – erträgliches Maß (s. Kap. 6).

»Mein Kind ist nach dem Besuchstag beim Vater immer vollkommen durcheinander. Total unbrauchbar!« So lautet das klassische Argument, mit dem die abgewürgten Begegnungen zwischen Kindern und Vätern begründet werden. Wenn Kinder, vor allem Vor- und Grundschulkinder, vom Wochenende beim Vater zurückkehren, sind sie in der Tat oft unruhig und »total aufgedreht«. Einige sind traurig und verängstigt, andere werden plötzlich aggressiv.

Diese Reaktionen der Kinder beziehen sich fast immer auf das feindselige Beziehungsklima zwischen den Eltern und auf ihre *viel zu kurzen Besuchszeiten* beim Vater, nicht auf Mama oder Papa als Personen. Immer wieder werden ihre Besuchstage sabotiert, verweigert, mit immer neuen Ausreden abgesagt und verschoben. Immer wieder werden sie an die Trennung ihrer Eltern erinnert. Wie sollen sie anders darauf reagieren als verstört? Je heftiger der Grabenkampf zwischen Mutter und Vater tobt, desto schwieriger ist es für sie, frohen Herzens von einem zum anderen zu wechseln. Kein Wunder, daß manche Kinder bei solchen Bedingungen schon Tage vor dem Besuchstag nerven, daß ihnen mitunter richtig übel wird, wenn »der Tag« bevorsteht.

»Zweifellos braucht das Kind nach der Scheidung Ruhe. Aber nicht seine eigene, sondern die Ruhe der Eltern. Das Kind muß lernen, sich trennen zu können und darauf zu vertrauen, daß der nun außerhalb lebende Elternteil erhalten bleibt. Eine Unterbrechung der Besuche würde die Ängste des Kindes, den anderen zu verlieren, geradezu bestätigen.« (Helmuth Figdor, Psychotherapeut)

Vor allem in der akuten Trennungsphase haben Kinder große Angst, nun auch noch den verbliebenen Elternteil zu verlieren. »Geht Mama jetzt etwa auch noch weg?« befürchten insbesondere die Jüngeren. Sie reagieren auf die Trennung ihrer Eltern mit umgänglichem, verschmustem Verhalten und verengen ihre Beziehung zur Mutter. Wenigstens ihre Liebe wollen sie bewahren – Psychologen nennen das »Überbindungsverhalten«. Diese Bündnistreue der Kinder wiederum bestärkt die Mutter in ihrem Verhalten: Macht sie nicht alles goldrichtig? Den Kindern geht's offensichtlich wieder prima: Seitdem sie ihren Vater nur noch selten oder gar nicht mehr treffen, sind ihre »Auffälligkeiten« wieder verschwunden. Anscheinend wollen auch sie nichts mehr mit ihm zu tun haben. Offensichtlich haben sie sich daran gewöhnt, daß die Begegnungen reduziert oder ausgesetzt worden sind ...

Bei solchen Überlegungen vergessen Mütter, daß ihre Kinder ihnen und ihren Ansichten schnell folgen. Wenn Mutter nicht will, will das Kind auch nicht: Kinder wollen den gesicherten Rest an verläßlicher Elternliebe nicht auch noch aufs Spiel setzen. Deshalb passen sie sich an die – bewußt und unbewußt geäußerten – Erwartungen ihrer Mutter an. Sie spüren deren ablehnende Haltung genau und fürchten, ihr weh zu tun, wenn sie freiwillig und freudig zum Vater gehen. Schließlich verkünden sie, anscheinend von selbst, daß sie Papa nicht mehr treffen wollen – und die Mutter fühlt sich bestätigt: Der »Umgang« schade den Kindern.

Wenn Kinder »Ich-will-nicht« sagen, sagt das so gut wie nie etwas über eine Abneigung gegen den Vater aus. Ebensowenig erhellt es die Qualität der Kind-Vater-Beziehung. Deutlich hingegen belegt es die noch immer schwelenden Elternkonflikte. Und den Druck, der auf das Kind ausgeübt wird. Wenn Kinder sich gegen den Kontakt zum anderen Elternteil wehren, offenbart das vor allem ihren verzweifelten Versuch, die ihnen aufgenötigten Loyalitätskonflikte zu bewältigen (s. S. 172ff. u. S. 212ff.).

Der Ausschluß des »Umgangsrechts« bringt für Kinder keine »Beruhigung« mit sich. Der »eindeutige Schlußstrich« ist für sie die schlechteste aller Lösungen. Fast alle Mädchen und Jungen leiden unter dem Verlust des Vaters, auch wenn sie das nicht offen aussprechen oder zeigen.

Was bleibt, sind Wunden, die Außenstehende nicht sehen. Wunden, die oft nach Jahren wieder aufbrechen. Ruhe, warnt der Psychotherapeut Helmuth Figdor, ist genau der falsche Weg. Eine *Scheinruhe:* »Je intensiver und je unbelasteter der Kontakt des Kindes zum Vater bleibt, um so weniger muß es ihn später zum übermächtigen Märchenprinzen idealisieren.« Die Ruhe der Kinder nach einem Kontaktabbruch ist also nichts anderes als *Resignation.* Zu ihrem Selbstschutz haben sie alles, was mit dem anderen Elternteil zu tun hat, unter ein Tabu gestellt.

Unter normalen Umständen lernen Kinder nach ein paar Monaten, mit der neuen Familiensituation umzugehen. Voraussetzung: *Ihre Eltern arbeiten zusammen und lassen Ruhe einkehren.* Ein Kind will, wenn die Eltern wollen.

»Umgangsprobleme« sind keine Probleme der Kinder, sondern ihrer Eltern. Das »Ruhepostulat« dient in den meisten Fällen ausschließlich den Bedürfnissen der Mütter. Nicht den Bedürfnissen der Kinder. *Die Abwesenheit ihres Vaters trägt viel Unruhe in ihre weitere Entwicklung hinein.* In ihrem Interesse käme es darauf an, die Elternkonflikte zu verknappen und die »Besuchszeiten« auszudehnen. Nicht umgekehrt!

»Es gibt kein Argument, die Ausgrenzung des Vaters zu rechtfertigen«

Ein seltener, schöner Fund aus der deutschen Sachverständigenpraxis

»Es geht im vorliegenden Fall ohne Wenn und Aber um die Rechte des Kindes. Um sein Recht auf freien Zugang zu beiden

Menschen, denen es seine Existenz verdankt. Das sind Mutter und Vater. Kein Elternteil hat das Recht, die Beziehungsebene zwischen Kind und dem anderen Elter zu behindern. Kinder, allemal Kinder im Vorschulalter, entwickeln sich nicht allein durch einen für sie verfügbaren und versorgenden Elternteil zu psychisch gesunden und sozial kompetenten Persönlichkeiten. Dazu brauchen sie vielmehr auch Kontakte zum anderen Elternteil, und zwar möglichst spannungsarme. Das können auch Vatersurrogate, zum Beispiel in Gestalt eines Großvaters, nicht voll kompensieren. Die Bindungsgestalt zwischen einem Kind und seinen beiden Elternteilen ist ein hohes, ein zu schützendes Gut.

Kontakte zwischen abwesendem Elternteil und Kind können dann, wenn dieser Elternteil dem Kind gegenüber aufrichtig Elternverantwortung tragen will, wohl kaum schaden, sondern nur immer zum Nutzen des Kindes sein.

Die Mutter nimmt ihre Aufgaben sehr ernst, daran kann man nicht zweifeln. Aber in diesem ganz entscheidenden Punkt ihrer Aufgabenverpflichtungen als Mutter fühlt sie nicht, wie sehr sie in die Rechte und Entwicklungsbedingungen ihres Kindes eingreift, oder sie fühlt es doch, kann aber aus ihrer Verstrickung nicht heraus. *Es gibt kein noch so wichtiges Argument, keine noch so logisch aufgebaute Argumentation, mit dem die Ausgrenzung des Vaters zu rechtfertigen wäre.*

Was man der Mutter vielleicht vorhalten kann, ist, daß sie es bei dem jetzigen Beziehungsstatus beläßt, daß sie nichts unternimmt, aus ihren emotionalen Verstrickungen dem Vater gegenüber herauszukommen. Da *die Kosten für dieses ›Aussitzen‹ vor allem das Kind zahlt,* muß ohne Wenn und Aber konstatiert werden, daß durch das Nichtstun die Sorgepflichten der Mutter nicht adäquat erfüllt werden. Natürlich kann die Mutter nicht über ihren emotionalen Schatten springen. Sie hat ihre Gefühle, und sie hat ein Recht auf ihre Gefühle. *Derartige gefühlsmäßige Verstrickungen sind aber kein unabänderliches Schicksal.* Man kann durch Beratung und Therapie viel aufarbeiten und bewältigen. Solange die Mutter als Frau nicht anders handeln kann, als jede Annäherung zum Ex-Partner als Selbstschutz aus Angst vor Verletztungen zu vermeiden und zu konterkarieren, bleibt sie als Mutter paralysiert, und die Beziehungen zwischen Kind und Vater bleiben auf der Strekke. Eine Lösung für das Kind kann nur von den Beteiligten kommen. Beide sollten sich beraten lassen, um ihre Beziehungsproblematik, ihre Kommunikations- und Dialogdefizite zu überwinden, um darüber zu einem souveränen, respekt- und würdevollen Umgang miteinander zu kommen.«

(Hervorhebungen vom Autor)

9. Väter auf Visite – Stunden gehetzter Zärtlichkeit

Joachim hat seine Tochter während der ersten 78 Wochen nach der Scheidung insgesamt drei Stunden gesehen. Mittlerweile treffen das dreijährige Mädchen und der fremde Mann zweimal im Monat aufeinander: Eine Diplompädagogin bringt Jana in ein Zimmer mit viel Spielzeug plus einem wartenden Vater – der *Eltern-Kind-Treffpunkt* einer Münchner Erziehungsberatungsstelle – und holt sie 120 Minuten später wieder ab. Ihre Mutter wartet bereits im Nebenraum.

Kalle lebt eine Straße entfernt von seinem Sohn. Als er sich von seiner Freundin trennte, lag Carsten noch in der Wiege. Vier Jahre später: Carsten kommt alle drei Tage zu Kalle. Am nächsten Morgen bringt ihn sein Papa dann in den Kindergarten.

Frank hat seinen Sohn vor einem dreiviertel Jahr das letzte Mal gesehen. »Bei einem konspirativen Treffen in einer Eisdiele«, erinnert sich der Tontechniker. »Nach 90 Minuten war alles wieder einmal vorbei. Boris ist jetzt sechs Jahre alt und weiß nicht, wer oder was ich bin. Das ist wirklich ein komisches Gefühl: Da sitzt du unter vielen Leuten, und dann geht deine ehemalige Frau mit dem gemeinsamen Kind wieder weg – als wäre das mal eben so ein zufälliges Zusammentreffen auf einer Autobahnraststätte gewesen.«

Rinus holt seine Töchter einmal pro Woche von der Schule ab. Seine geschiedene Frau arbeitet an diesem Tag bis zehn Uhr abends. Währenddessen macht er den Kindern Abendbrot und bringt sie ins Bett. Die Nacht schläft er im Gästezimmer. Am nächsten Morgen frühstücken alle noch zusammen. »Der Kontakt zu meinen Töchtern ist gut«, sagt Rinus.

Vier Väter in der »Zeit danach«: Ob als Wochenend-, Tages-, Stunden- oder Quartals-Väter – die Beziehung zu ihren Kindern ändert sich nach Trennung oder Scheidung gewaltig. Was Vätern bleibt, ist meist nur ein »Umgangsrecht«.

Dieses Recht besagt zuerst einmal, daß ein Vater nach Trennung oder Scheidung im Leben seiner Kinder weniger Bedeutung hat. Viele Väter richten sich damit ein: Termingerecht überweisen sie den Unterhalt. Am Wochenende ziehen sie mit ihren Töchtern und Söhnen los. Manchmal verreisen sie zusammen in den Schulferien. Bei Abschlußfeiern, bei Geburtstagen oder wenn das Kind im Krankenhaus liegt, kommen sie vorbei. Ansonsten halten sie sich als seltener, oft sehnsüchtig erwarteter Familiengast im Hintergrund.

Auf einmal fehlt das tägliche Zusammensein, der gemeinsame *Alltag:* das Gespräch beim Essen. Die Begegnung im Korridor. Miteinander lachen und reden; sich streiten und wieder vertragen; raufen und toben. Dem Kind Trost und Bestätigung geben, seine Fragen beantworten. Das Kind ins Bett bringen; das Kind in den Kindergarten fahren und vom Turnen abholen. Das Wissen, da ist jemand. Und wenn er jetzt nicht da ist, dann wird er bald kommen.

Gefühlvolle, lebendige Beziehungen zwischen Kind und Vater bleiben leicht auf der Strecke, wenn beide nicht mehr unter einem Dach zusammenleben. Gemeinsamkeiten gehen verloren und werden nicht mehr aufgebaut.

Vater-Morgana: »Ich merke einfach nicht mehr, wie meinem Kind innerlich zumute ist«

»Seit der Scheidung merke ich, daß ich die Entwicklung meines Sohnes gar nicht mehr richtig mitbekomme. Dann kommt Patrick mir auf einmal ein ganzes Stück größer vor. Früher habe ich an seinem Leben richtig teilgenommen. Ich wußte über alles Bescheid – über den Kindergartenkram, seine besten Freunde, seine Krankheiten. Wenn man dasselbe Kind dann nur noch einmal im Monat sieht, bekommt man das alles nur erzählt. Wenn überhaupt. Man erlebt es nicht mehr mit.«

Bodo ist verunsichert. Er fühlt sich abgeschnitten von seinem Sohn. Wie ein Vertriebener. »Bin ich überhaupt noch wichtig für ihn?« fragt er sich häufig nach seinem »Umgangswochenende«. Dann guckt er in den Kalender und weiß, daß das nächste Wiedersehen noch in weiter Ferne liegt. Noch dreißig Tage. Nach so einer langen Besuchspause passiert es manchmal, daß Bodo »ein ganz neues Kind« erlebt.

Väter wie Bodo spüren eine zunehmende Entfernung und Entfremdung, wenn sie ihre Kinder längere Zeit nicht gesehen haben. Wenn die Kinder noch klein sind, fällt es Vätern besonders schwer, deren Entwicklung mitzuvollziehen. Tag für Tag entwickeln sie sich einen Schritt weiter. Ihre Gesten und ihr Verhalten wechseln, ihr Sprachschatz wächst. »In letzter Zeit merke ich, wie die Entwicklung meiner Tochter an mir vorbeigeht. Sie macht riesige Schritte, und ich merke einfach nicht mehr, wie ihr innerlich zumute ist«, erzählt ein anderer Vater.

Vielen Trennungs- und Scheidungsvätern wird auf einmal klar, wie weit sie vom wirklichen Leben ihrer Kinder weg sind. Was wissen sie schon von ihnen? Über die wichtigsten Ereignisse aus dem Alltag ihrer Kinder erfahren sie nur wenig. Mit wem ihre Kinder in der Schule Streit haben? Mit wem sie sich nachmittags treffen? Keine Ahnung! Dieser Einschnitt zwischen den Kindern und ihnen wird einigen Vätern ganz drastisch bewußt: »Neulich habe ich Patrick zu einem Kindergeburtstag gefahren. Sein bester Freund begrüßte ihn an der Tür mit den Worten: ›Wer ist denn dieser Mann?‹«

Noch vor kurzem kamen ihnen ganz »praktisch-alltägliche Dinge« in den Sinn, wenn sie an ihre Kinder dachten: »Schön, daß Julia in Mathe wieder Land sieht.« – »Mein Gott, war Clemens heute morgen am Frühstückstisch wieder nervig.« – »Heute abend muß ich mit den beiden mal wieder Memory spielen.« Oder: »Mist, ich habe vergessen, die Windeln für Sonja zu kaufen.« Und jetzt?

Das »Bild« von den Kindern verändert sich nach der Trennung. Für Wochen und Monate bleibt Vätern oftmals nur der Blick auf ein paar Fotos. Dann schwelgen sie in – häufig geschönten – Erinnerungen an gemeinsame Stunden: »das Lächeln meiner Tochter«; »wie mein Sohn mich verstohlen anguckt, wenn er etwas ausgefressen hat«; »seine Tränen in den Augen«; »am Sonntag haben wir immer im Bett mit den Kissen herumgetobt« ...

Die Stunden und Tage, in denen Mann Vater ist, sind rar geworden. Noch betrachtet er sich als Vater. Vatersein wird aber immer schwerer – nicht nur praktisch, sondern auch gedanklich. Gleicht er nicht immer mehr einem »Vater ohne Eigenschaften?« Läuft er nicht einem Trug-Bild hinterher?

Einer Vater-Morgana?

Je öfter Vater und Kind sich sehen, um so heller sind die Erinnerungen. »Gruselig wird es, wenn du dir gar nichts mehr vorstellen kannst«, erzählt ein Vater. »Das letzte Mal begegneten wir uns zufällig auf der Straße. Das war vor einem Jahr, ich habe ihn kaum wiedererkannt. Dann wird alles häßlich und schwarz. Du kannst nur noch daran denken, daß du dein Kind *nicht* sehen darfst. Du denkst zurück an die schrecklichsten Auseinandersetzungen mit deiner Ex-Frau und wie die Kinder dazwischenstanden. Auch an die Gerichtsdebatten wegen der Umgangssperre, die nichts brachten.«

»Sonntagsvater? Damit wäre ich schon sehr zufrieden!«

Wie Väter die neuen »Umgangsformen« erleben, hängt vor allem davon ab, wie intensiv ihre Beziehung zu den Kindern vorher gewesen ist. Für einen Vater, der vor der Trennung in Beruf und Erziehung seinen Mann stand, sind Kontakte nach der Formel »großzügiges Umgangsrecht« fast gleichbedeutend mit dem Ende seiner Verbindung zum Kind. Ein 60-Stunden-

Manager hingegen dürfte eine solche Besuchsregelung als vollkommen ausreichend einstufen.

Väter mit besonders kargen Besuchsbudgets haben die größten Schwierigkeiten mit ihrem Teilzeitvater-Dasein. Wie *Zaungäste* fühlen sich. Oft mußten sie von einem Tag auf den anderen von ihrer aktiven Vaterrolle Abschied nehmen. So werden sie vom präsenten Papa zum prominenten Onkel.

»Ich bin nur noch ein punktuell präsenter Vater«, beschreibt Lutz diesen Zustand. Wie vielen Vätern ist es ihm ergangen: Der Kontakt zu seiner siebenjährigen Tochter wurde »fast auf null« heruntergeschraubt. Lutz ist 34 Jahre alt und macht Pressearbeit bei einer Umweltschutz-Organisation.

»Ich habe Marlina jetzt seit sechs Wochen nicht gesehen. Was wir machen, wenn sie bei mir vorbeikommt? Das Problem ist, wir machen viel zuwenig miteinander, weil die Zeit zu kurz ist. Wir können keine richtige Beziehung im Sinne von Miteinandersein entwickeln. Da kommen immer nur irgendwelche Aktivitäten heraus, bei denen ich mich meistens sehr unwohl fühle. Man fährt ein bestimmtes Ziel an, einen Tierpark, einen Zirkus, erlebt da etwas und fährt wieder zurück. Danach bräuchten wir eigentlich Zeit, um darüber zu reden, was wir erlebt haben. Diese Zeit haben wir aber nicht.

Sonntagsvater? Ich bin nicht einmal das. Denn dieser Begriff beinhaltet ja wohl, daß man sich jeden Sonntag sieht. Damit wäre ich schon sehr zufrieden! Ich bin ein Wochenendvater – und das nur ein- bis zweimal im Quartal.«

Marlina fühlt sich auch nicht wohl während dieser seltenen Ausflugsstunden mit ihrem Vater, vermutet Lutz. In der Tat können die spärlichen Vatereinheiten auch für Kinder sehr befremdlich, sehr künstlich sein. Bei manchen »Besuchsvereinbarungen« – wenige Stunden einmal im Monat – ist eine lebendige Vater-Kind-Beziehung *von vornherein* nicht aufrechtzuerhalten. *Hier ist die Vater-Morgana auch für das Kind bereits vorprogrammiert.*

Bei Kindern unter drei Jahren verschwimmt das Bild vom Vater schon nach drei bis vier Tagen. Da wird Papa schnell zum Fremden, auch dann, wenn beide vorher ein enges Verhältnis hatten. Erst im Schulalter sind Kinder nicht mehr so abhängig davon, wie oft sie den außerhalb lebenden Elternteil sehen. In Gedanken können sie die räumliche Trennung teilweise überwinden. Sie können ihren Vater anrufen, ihm schreiben und so »in Verbindung« bleiben.

Viele »Umgangsregelungen« blenden das *Zeitgefühl von Kindern* vollständig aus: Eigentlich müßten die Abstände zwischen den Treffen für das Kind, seinem Alter entsprechend, *überbrückbar* sein. Je kleiner die Kinder, desto häufiger die Kontakte, empfehlen deswegen Kinderpsychologen ratsuchenden Eltern (vgl. S. 251ff.).

Weit auseinandergezogene Begegnungen stellen sich insbesondere für jüngere Kinder als eine Kette von Abbrüchen dar. Solche *Erwachsenen*-Regelungen können sie kaum überblicken. Sich sehen und dann lange – wie lange? – wieder nicht sehen: Immer wieder wird ihr Draht zum Vater abrupt unterbrochen. Da kommt der Vater plötzlich aus dem Nichts und verschwindet nach kurzer Zeit auch wieder dorthin. Für ein schlichtes Miteinander, das aufhört und ganz bald wieder weitergeht, steht er nicht zur Verfügung. Je seltener Vater und Kind zusammentreffen, desto mehr wird der Vater zum treulosen Freund.

Unberechenbar und unzuverlässig ist er, dieser »Freund«. Vertrauen und Liebe lassen sich mit ihm nur schwer aufbauen oder fortentwickeln. Was fehlt, ist eine altersgemäße Kontinuität zwischen Vater und Kind. *Es gibt keine Eltern-Kind-spezifische Geschichte.*

Viele Kinder fangen in dieser Situation an zu zweifeln: Lohnt es sich überhaupt noch, für diesen Vater Gefühle zu investieren? Ist es nicht einfacher, wenn sie ihm ganz aus dem Weg gehen?

> »Man stelle sich einmal vor, ein Kind habe eine Puppe, die es seit vielen Jahren über alles liebt. Eines Tages nimmt die Mutter dem Kind die Puppe weg. Dann erhält das Kind plötzlich die Puppe für wenige Stunden zurück. Danach wird sie wieder für sechs Wochen weggeschlossen. Ob wohl das Kind die Beziehung zu seiner Puppe weiter pflegen wird?« (Michael Blank, Trennungs- und Scheidungsberater)

Die Vater-Morgana, diese *gegenseitige Entfremdung zwischen Kind und Vater*, spürt auch Holger deutlich. Der Pastor sieht seine Tochter Gesa (8) nur noch alle sechs Wochen. Vom Sonntagsgottesdienst bis zum Abendessen.

»Ab und zu rufe ich sie an«, berichtet er. »Aber in der letzten Zeit merke ich, daß meine Tochter diesen Telefonaten ausweicht, daß sie nicht gern mit mir spricht, weil sie auch nicht weiß, wie sie eine Beziehung über das Telefon gestalten soll. Ich habe ihr letzte Woche ein Päckchen geschickt, habe ihr ein Papier mit großen Lettern geschrieben, so daß sie es selber lesen konnte. Eine Antwort bekomme ich nicht. Vor einigen Monaten habe ich noch einige Bilder und eine Einladungskarte zu ihrem Geburtstag bekommen. ›Lieber, lieber Papa!‹ stand da drauf. Ich glaube, daß Gesa noch viel für mich empfindet. Das hat ihre Mutter mir bis vor kurzem auch bestätigt, doch in letzter Zeit verschwindet das sehr deutlich. Oft frage ich mich: Wie kann ich meinem Kind überhaupt noch Vater sein?«

Das Wechselspiel zwischen plötzlichem Wiedersehen und langem Abschiednehmen bereitet auch Vätern große Probleme. Einige hocken nach den »Meetings« tagelang apathisch in ihrer Wohnung herum. Andere stürzen sich besinnungslos in Arbeit.

Wolfgang, 40, lebt »richtig hin« auf die Begegnungen mit seinen Töchtern: »Alle drei bis vier Wochen sehen wir uns. Nach unserem Wochenende falle ich immer in ein emotionales Loch, weil unsere Beziehung so intensiv ist. Dann weiß ich, daß wir uns erst einmal einen Monat nicht sehen werden. In Gedanken bin ich noch lange bei Jennifer und Stefanie. Ich sehe ihre Spielsachen hier in der Wohnung herumliegen. Da stolpert man dann drüber, und Stunden zuvor war alles noch ganz lebendig. Natürlich geht es mir auch gut, weil sie bei mir waren und es schön war. Aber es ist immer auch ein Verlustgefühl mit dabei. So wie nach einem Urlaub, an den man noch lange denkt, bis einen der Alltag langsam wieder einholt.«

»Die Beziehung zu meinen Kindern ist eine Geschichte ewig neuer Abbrüche«

Im Vergleich zu vielen anderen Trennungs- und Scheidungsvätern kann Dietmars »Umgangsregelung« als geradezu üppig bezeichnet werden. Alle zwei Wochen kommen seine drei Söhne zu ihm in die Wohnung. Trotzdem erlebt er die Beziehung zu seinen Kindern als eine »Geschichte ewig neuer Abbrüche«. Dietmar, 37, ist Lehrer an einer Fremdsprachenschule. Auch seine Frau ist und war berufstätig. Für Erziehung und Haushalt waren sie beide in gleichem Maße verantwortlich. Die Jungen sind fünf, zehn und elf Jahre alt.

»Zwischen meinen Kindern und mir gibt es im Grunde keine gemeinsame Entwicklung mehr. Das ist das Entscheidende, was sich geändert hat. Statt dessen gibt es alle vierzehn Tage ein Einbrechen des Vaters in das Leben der Kinder. Plötzlich ist dieser Mensch wieder da, und zwei Tage später fällt er genauso schnell wieder heraus. An diesen Wochenenden gibt es eigentlich nichts, woran anzuknüpfen wäre. Es beginnt immer etwas völlig Neues. Ein Beispiel: Ich habe vor einiger Zeit mit meinem ältesten Sohn ein Schiffsmodell gebaut. Da muß man oft etwas ausprobieren. Dann verwirft man es wieder, weil man sieht, daß irgend etwas nicht paßt. Man muß Dinge nachkaufen und macht dann weiter. Bei uns wird dieser Prozeß immer wieder unterbrochen. Ich kann nicht noch mal am

Montag zu ihm hingehen, um einen Baufehler zu korrigieren. Wir müssen dafür 14 bis 21 Tage warten. So wird aber der Spannungsbogen, der eigentlich die Sache trägt, nämlich das Schiff in einer überschaubaren Zeit fertigzustellen, immer wieder gestört. Wenn das Ding dann endlich vom Stapel läuft, besteht eigentlich gar kein Interesse mehr daran. Wir haben es dann einmal fahren lassen, und das war's dann. Jetzt steht das Schiff bei mir im Regal.

Ich möchte das nicht beschränken auf diese Bastelei. Das ist nur ein Beispiel dafür, wie gänzlich anders der Kontakt zwischen meinen Kindern und mir geworden ist. Ich erfahre nichts mehr über ihre schulischen Leistungen. Ich weiß nicht, welche Freunde sie haben. Auch über ihre Krankheiten bekomme ich nichts mit. Neulich habe ich erfahren, daß mein ältester Sohn im Krankenhaus war. Nicht durch die Mutter, sondern durch Markos Brüder. ›Hatte Marko heute keine Lust mitzukommen?‹ fragte ich. ›Der ist im Moment im Krankenhaus. Hirnhautentzündung‹, war die Antwort. Das hat mir so weh getan, daß die Mutter es nicht für nötig hält, mich in so einem Moment zu informieren. Eigentlich müßte sie doch froh sein, daß da jemand ist, der natürlich sofort ins Krankenhaus fahren würde.

Was hat sich sonst noch geändert? Im Grunde kann ich kein richtiges Gespräch mehr mit meinen Söhnen führen. Eigentlich reden wir nur über lapidare Dinge, über das, was an den Wochenenden so anfällt. Uns fehlt der gemeinsame, permanente Diskurs. Das ist etwas, was mich sehr unruhig macht. Das macht mir große angst, weil es eben auf die Dauer unsere Beziehung beschädigt. Es wird immer gesagt, diese Umgangskontakte, diese regelmäßigen Begegnungen alle zwei bis vier Wochen, sollen dazu dienen, die Beziehung aufrecht zu erhalten, sie zu pflegen und zu fördern. Das ist meiner Meinung nach eine glatte Lüge! Das ist gar nicht zu machen, zumal mit kleinen Kindern.

Wenn eine derartige Beziehung an so einem Wochenende

wieder auflebt: Wie sieht das denn aus der Sicht der Kinder aus? Die verstehen vielleicht gar nicht, warum der Papa am Montag plötzlich nicht mehr da ist – für die nächsten zwei bis drei Wochen. Für meine Kinder bin ich ein sehr treuloser Freund. Und je emotionaler, je intensiver unser Verhältnis am Wochenende war, desto größer sind dann die Enttäuschungen. Diese regelmäßigen Kontakte sind also nicht eine Geschichte der Pflege von Beziehungen, sondern eine Geschichte der sich immer neu wiederholenden Abbrüche und der sich immer wieder neu einstellenden Frustrationen.«

Väter als Entertainer

Nach Trennung oder Scheidung fehlt vielen Vätern die Erfahrung, was man »normalerweise« mit Kindern macht. »Zeiträume exklusiver Zweisamkeit« (Helmuth Figdor) konnten die meisten zuvor an einer Hand abzählen. So ist es für viele Väter zuerst recht ungewohnt, über einen längeren Zeitraum hinweg *zu zweit* miteinander umzugehen. Vorher war ihre Partnerin ja gewöhnlich dabei, wenn sie mit dem Kind zusammen waren. Die vermittelnde Rolle der Mutter entfällt jetzt. Das verunsichert viele Väter.

Sind ihre Kinder überhaupt zufrieden, jetzt so ganz allein mit ihnen zu sein? Ist es nicht besser, zu den Großeltern zu fahren? Da könnten die Kinder ein wenig in vertrauter Umgebung spielen. In der neuen Wohnung fühlen sie sich sicherlich nicht sehr wohl. Da ist kaum Spielzeug, und die Nachbarn und Freunde sind auch nicht da …

Allein mit ihren Kindern waren Väter vor der Scheidung vorwiegend dann, wenn irgend etwas »unternommen« wurde. Dann haben sie sich gemeinsam *mit etwas* beschäftigt: mit einem Fußball, mit dem Schlitten, mit den Schiffsmodellen im Heimatmuseum. Diese »Umgangsmuster« setzen Väter jetzt oftmals fort. Dabei unterschätzen sie, welche Bedeutung sie *als Person* für ihre Kinder haben. »Diese Väter übersehen, daß ihre *periphere Anwesenheit* an den Besuchstagen nicht ausreicht, um die Abwesenheit im Alltag zu kompensieren, und bringen durch ihre Selbstunterschätzung sich und die Kinder um eine große Chance.«[90]

Häufig gesellt sich zu dieser »peripheren Anwesenheit« noch ein *hektischer Aktionismus.*

»Unsere Zeit ist meistens schon vorbei, bevor überhaupt ein wichtiges Wort gewechselt, bevor eine richtige Sache gemacht worden ist.« Dieses Gefühl haben viele »Schattenväter«, wenn der Tag oder das Wochenende sich wieder einmal dem Ende neigt. Hinter ihnen liegen Stunden, in denen sie mit ihren Kindern Programme abgerissen haben, die andere Väter nicht in zwei Jahren auf die Beine stellen: Jahrmarkt, Tennis spielen, kurz an die Nordsee jetten, Oma und Opa besuchen, Essen gehen und danach noch schnell ins Kino.

Viele Väter meinen, sie müßten so viel wie möglich in ihre kurze Vater-Zeit reinpacken. Sie setzen sich unter Druck: Es muß etwas »herauskommen« an diesem Tag, denn jede Sekunde zählt! Feiertagsklima rund um die Uhr.

Diese Väter wollen dann alles auf einmal nachholen, wenn ihr Einsatz geschlagen hat. Sie wollen sich von ihrer »besten Seite« zeigen. Unbehelligt von den täglichen Sorgen und Nöten der Kinder, wird Vatersein zum Entertainment, geraten Väter zu *Animateuren*, die ständig fürchten, keinen Erfolg mehr zu ernten. Manche merken erst nach Jahren, daß sie mit ihren »Vater-Nummern« alle maßlos überfordern. Daß niemand von ihnen den permanenten Wochenendprinzen fordert.

> »Alltagsväter gehen mit dem Kind zum Zahnarzt. Sonntagsväter kaufen ihnen Zuckerstangen.« (ein Wochenendvater)

90 Figdor, Helmuth (1991), S. 182.

Warum belasten Väter ihre Kinder und sich selbst mit ihren Verwöhnattacken? »Um mit sich selbst klarzukommen, macht man gerne ein Programm, obwohl das Kind das gar nicht fordert«, gesteht ein Besuchsvater. Die Folge: Für viele Väter, für viele Kinder entwickeln sich die Treffen zu *Stunden gehetzter Zärtlichkeit*, zu einer Achterbahn der sporadischen Zuwendung. »Spontaneität ist nicht mehr möglich. Die zeitlichen Zwänge erschweren den Aufbau oder die Erhaltung einer natürlichen Beziehung. Da verlieren Zoo- und Museumsbesuche, Badeaktionen und nach Stunden bemessene Exkursionen leicht den Stellenwert, den sie in der bestehenden Familie haben.«[91]

Die Uhr im Kopf – bald ist es wieder vorbei – bedrückt viele Väter und Kinder. Väter berichteten, wie sehr sie die »eher unstrukturierte Zeit« vermissen – Zeit mit offenem Ende: der abendliche Plausch auf der Terrasse, die heiße Schokolade in der Küche. Einfach nur so herumtrödeln oder quatschen.

Wenn normales Vatersein zur großen Unbekannten wird, denken viele Väter gerne an ihren »Stammplatz«, an den Alltag zurück. Zum Beispiel, wie sie mit ihren Kinder alle zwei Wochen das Fahrrad geflickt haben. Damals war das »Papa, ich hab 'n Platten!« noch alles andere als eine Verlockung. Aber jetzt wäre das ja mal wieder ganz schön, so ein Stündchen im Fahrradkeller. Ein anderer Vater wünschte sich, mit seinen Kindern wieder einmal in der Bücherhalle herumzustöbern. Aber die hat am Sonntag immer zu.

Tobias kommt nach zwei Jahren noch immer nicht mit seinem »Umgangsrecht« klar: »Besuch vom eigenen Kind – das ist eine ganz blöde Situation. Ich weiß, daß eine vernünftige Beziehung nur durch Gelassenheit entstehen kann. Wenn wir einfach mal nur so beieinander sind. Das Entscheidende kommt dann ja von sich aus hoch. Meine Tochter und ich wissen natürlich, daß wir nicht viel Zeit haben. Meistens ist

---

91   Gaier, Otto R. (1991), S. 137.

236

sie es, die fragt, ob wir nicht mal dies oder das machen wollen. Sie bringt da immer eine Unruhe mit, daß jetzt und sofort etwas ganz Besonderes geschehen muß. Diese Unruhe würde ich am liebsten in Ruhe überführen, aus der heraus wir dann etwas gemeinsam entstehen lassen können. Aber es ist die Kürze der Zeit, die das einfach nicht zuläßt.«

Natürlich freuen Kinder sich, wenn sie mit ihrem Wochenendpapa etwas Schönes unternehmen. Es wäre ja auch noch schöner, wenn ihr Vater, den sie so selten zu sehen bekommen, während der kostbaren Stunden nur Vokabeln mit ihnen paukt. Kinder wollen an den Besuchstagen auch keinen Papi, der sie mit seinen Problemen volltextet. Wenn Väter permanent kundtun, wie schwer ihnen jetzt alles fällt, wie sehr sie sich die alten Zeiten wieder herbeisehnen, als alle noch zusammenlebten und glücklich waren, bringen sie ihren Kindern mehr Leid als Freud.

Das heißt aber noch lange nicht, daß irgend jemand von ihnen eine perfekte Unterhaltungs-Show von A bis Z erwartet.

Udo, 40, arbeitet in einer Behindertenwerkstatt. Er versucht, an *seinen* Wochenenden einen vernünftigen Ausgleich zwischen Ruhe und Rummel zu finden.»Das gelingt mir nicht immer. Die wenigen Momente, die wir im Monat haben, sind für uns sehr kostbar, sehr exklusiv. Dafür läßt Ole alles andere stehen und liegen. Dafür sagt er am Freitagnachmittag auch seinen Judo-Unterricht ab, damit wir zwei Stunden mehr haben. Unsere Beziehung ist immer noch sehr gut. Weil die Kontakte jedoch so selten sind, ist sie heute anders. Früher war das Alltag mit mir. Jetzt ist alles auf ein Wochenende begrenzt. Da muß dann alles stattfinden. Da will Ole mit mir die tollsten Sachen erleben. Dann müssen wir in ganz kurzer Zeit alles nachholen: Geburtstagsfeiern, alte Spielfreunde besuchen, in Freizeitparks fahren …«

»Entspricht das volle Programm Oles Wünschen, oder bist du es, der meint, ihm ein ganz besonderes Wochenende bieten zu müssen?« frage ich Udo.

»Das ist ja nicht die ganze Zeit so. Aber Ole erwartet von mir, daß wir einen Teil unserer Zeit Aktion machen. Am Freitag hole ich ihn von der Schule ab. Dann machen wir erst mal gar nichts. Ole beschnuppert sein Kinderzimmer, und wir dödeln nur so herum, sind einfach füreinander da. Erst im Laufe des zweiten Tages sind wir dann richtig beieinander. Das braucht so lange, bis man alles ausgequatscht hat, was man sich erzählen wollte. Erst dann haben wir den Raum, uns anderen Dingen zuzuwenden. Der Sonnabend hat sich zu unserem Ausflugstag entwickelt. Da muß irgend etwas Größeres passieren, von dem er nachher erzählen kann. Diese Ausflüge und Erlebnisse sind auch wichtig für uns. Sie haben einen großen Erinnerungswert, von dem wir noch lange zehren. Wir erzählen uns oft, wie es da und dort war oder was wir zum Beispiel im Urlaub erlebt haben. Das verbindet uns.

Sonntag ist dann wieder ein Tag, an dem wir unsere Ruhe haben wollen. Bereits morgens verkündet Ole Endzeitstimmung: ›Heute ist ja schon wieder der letzte Tag!‹ Sonntag abend kommt dann ein unheimlicher Zeitdruck herein. Dann will er alles auf einmal machen, holt noch unzählige Spielekästen hervor und will in einer Viertelstunde noch zehn Spiele mit mir absolvieren. Ole möchte dann nicht einmal Abendbrot essen, weil ihm die Zeit zu schade ist. Um 19 Uhr hetzen wir dann gemeinsam zur Mutter.«

»Am wichtigsten ist, daß er gerne zu mir kommt« – wie wünschst Du dir die Beziehung zu deinen Kindern?

»Ich hoffe, daß wir bald nicht mehr an so große Entfernungen gebunden sind. Dann könnten wir uns treffen, wann immer wir Lust dazu haben. Mein Sohn soll das Gefühl bekommen, daß er immer zu mir kommen kann, auch wenn er Hilfe braucht. Am wichtigsten ist jedoch, daß er gerne zu mir kommt. Dann sind wir einfach zusammen – wie andere Leute auch.«

»Ich wünsche mir den wöchentlichen Wechsel. Das haben meine Ex-Frau und ich anderthalb Jahre lang erfolgreich praktiziert, bis sie ihren neuen Mann kennenlernte. Wöchentlicher Wechsel – das bedeutet: Eine Woche ist das Kind hier, die nächste Woche dort. Beide Eltern können prima damit leben. Jeder hat seine Freiräume, ist aber trotzdem ganz normal mit den Kindern zusammen. Und die Kinder entbehren auch nichts. Dieses Betreuungsmodell setzt einen gewissen finanziellen Status der Eltern voraus, weil ja in beiden Elternhäusern alles da sein muß – Kinderzimmer, Klamotten, Spielzeug und so weiter.«

»Es geht mir nicht um irgendwelche mechanischen Regelungen – eine Woche hier, eine Woche da. Das hat mit Kindeswohl nichts zu tun. Ich habe vier Kinder in einem ganz unterschiedlichen Alter, mit unterschiedlichen Wünschen. Kinder haben normalerweise keine längerfristigen Wünsche, auch keine längerfristige Planung. Von daher ist es völlig unsinnig zu sagen: Übernächste Woche kommt jetzt der zu mir, und die bleibt dort. Ich möchte ein größtmögliches Maß an Flexibilität haben. Die Eltern müssen in einer von den Kindern selbst überbrückbaren Nähe zueinander wohnen, so daß die Kinder mit dem Fahrrad oder zu Fuß vom einen zum anderen wechseln können.«

»Die Kinder leben bei der Mutter, und ich hätte alle zwei Wochen die Möglichkeit, für ein Wochenende die Kinder zu betreuen oder auch nur ein Kind. Ich würde sie auch gerne einmal zwei Wochenenden hintereinander nehmen. Ich möchte nicht, daß es heißt: ›Jetzt darfst du sie erst wieder in drei Wochen sehen. Jetzt kriegst du sie nicht!‹ Ich würde mir das zwangloser wünschen. Schön wäre es, wenn die Kinder auch einmal in der Woche kurz vorbeikommen. Und daß wir telefonieren können, wann immer wir wollen.«

»Die Abstände zwischen den Treffen dürfen nicht so aussehen, daß man schon überlegen muß, wie der andere aussieht. Auch zwei Wochen sind schon sehr lang. Man muß gefühlsmäßig so dranbleiben, daß man weiß, was in dem anderen vorgeht, was er will und wie er ist.«

10. Perspektiven für Teilzeitväter

Daß der kontinuierliche Kontakt zu Mutter und Vater für die Entwicklung und Stabilität von Trennungs- und Scheidungskindern von großer Bedeutung ist, darüber sind sich fast alle Familienexperten einig.»Verstandesmäßig« sind sich auch die meisten Eltern darüber im klaren, daß ihre Kinder Mama und Papa weiterhin brauchen.

Trotzdem legen sie sich mal Steinchen, mal Brocken in den Weg.»Der Besuchstag« bleibt noch lange der wunde Punkt für die ehemaligen Partner. Wie auf einem Basar schachern viele um die Zeiteinheiten für Kind und Vater.»Beziehungspflege« auf Stechkarte hat mit dem»Wohl des Kindes« jedoch herzlich wenig gemeinsam.

Patentlösungen für den Nachscheidungsalltag gibt es nicht, schon gar keine perfekten von Anfang an. Kein»Umgangsmodell« kann für alle Zeiten Gültigkeit haben, denn die Bedürfnisse der Kinder ändern sich ständig. Außerdem sind die Rahmenbedingungen nach Trennung oder Scheidung sehr unterschiedlich: Eine Besuchsvereinbarung für Kind und Vater, die beide in einem Dorf wohnen, wird sich kaum bewähren für eine Familie mit Haushalten in unterschiedlichen Bundesländern.

Jede Trennungsfamilie muß sich ihre *eigene* Lösung zurechtbasteln. Dafür brauchen Eltern und Kinder vor allem *viel Zeit.* Zeit, in der sie auch Fehler machen dürfen! Kinder benötigen in der Regel einige Monate, um sich auf die neue Situation einzustellen. Es ist daher hilfreich, Vereinbarungen erst einmal auszuprobieren, zu besprechen und gegebenenfalls zu verändern.

Mehr Vater fürs Kind – das muß auch nach dem Scheitern der Elternbeziehung kein utopisches Gedankenspiel bleiben. Das ist machbar! Wenn Eltern nach der Trennung einige Spielregeln beachten, kann sich die neue Konstellation für Kind, Mutter und Vater bald positiv entwickeln.

Sobald die Auseinandersetzungen zwischen den Eltern aufhören, eröffnet sich für viele Kinder und Väter sogar eine ganz neue Beziehung. »Ich habe jetzt mehr von meinem Papa«, erfahren Scheidungsbegleiter häufig in Gesprächen mit Trennungs- und Scheidungskindern. Bei manchen Vätern wachsen leider erst nach der Trennung Fertigkeiten, die für die Betreuung von Kindern unerläßlich sind: Geduld, Aufmerksamkeit, Einfühlungsvermögen und Ausdauer.

Beziehungen zwischen Kindern und Vätern brauchen Kooperation der Eltern

Die wesentliche Voraussetzung für einen lebendigen Vater-Kind-Kontakt ist ein weitgehend spannungsarmes Verhältnis zwischen den Ex-Partnern. Beide müssen lernen, zwischen *gescheiterter Paar- und fortdauernder Elternebene* zu unterscheiden. Sie sollten versuchen, alte »Schuldrechnungen« so schnell wie möglich beiseite zu legen. Wichtig ist vor allem, daß sie sich *als Eltern* weiterhin akzeptieren.

Gefragt ist pragmatische Kooperation statt Konfrontation. Die amerikanischen Wissenschaftler Andrew Cherlin und Frank Furstenberg haben dafür den Begriff »parallele Elternschaft« geprägt: »Sie haben nicht viel miteinander zu tun, auch wenn sie beide Zeit mit ihren Kindern verbringen (...), dabei nehmen sie auf zwei getrennten Schienen ihre Elternschaft wahr.«[92]

Das fällt vielen Eltern in der Trennungsphase jedoch sehr

---

92 Parallele Elternschaft als realistische Alternative zur gemeinsamen Elternschaft. In: Bundeskonferenz für Erziehungsberatung e.V. (Hg.): Trennung und Scheidung. Materialien zur Beratung. Fürth 1992, S. 122. Einige Wissenschaftler werten das Modell »Parallele Elternschaft« als Synthese von Konflikt- und Reorganisationsmodell (s. S. 44f.).

schwer. Sie sollten deshalb die professionelle Hilfe einer Beratungsstelle oder eines Vermittlers (Mediators, vgl. Kapitel 11) in Anspruch nehmen. Auch die Jugendämter bieten Eltern mit »Umgangsschwierigkeiten« »Beratung und Unterstützung bei der Ausübung des Umgangsrechts« an. Das gilt auch für die »Herstellung von Besuchskontakten« (vgl. § 18 [4] Kinder- und Jugendhilfegesetz, S. 274f.).

Zwei Drittel aller Kinder, deren Eltern nach Trennung oder Scheidung locker und freundschaftlich miteinander umgehen, haben »eine enge und herzliche Beziehung zum nichtsorgeberechtigten Elternteil«, stellt die Familiensoziologin Anneke Napp-Peters in ihrer Untersuchung fest. Bei Eltern, die sich aus dem Weg gehen, trifft das nur auf 38 Prozent aller Kinder zu. Ist der Kontakt zwischen den Eltern ganz abgebrochen, hat nur jedes zwanzigste Kind ein enges Verhältnis zu Mutter und Vater.[93]

Entscheidend ist also, daß die ehemaligen Partner sich auch nach der Trennung einig sind über die fortbestehende Verantwortung für ihre Kinder. Nur dann sind sie in der Lage, sich eine *verbindliche, eigenständige* Beziehung zu ihren Kindern einzuräumen. Das setzt väterliches Engagement ebenso voraus wie die Bereitschaft der Mutter, Zuständigkeiten abzugeben und ihren ehemaligen Partner aktiv am Leben der Kinder teilnehmen zu lassen. Wenn die Kinder noch jünger sind, sind Väter dabei besonders auf die Unterstützung ihrer früheren Partnerin angewiesen.

Mütter und Väter, die auch nach der Trennung gemeinsam für ihre Kinder Verantwortung tragen, die sich gegenseitig Zuständigkeit für Tochter oder Sohn zubilligen: Eltern, die sich in ihrer Sorge*pflicht* ernst nehmen, respektieren das Elternsein des ehemaligen Partners.

Besteht bei einem Elternteil stets die Furcht, das Kind an den anderen zu verlieren, wird das Kind kaum darin bestärkt,

---

93 Napp-Peters, Anneke (1988), S. 46 f.

daß sein Leben auch beim anderen glücklich weitergehen kann. Diese Angst spüren Kinder, besonders die jüngeren, ganz genau. Da muß überhaupt nichts gesagt werden.

Soviel Kontakt wie möglich

Das »Umgangsrecht« ist zuerst einmal ein *Recht des Kindes* auf beide Eltern, kein Anspruch der Eltern auf ihr Kind. Ehelich oder nicht ehelich: Unter welchen Vorzeichen Mama und Papa vorher zusammen waren, ist Kindern total egal. Kinder haben zu beiden Eltern eine eigenständige Beziehung, die unabhängig ist von dem Verhältnis zwischen Mutter und Vater.

Viele Väter glauben, daß ihr Kind sie nach der Scheidung »nicht mehr richtig braucht«. Sie fühlen sich »weniger wert«, »überflüssig«. Doch Vater bleibt Vater fürs Kind – egal, welche Sorgerechtsform die Eltern gewählt haben. Die Beziehung zu ihm ist für das Kind unverändert wichtig. Deshalb ermuntern viele Trennungs- und Scheidungsberater Väter, sich und anderen zu sagen, daß sie *weiterhin* eine Familie haben. Die Kinder bleiben weiterhin auch ihre Kinder. Wenn sie zu Besuch kommen, sind sie auch bei ihnen zu Hause.

Kinder und Väter brauchen nach der Trennung vor allem *alltägliche Berührungspunkte.* Nur so können sich Mädchen und Jungen eine richtige Vorstellung von ihren Vätern machen. Damit Kinder kein Phantom von Traumvater aufbauen, dem sie später vergeblich nachjagen, empfiehlt der Psychologe Heiner Krabbe von der Beratungsstelle *TRIALOG* (Münster) »soviel Kontakt wie möglich«. Kind und Vater sollten so viel Zeit zur Verfügung haben, daß sie »normales Leben« miteinander verbringen können: »Das Kind sollte seinen Vater richtig kennenlernen – mit allen Fehlern und Schwächen. Das wird sicher manchmal weh tun. Aber es ist eine Realität, mit der es sich auseinandersetzen kann.«

Krabbes Kollege Helmuth Figdor hält einen intensiven Kontakt »gerade in der ersten Trennungsphase« für notwendig. Häufige Begegnungen helfen, bedrohliche Verlustängste und Schuldgefühle bei den Kindern aufzufangen. Sie stärken sein Selbstwertgefühl, seine Sicherheit. Deshalb sollte die Kind-Vater-Beziehung *nahtlos* weitergeführt werden.

»Wie kann ich aus der neuen Situation für uns alle etwas Gutes herausholen? Kann ich die Beziehung zu den Kindern überhaupt halten? Und wie füllen wir unseren ›Umgang‹ mit Leben?« Das fragen sich viele Väter nach Trennung oder Scheidung.

Einfach nur miteinander sein: Das sollte während der gemeinsamen Stunden im Mittelpunkt stehen. Es ist nicht nötig, die Zusammenkünfte von A bis Z durchzuplanen. »Sonntagserziehung« wird nach kurzer Zeit fad und öde. Wenn Väter stets ein neues Sonderprogramm zelebrieren, kommen sie auf Dauer schlechter an als ›normale‹ Papis, die schlicht und ergreifend da sind. Kinder finden es meist tausendmal schöner, mit ihrem Papa in der Küche herumzubrutzeln, als gefönt und geschniegelt in einem feinen Restaurant zu dinieren.

Nehmen Sie sich vor allem genügend Zeit, um miteinander zu reden! Und zeigen Sie Ihren Kindern durch *alltägliche Signale*, daß sie willkommen sind: Haben Ihre Kinder eine Spielecke und ein eigenes Bett? Steht in der Küche ihr Trinkbecher bereit? Für Kinder ist das viel wichtiger als »schon wieder Freizeitpark«.

Wenn Kinder nicht nur stundenweise beim Papa sind, sondern *ganze Tage* zusammen mit ihm verbringen, können sie sich zu zwei Haushalten zugehörig fühlen. Der Vater sollte einige liebgewonnene Rituale aufrechterhalten und neue aufbauen: zum Beispiel regelmäßig Schwimmen gehen, gemeinsam die Lieblingsschallplatte anhören oder eine Gute-Nacht-Geschichte vorlesen – zu den Kind-Vater-Begegnungen gehören selbstverständlich auch Übernachtungen!

Während der ersten Stunden des »Wiedersehens« sollten sich Vater und Kind ausreichend Zeit lassen. Beide müssen sich ja erst einmal beschnuppern. Wie soll die alte Vertrautheit auch gleich wieder da sein, wenn man sich so lange nicht gesehen hat? Eine hohe Erwartungshaltung ist in diesem Moment fehl am Platz. Vielleicht möchte sich das Kind zuerst einfach nur an die andere Wohnatmosphäre gewöhnen und einige Neuigkeiten erzählen.

Manche Umgangsväter üben mit ihren Kindern am Wochenende auch mal Vokabeln. Sie gehen mit ihnen einkaufen oder begleiten sie zum Haltungsturnen. Mit diesem Engagement zeigen sie auch Respekt vor dem Erziehungsalltag ihrer ehemaligen Partnerin. Andere Väter machen zusammen mit ihren Kindern Sport im Verein und lassen sich auch beim Schulfest oder bei Musik- und Theateraufführungen blicken.

»Ich bin keine Besuchsstation für meine Tochter. Wir sehen uns etwa 120 Tage im Jahr. Ich sage ihr immer: ›Wir haben ein Zuhause, nur mit zwei auseinanderliegenden Zimmern‹«, berichtet ein Vater.»Natürlich gehen wir ab und zu in den Zirkus. Aber ich drücke Kristina auch mal Werkzeug in die Hand. Damit kann sie im Garten Blumen einpflanzen. Sie erntet mit mir Äpfel, und wir pflücken Kirschen. Das wichtigste ist, daß wir zusammen Normalität erleben. Dazu gehört bei uns auch, daß ich sie mit erziehe und ihr auch mal Dinge untersage. Ich versuche, ihr bestimmte Regeln anzueignen, die für das Zusammenleben in unserer Restfamilie wichtig sind. Und ich bemühe mich, ihr altes soziales Netz aufrechtzuerhalten: Wir fahren regelmäßig zu Oma und Opa. Manchmal ist sie bei ihrer besten Freundin, oder die beiden sind zusammen bei mir. Ihre Freundin bleibt auch öfters über Nacht bei uns. Vor allem soll Kristina Liebe vermittelt bekommen, wenn sie bei mir ist. Das zeige ich ihr auch, wenn ich sie zu Bett bringe und noch ein bißchen mit ihr kuschele.«

Erst feste, dann flexible Regelungen

Am sinnvollsten ist es, wenn die Eltern Häufigkeit, Dauer und Ausgestaltung der Kontakte untereinander ausmachen. Mit einer freiwilligen Vereinbarung kommen Mutter und Vater auf Dauer besser zurecht als mit einer Vorgabe des Familien- oder Vormundschaftrichters. Juristische Lösungen sind nicht mehr als Krücken, die höchstens in der ersten Zeit nach Trennung oder Scheidung nützlich sein können.

Eine wichtige Entscheidung des Bundesverfassungsgerichts, 18.2.1993 – Az. 1 BvR 692/92; abgedruckt in: FamRZ 1993, H.6, S.662–664.

Das »Umgangsrecht« geschiedener oder getrennt lebender Eltern mit ihrem Kind darf nicht nach Faustregeln, Vermutungen oder allgemeinen Erfahrungssätzen bestimmt werden. Vorrang hat das Wohl des Kindes. Sein Wille und seine Belange müssen berücksichtigt werden. Dem »Elternrecht beider Elternteile« ist Rechnung zu tragen, »soweit das mit dem Kindeswohl vereinbar ist«.

Für den Anfang können »klare Umgangsregelungen« sinnvoll sein. Sie dienen allen Beteiligten als erste *Orientierungshilfe* im Nachscheidungsdickicht. An diese Vereinbarungen sollten sich Mutter und Vater unbedingt halten, damit sich ihre Kinder an die neue Realität gewöhnen können. Gleichmäßige Besuchsintervalle verschaffen ihnen die Gewißheit, daß Mama und Papa weiterhin zur Verfügung stehen. Der Kontakt mit dem Vater erscheint ihnen als fest und verläßlich.

Genaue Absprachen (Wer holt die Kinder wann und wo ab? Wer bringt sie wieder zurück?) sind ein gutes Auffangnetz, wenn wieder einmal Verstimmungen zwischen den Ex-Partnern aufbrechen. Besuchsregelungen, wonach der Kontakt »großzügig gehandhabt werden soll«, überfordern viele Eltern in der unruhigen Zeit vor und nach der Scheidung. Später sollten die Besuche jedoch – Alter und Wünschen der Kinder entsprechend – flexibler gehandhabt werden.

Viel Fingerspitzengefühl ist nötig, wenn die Kinder die neue Partnerin kennenlernen. Väter sollten ihren Kindern viel Zeit lassen und ihnen gerade jetzt zeigen, wie wichtig sie sind. Während der Besuche sollten sie an erster Stelle stehen. Auf jeden Fall müssen sie informiert werden, wenn eine Hochzeit oder ein Zusammenziehen geplant ist. Geschieht das nicht, empfinden die Kinder dies als Betrug.

Schwierig kann es sein, wenn in der neuen Beziehung Kinder geboren werden oder wenn die neue Partnerin Kinder hat. Um Eifersuchtsgefühle zu mildern, sollten die Kinder ein eigenes Zimmer oder zumindest einen eigenen festen Platz haben. Am Anfang sollten die Kinder besonders viel Zuwendung bekommen, damit sie merken, daß sie weiterhin willkommen sind.

Auch Kleinkinder haben ein Recht auf Mutter und Vater

»Kein Kind käme auf den Gedanken, von sich aus nach Ballett oder nach einem Klavier zu fragen. Dennoch sind viele Eltern bereit, Woche für Woche diesen Unterricht zu unterstützen. Sie sorgen dafür, daß ihr Kind die Möglichkeit geboten bekommt zu erfahren, was eine Ballettschule ist. Wenn das Kind Klavier spielen lernen soll, dann wird erst einmal beharrlich dafür gesorgt, daß es dieses Klavier kennenlernt ...«

»Was hat denn das jetzt mit Ihrer Tochter zu tun?« unterbrach der Sozialarbeiter den jungen Mann. Er hatte den »nichtehelichen Vater« zu einem Gespräch geladen, da dieser ein »Besuchsrecht« beantragt hatte. Sein Kind hatte der Mann seit der Geburt erst wenige Male gesehen.

»Ich kann mir nicht vorstellen, daß ein Umgang zur Zeit sinnvoll ist«, sagte der Beamte. Das Mädchen, für das er sprach, war gerade vier Jahre alt geworden. »Wie stellen Sie sich das vor? Wie soll der Kontakt zwischen Ihnen und Ihrer Tochter denn hergestellt werden?«

»Im Laufe der Zeit entwickelt das Kind immer mehr Spaß am Musizieren«, fuhr der Vater fort. »Hätten seine Eltern keine Angebote gemacht, hätte das Kind wohl kaum nach Klavier oder Ballettschule gefragt. Auf meine Tochter und mich bezogen heißt das: Sie soll die Möglichkeit haben, langsam zu lernen, daß es da einen Menschen gibt, der sie mag. Es ist also dafür zu sorgen, daß sie diesen Menschen kennenlernen kann. Vielleicht mag sie ihn ja auch irgendwann. Sie kann zu diesem Menschen aber nur dann eine Beziehung aufbauen, wenn sich von außen etwas bewegt. Später mag sie dann vielleicht sagen: ›Ich möchte mich morgen mit dir treffen!‹ oder: ›Heute möchte ich lieber mit meiner Freundin ausreiten!‹ Genauso, wie sie später selbst entscheiden wird, ob sie Lust hat, Klavier zu spielen oder nicht. Unsere Beziehungs*möglichkeit* sollte also gefördert werden. So etwas kommt nicht von allein, schon gar nicht durch Warten.«

Für den Jugendamtsmitarbeiter war nach dieser Antwort das Gespräch beendet. Daß ein Kind Kontakt zu einem fremden Vater aufbauen könnte, übertraf sein Vorstellungsvermögen.

Aber auch *Kleinkinder* haben ein Recht auf Mutter und Vater. Der Kinderpsychologe Ernst Ell rät: Wenn die Eltern sich bereits vor der Geburt getrennt haben, sollten sie die Kind-Vater-Verbindung *langsam aufbauen und beständig erweitern*. Kennt das Baby den Vater nicht (mehr), sollten beide sich im Beisein der Mutter aneinander gewöhnen können. Ell: »Ab zwei Jahren wird das Kind dann etwa von zehn bis siebzehn Uhr beim Vater bleiben können. Im allgemeinen sind Kinder ab vier Jahren in der Lage, beim Vater zu übernachten.« Der Psychologe Wassilios E. Fthenakis bezeichnet tägliche mehrstündige Treffen zwischen Säuglingen bis sechs Monaten und dem außerhalb lebenden Elternteil als »ideal« ; Kinder bis 18

Monaten sollten ihn mindestens alle zwei Tage sehen, Kinder zwischen anderthalb und drei Jahren zwei- bis dreimal pro Woche und einen ganzen Tag am Wochende. Kinder zwischen drei und sechs können problemlos beim Vater übernachten und die Ferien mit ihm verbringen – auch während der Woche sollten Begegnungen stattfinden; Kinder zwischen sechs und zehn schätzen es genauso, wenn sie den anderen Elternteil mehrmals unter der Woche treffen. Zwischen 10 und 12 Jahren empfiehlt Fthenakis Wochenendbesuche im 7- bis 14 Tage-Rhythmus.[94]

»Meine Tochter ist elf Monate alt. Ihr Vater kommt einmal in der Woche bei uns vorbei. Bewußt bekommt Isabell ihn wohl noch nicht mit. Aber irgendwann wird sie die Besonderheit der Person Matthias kennenlernen, und dann können die beiden aus ihrer gemeinsamen Vergangenheit schöpfen. Ich will, daß Isabell später etwas mit ihm zu tun hat. Deshalb ist es wichtig, daß Matthias schon jetzt eine Beziehung zu ihr hat. Die hat er zur Zeit vor allem in seinem Herzen, nicht im alltäglichen Umgang. Die Gefühle, die er jetzt für sie aufbaut, sind für die Zukunft wichtig: Wenn Isabell älter wird und ihn bewußt fordert.« (Isabells Mutter, 24)

Zur Vater-Kind-Beziehung gehören auch längere Treffen, Übernachtungen und gemeinsame Reisen – dafür plädiert mittlerweile die große Mehrheit der Kinder- und Familienpsychologen. Je früher, desto besser und einfacher für beide! Sollten Mutter und Vater mit direkten Aufeinandertreffen große Schwierigkeiten haben, können die ersten Begegnungen auch an einem »neutralen Ort«, zum Beispiel in der Wohnung der Großeltern oder bei einer guten Freundin, stattfinden. Einige Erziehungsberatungsstellen bieten Eltern hierfür spezielle Spielzimmer an. Auf Dauer ist es aber besser, wenn die Kinder

---

94 Fthenakis, Wassilios E.: Umgangsmodelle zur kindgerechten Gestaltung der Beziehungen zwischen Eltern und Kindern in der Nachscheidungsphase. In: Familie/Partnerschaft/Recht, 4/1995, S. 94-98.

spüren, daß ihre Eltern sachlich und konfliktfrei, vielleicht sogar freundschaftlich miteinander umgehen.

Auch wenn Kinder und Väter lange getrennt waren oder sich nur flüchtig oder gar nicht kennen, können sie noch einen guten Draht aufbauen! Ein Vater, der seinen Sohn bis zum sechsten Lebensjahr nicht eine Sekunde gesehen hatte, berichtete mir, daß beide mittlerweile eine »quicklebendige Beziehung« haben: »Vor drei Jahren haben wir angefangen, uns zu treffen. Zuerst haben wir einmal im Monat Benjamin-Blümchen-Kassetten gehört. Jetzt sehen wir uns alle zwei Wochen, von Freitag nachmittag bis Sonntag abend. Wir fahren nicht nur in den Zoo, sondern wir üben auch Silbentrennung.«

Je jünger die Kinder, desto häufiger die Kontakte

Fortschrittliche Richter gewähren zur Zeit für Väter und Kinder unter zwölf Jahren zwei Besuchswochenenden im Monat, bei Kindern unter vier Jahren oft noch zusätzlich einen Besuchstag innerhalb der Woche. Für kleine Kinder sind solche Regelungen jedoch weniger sinnvoll: *Ein Zeitraum von vierzehn Tagen ist für sie nicht überschaubar.* Von häufigeren Kurzbesuchen profitieren sie mehr als von ausgedehnten Kontakten in großen Abständen. Ihr Vater könnte zum Beispiel zweimal pro Woche nachmittags zum Spielen kommen und abends zusammen mit ihnen essen.

Für Kinder vom Kindergartenalter bis zum dreizehnten Lebensjahr empfehlen viele Trennungsberater einen zweiwöchigen Besuchsturnus von Freitag nachmittag bis Sonntag abend oder Montag früh. Wichtig ist, daß Kind und außerhalb lebender Elternpart mindestens einen Tag ohne die mit dem Abholen oder Zurückbringen verbundene Hektik verbringen können. Die Schulferien des Kindes und die Feiertage sollten sich Mutter und Vater aufteilen – vor allem dann, wenn sie nach der Scheidung weiter voneinander entfernt wohnen.[95]

Gute Erfahrungen liegen auch für noch ausgewogenere Modelle vor: Wohnen die Eltern dicht beieinander, können sie die Betreuung auch im *wöchentlichen Wechsel* vornehmen. Ein Vater einigte sich mit seiner ehemaligen Partnerin auf »paritätische Erziehung«, als sein Sohn erst zweieinhalb Jahre alt war. Dem Kind scheint es zu gefallen: Im Kindergarten beschreiben ihn die Erzieherinnen als »total selbstsicher und sehr stabil«.

Je älter die Kinder, desto mehr sollten sie die Begegnungen selbst mitgestalten. Mit zunehmendem Alter möchten sie selbst über ihre Zeit bestimmen. Vielleicht ist am Besuchstag das neue Computerprogramm, die erste Liebe oder die Geburtstagsparty viel mehr angesagt als »Papa-Treffen«. Jugendliche sollten selbst entscheiden können, wann sie bei wem wie lange bleiben wollen.

»Das klappt alles sehr gut, wenn deine Eltern keinen Streß machen«, erzählt der achtzehnjährige Thorsten. »Meine Mutter und mein Vater haben sich schon vor siebzehn Jahren scheiden lassen. Sie wohnten fast immer in einer Stadt. Ich habe bei beiden mein Zimmer und lebe dort jeweils für ein paar Wochen. Als ich kleiner war, wohnte ich mehr bei meiner Mutter. Ich erinnere mich noch, wie mein Vater mich am Wochenende abholte. Manchmal auch in der Woche. Später gab es dann diese starren Übergänge nicht mehr. Es wäre schlimm gewesen, wenn sie mich irgendwann gezwun-

---

95 Mutter und Kinder in Hamburg, Vater in Frankfurt – also Null-Umgang? Eine Mutter berichtete mir, daß ihre beiden Töchter (vier und sechs Jahre alt) jedes zweite Wochenende ihren Vater besuchen. Der »Rotkäppchen-Service« – Kinder fliegen zum halben Preis – macht's möglich: Stewardessen geleiten die Steppkes in die Maschine und beaufsichtigen sie während des Fluges. Bei der Ankunft werden die kleinen Passagiere nur aus der Hand gegeben, wenn sich der Abholer entsprechend ausweisen kann.

gen hätten zu entscheiden: entweder hier oder da. Inzwischen haben meine Eltern wieder geheiratet. Sie verstehen sich gut. Beide Familien haben letztes Wochenende zusammen gegrillt und das Fußballspiel Deutschland gegen Schweden gesehen.«

»Stieffamilien« und Besuchsväter

Zu seinen »Stiefeltern« hat Thorsten ein »gutes und freundschaftliches Verhältnis«. Nicht alle Kinder verstehen sich mit ihren »neuen« Eltern so prächtig. »Wir sind jetzt eine ›richtige‹ Familie«, lautet dort schnell das neue Credo. Doch das neue Familien-Feeling mag sich bei Trennungs- und Scheidungskindern nicht so schnell einstellen, wie Mama und ihr neuer Partner sich das wünschen. Oft haben die beiden *eigentlich* gar nichts gegen Kontakte zum Vater. Doch im Alltag stört sie die Gegenwart einer weiteren Elternfigur. Sie sehen den Vater als Rivalen, als Konkurrenten: »Wird unser neuer Familienrhythmus durch ihn nicht aus dem Takt gebracht?«

Viele »Stieffamilien«-Eltern (in der Regel sind das Mutter und »Stiefvater«) stemmen sich vehement gegen die Bindungen des Kindes zum Vater. Dessen Bedeutung für das Kind zuzulassen fällt ihnen schwer. Oft ist es kein Zufall, daß verlockende Unternehmungen just am »Umgangstag« stattfinden sollen – »Du kannst dich ja selbst entscheiden!« Manche versuchen, die Vater-Kind-Beziehung vollständig zu unterbinden. Andere fördern die Kontakte zum Vater zumindest nicht und sind froh, wenn »dieser Mann« sich so wenig wie möglich um seine Kinder kümmert.

Im Alltag spielen soziale Väter für Kinder oft eine größere Rolle als leibliche Väter. *Ersetzen* können sie den Vater jedoch nicht: Für das Kind ist es wichtig, »den *Kontakt zum außen lebenden leiblichen Elternteil nach eigenen Bedürfnissen* zu gestalten und dabei nicht durch noch bestehende Konflikte zwischen seinen Eltern belastet zu werden«[96], betonen fast alle »Stieffamilien«-Forscher. Auch der außerhalb lebende Vater gehört zu *seiner* Familie. Wenn beide »Stieffamilien«-Eltern diese Realität akzeptieren, ersparen sie dem Kind quälende Loyalitätskonflikte.

Wenn soziale Eltern den Kindern Kontakte zum Vater madig machen, erreichen sie in der Regel das Gegenteil der gewünschten Auswirkungen: Mädchen und Jungen, die derartigen Manipulationsversuchen unterliegen, werden zum »Stiefvater« nur selten eine gute Beziehung aufbauen.

»Ausgrenzende Mehrelternfamilien (früher: Stieffamilien) zerbrechen nach den jüngsten Forschungserkenntnissen doppelt so häufig wie Mehrelternfamilien, die den biologischen Elternteil mit einbeziehen. Die Kinder zeigen signifikant mehr Verhaltensstörungen und als junge Erwachsene Probleme in der Lebensbewältigung«, so die Psychologin Ursula Ofuatey-Kodjoe.[97]

Soziale Eltern sollten die Kontakte zum Vater also aus eigenem Interesse respektieren, ja fördern. Und die Väter müssen akzeptieren, daß ein anderer Mann jetzt meist mehr Zeit mit ihren Kindern verbringt als sie selbst.

Die »Stieffamilien«-Expertinnen Ingrid Friedl und Regine Maier-Aichen berichten, daß »*glückliche Stiefkinder*« eine »tragfähige Beziehung« zum »Stiefvater« haben: Der neue Mann ihrer Mutter läßt ihnen Zeit, eine eigenständige Beziehung zu ihm aufzubauen. Er wird ihr »Freund und Kumpel«. Das Verhältnis zu ihm und zur Mutter ist um so besser,

96 Schattner Heinz/Schumann, Marianne: Meine Kinder, deine Kinder, unsere Kinder – Stieffamilien. In: Deutsches Jugendinstitut (Hg.): Wie geht's der Familie? Ein Handbuch zur Situation der Familien heute. München 1988, S. 84.
97 Ofuatey-Kodjoe, Ursula: Zum Wohle des Kindes: Je jünger, desto weniger Kontakt? Zur Fragwürdigkeit von Faustregeln. In: Der Amtsvormund 7/8 1997, S. 235.

je weniger das Kind unter emotionalem Druck steht und je mehr der Vater präsent bleiben darf. Wichtig für das Kind sind zuverlässige und vertrauensvolle Beziehungen zu allen Elternfiguren.

Friedl und Maier-Aichen: »Für die Kinder in diesen Familien ist es wichtig und wohltuend, daß in bezug auf den außerhalb lebenden leiblichen Vater klare Verhältnisse herrschen, großzügige und flexibel gehandhabte Besuchsregelung, und bei Terminabsprachen nehmen die Erwachsenen Rücksicht aufeinander.

Die Beziehung der Kinder zu ihren leiblichen Vätern ist den ›neuen‹ Eltern wichtig, und sie lassen den Kindern ausreichend Raum, diese Beziehung zu leben und zu gestalten. Die leiblichen Väter ihrerseits suchen regelmäßigen Kontakt zu ihren Kindern. Sie haben seit der Trennung über die Jahre und sich ändernde Umstände hinweg eine kontinuierliche und intensive Beziehung zu ihrem Kind gehalten und nehmen auch Anteil an dessen jetzigem Familienleben. Die gegenseitige Akzeptanz und Gelassenheit der Erwachsenen erlaubt es den Kindern, sich frei zwischen ihren ›beiden‹ Familien zu bewegen, ohne sich hin- und hergerissen zu fühlen, ja sogar die Beziehungen zu mehreren Elternfiguren zu genießen; sie verstehen es, diese Beziehungen in ihren unterschiedlichen Qualitäten in ihr Leben zu integrieren, und bringen zum Ausdruck, daß sie es gut finden, ›zwei Väter‹ zu haben.

Diese Kinder hängen alle sehr an ihrem leiblichen Vater, besuchen ihn gerne und für sie ist er unumstritten der ›richtige‹ Vater, eine Empfindung, die für sie unabhängig ist von ihrer Wertschätzung des Stiefvaters.«[98]

---

98 Friedl, Ingrid/Maier-Aichen, Regine: Hauptsache eine Familie? Wie Kinder in Stieffamilien leben. In: Psychologie heute 9/ 1991, S. 48.

Kinder können damit leben, daß Mama anders mit ihnen umgeht als Papa

Auch in einer »intakten« Familie haben Mutter und Vater unterschiedliche Standpunkte. Sie gehen nicht in gleicher Weise mit ihren Kindern um. Kinder haben auch nach Trennung oder Scheidung keine Probleme, mit den verschiedenen Verhaltensweisen ihrer Eltern zu leben. Sie lernen schnell, sich auf die unterschiedlichen Gegebenheiten ein- und umzustellen. Die Unterschiede zwischen Mutter und Vater sind für Kinder sogar sehr anregend. Aus ihrer Sicht ist es selbstverständlich, daß Mama anders mit ihnen umgeht als Papa.

Es ist sicherlich positiv, wenn beide Eltern sich über die wichtigsten Erziehungsgrundsätze einig sind. Noch wichtiger aber ist, daß sie sich nicht gegenseitig belauern und versuchen, dem anderen ihren Erziehungsstil aufzudrücken.

Kinder fühlen sich hin- und hergerissen, wenn sie der eine Elternteil über den anderen »aushorcht« oder wenn sie spüren, daß sie nach ihrer Rückkehr vom anderen schweigen müssen: »Muß ich Mama jetzt schützen? Kann ich verraten, was Papa und ich für tolle Sachen gemacht haben?« Kinder brauchen das Gefühl, daß sie Dinge für sich behalten dürfen und nicht zu Notlügen und Schauspielerei greifen müssen. Sie möchten Mutter und Vater von den Erlebnissen mit dem anderen frei erzählen können, ohne daß bei denen gleich die Kinnlade herunterfällt. Die Familie ist kein Tabuthema!

»Am besten hören Sie Ihren Kindern nach dem Besuchstag zu und verzichten dabei auf Bewertungen«, rät Heiner Krabbe von *TRIALOG*. »Sagt Ihr Kind zum Beispiel: ›Bei Papa habe ich heute ganz toll gespielt‹, sollten Sie nicht sagen: ›Aber hier hast du doch viel mehr Spielzeug.‹ Wenn Sie einfach nur sagen: ›Da hat es dir gut gefallen‹ oder einfach nur: ›Ja‹ oder mit dem Kopf nicken, dann fühlt sich Ihr Kind verstanden und kann weitererzählen. Es hat dann eine Möglichkeit, den Tag zu verarbeiten.«

Die »Übergabe«

Auf den bevorstehenden Tag oder das Wochenende mit dem Vater sollte die Mutter ihr Kind vorbereiten. Das Kind sollte frühzeitig wissen, wann das Wiedersehen stattfindet, um sich darauf einstellen zu können. Mutter und Kind können gemeinsam die Sachen zusammensuchen und das Schmusetier bereitlegen. Damit zeigt die Mutter, daß auch sie den Besuch beim Vater in Ordnung findet.

Ein Foto vom »Ex« im Kinderzimmer mag der Mutter mißfallen. Aber dem Kind zeigt es, daß Papa weiterhin zu seinem Leben dazugehört. Auch Väter können ihre Kinder auf die gemeinsame Zeit einstimmen, indem sie vorher anrufen oder schreiben. So spürt das Kind: Der Papa freut sich auf mich.

»Als wir noch verletzt waren, haben wir unseren Sohn förmlich unter der Haustür hindurchgeschoben«, erinnert sich eine Mutter. Tür auf, tschüs und raus: Viele Scheidungseltern inszenieren die »Übergabe« ihrer Kinder wie einen Gefangenenaustausch. Kinder finden es jedoch schöner, wenn sie nicht wie Verbrecher zwischen Mama und Papa hin- und hergeschoben werden. Sie haben nichts dagegen, wenn der andere Elternteil kurz mit in die Wohnung kommt. Besonders angenehm ist es für Kinder, wenn ihre Eltern noch ein paar freundliche Takte miteinander wechseln können, zum Beispiel bei einer Tasse Tee in der Küche. Dabei könnte die Mutter dem Vater noch kurz mitteilen, wie es dem Kind geht.

Einige Mütter und Väter bringen ihre Kinder abwechselnd zum anderen Elternteil und holen sie dort wieder ab. So vermitteln sie ihnen, daß die Besuchstage auch für Mama und Papa ganz normal sind. Diese Sicherheit brauchen Kinder vor allem in den ersten Monaten nach der Trennung. Genauso schön finden sie es, wenn ihr Papi sie von der Schule oder vom Kindergarten abholt.

Kleinkinder trennen sich besonders ungern von ihrer vertrauten Umgebung. Ihre Eltern sollten sich für den Wechsel besonders viel Zeit lassen. Oft kommt der Vater, wenn das Kind noch mitten in einem schönen Spiel ist. Hier sollte er erst einmal mitspielen; die Mutter kann sich langsam zurückziehen. Mit solchen kleinen »Tricks« wird die natürliche Trennungsangst des Kindes besänftigt. »Bei kleinen Kindern ist die Besuchsverweigerung zumeist nur die Kehrseite der Angst, sich von der Mutter zu trennen, oder einfach nur der (zornige) Widerstand, eine im Augenblick schöne und lustvolle Beziehungssituation zu unterbrechen.«[99]

Und nach dem Besuchstag? Wenn der Vater rechtzeitig das Ende der gemeinsamen Zeit angekündigt hat, kann das Kind sich langsam von ihm, von den Spielsachen und der Wohnung verabschieden. Die letzten Stunden sollten Kind und Vater ruhig ausklingen lassen. Der Abschied ist für beide oft sehr schmerzhaft, insbesondere dann, wenn die Trennung noch nicht lange zurückliegt. Da ist wieder so viel Nähe entstanden, und jetzt gilt es erneut, sich zu trennen. Tränen beim Abschied sagen nichts darüber aus, daß Kinder nicht wieder oder nicht mehr zum anderen Elternteil zurückwollen. Dieser Trennungsschmerz wird sich nach einiger Zeit legen. Die Kinder werden immer besser mit dem »Hin und Her« zwischen Mama und Papa zurechtkommen, sobald sich eine gewisse Routine eingespielt hat.

Auch nach dem Besuch sollten die Eltern noch kurz besprechen, wie es den Kindern ergangen ist. Wo waren sie? Mit wem sind sie zusammengetroffen? Welche wichtigen Ereignisse stehen bevor? Wie wird der Geburtstag gefeiert? Das hilft, Mißverständnissen vorzubeugen, und zeigt den Kindern, daß Papa es vollkommen normal findet, daß sie nun wieder bei Mama sind.

99 Figdor, Helmuth (1990), S. 160.

Kurz nach der Trennung ihrer Eltern sind viele Kinder nach den Besuchen angespannt und aufgeladen. Manche sind niedergeschlagen und traurig. Das sind ihre *Reaktionen* auf das Auseinanderbrechen der vertrauten Familiengemeinschaft. Deshalb sollten sie nach dem Wechsel die Möglichkeit haben, sich erst einmal ordentlich auszutoben. Andere Kinder mögen lieber Entspannung – zum Beispiel bei einem warmen Kakao oder in der Badewanne. Dabei kann Mama ihnen eine vertraute Geschichte vorlesen oder eine schöne Kinderplatte auflegen. So werden sie sich schnell wieder eingewöhnen.

Wenn Kinder nach den Besuchen »immer durch den Wind sind«, versuchen manche Mütter, die Treffen mit dem Vater einzuschränken oder vollständig zu streichen. Doch die Aggressionen, die Trauer und Verwirrung der Kinder sind nicht durch die Besuchsregelung entstanden. Ihre Wurzeln liegen vor allem in der Auflösung der vertrauten Familie. »Beheben« lassen sich diese kindlichen Reaktionen durch Reduzierung oder Aussetzung des Kind-Vater-Kontaktes nicht!

Noch einmal die Familienexperten von der Münchener Beratungsstelle IETE: »Oftmals werden die Ursachen für Verhaltensauffälligkeiten, die mit den Kontakten zusammenhängen, beim anderen Elternteil gesucht und deswegen keine Kontakte mehr zugelassen. Nach unseren Erfahrungen hat sich dagegen gezeigt, daß in der Regel die Auffälligkeiten oder Störungen verschwinden, sobald es den Eltern gelingt, eine positive Einstellung zu der veränderten Familiensituation zu entwickeln.

Die Praxis hat bestätigt, daß es ratsam ist, die Kontakte zu erweitern und zu verlängern, wenn es Probleme gibt, und nicht, wie so oft, zu reduzieren. Im Gegensatz zu der üblichen Meinung besteht bei minimalen Kontakten die Gefahr der Verunsicherung viel eher als bei häufigen und längeren Kontakten. Zu kurze oder keine Kontakte zum anderen Elternteil führen oft dazu, daß sich das Kind ein irreales, das heißt ein idealisiertes oder ein unrealistisches Bild über diesen Elternteil macht. Dieser Umstand behindert die kindliche Entwicklung eher, als er sie fördert.«

Liebe aus der Ferne – geht das?

»Zwischen den Wochenenden mit meinem Sohn liegen im Schnitt vier Wochen. Ich notiere mir deshalb immer in meinem Kalender, was wir erlebt haben, worüber wir geredet haben und was wir uns vorgenommen haben, damit wir dort weitermachen können, wo wir aufgehört haben. Die Abstände zwischen unseren Treffen sind einfach zu groß. Ich habe Angst, etwas zu vergessen. Manchmal schreibe ich auch einige Fragen, Ideen und Gedanken auf, die mir in der Zwischenzeit kommen. Und was Tante Soundso mir am Telefon erzählt hat, was ich Boris sagen soll.«

Mit Hilfe seines Kalenders versucht dieser Vater, den Draht zu seinem Sohn außerhalb der »Umgangszeiten« nicht ganz abreißen zu lassen. Andere Väter schreiben für ihre Kinder und sich Tagebuch. Sie notieren sich Namen von Lehrern und Freunden des Kindes, damit sie nicht immer wieder nachfragen müssen. Sie legen Dinge, an die sie später anknüpfen wollen, in eine »Erinnerungskiste«: die Vogelfeder, die ihr Kind letztes Wochenende gefunden hat, ein Bild aus der Zeitung oder das Spiel, das nicht mehr zu Ende gespielt werden konnte.

Es gibt noch andere Möglichkeiten, mit den fernen Kindern in Kontakt zu bleiben und kleine Lebenszeichen zu setzen:

Manche Väter schicken ihren Kindern regelmäßig Briefe, telefonieren mit ihnen oder schicken Fotos, Zeitschriftenschnipsel und Zeichnungen. Ein paar Zeilen – »Wie war deine Theateraufführung? Wie lief die letzte Klassenarbeit? Hast du letztes Wochenende ein Tor geschossen gegen TSV Sasel?« – zeigen den Kindern, daß Papa an sie denkt.

Wenn Kinder noch nicht lesen können, freuen sie sich besonders über Postkarten mit bunten Bildern und Zeichen für Küsse und Umarmungen. Auch besprochene Kassetten kommen sehr gut an. Ein Vater erzählte mir, daß sein Sohn und er sich fast jeden Tag ein »Fax« zusenden. Oder wie wäre es mit einer e-mail via Internet?

Auch Mütter können ihre Kinder ermuntern, dem Papa ein Bild zu malen oder einen kurzen Brief zu schreiben. Ältere Kinder werden das oft von sich aus machen, wenn sie ihre Umgebung nicht daran hindert.

Schwierigkeiten mit dem Nachscheidungsalltag?
Die folgenden Broschüren können weiterhelfen:
- »Eltern bleiben Eltern. Hilfen für Kinder bei Trennung und Scheidung«. Herausgegeben von der Deutschen Arbeitsgemeinschaft für Jugend- und Eheberatung e.V., Neumarkter Str. 84c, 81673 München. Zu beziehen beim Bundesministerium für Familie, Senioren, Frauen und Jugend, Pf. 201551, 53145 Bonn.
- »Partnerschaft kann zerbrechen – Elternschaft ist nicht auflösbar«. Bei: IETE – Intakte Elternschaft trotz Trennung/Scheidung. Germersheimer Str. 26, 81541 München.
- »Die Eltern trennen sich. Die Kinder sehen beide«. Bei: TRIALOG – Beratungsstelle für Familienkrisen, Trennung und Scheidung e.V., Von-Vincke-Straße 6, 48147 Münster.
- »Mehr Zeit für Kinder. Auch nach Trennung und Scheidung. Nichtsorgeberechtigte Väter und Mütter und die Beziehung zu ihren Kindern«. Bei: Mehr Zeit für Kinder e.V., Schmidtstraße 12, 60326 Frankfurt/Main.

- »Sich als Paar trennen – Eltern bleiben«. Herausgegeben von der Praxis- und Forschungsstelle für Psychotherapie und Beratung (PFPB), Hauptstr. 47-51, 69117 Heidelberg.
  Empfehlenswert sind auch die folgenden Ausführungen:
- Keyserlingk, Linde von: Liebe aus der Ferne. Wie Kinder mit dem abwesenden Vater in Kontakt bleiben. Freiburg 1983.
- Mackscheidt, Elisabeth/Tull, S.: Hilfen für Eltern und Kinder bei Trennung und Scheidung. In: Katholische Bundesarbeitsgemeinschaft für Beratung (Hg.): Kirchliche Beratung – Hilfe zum Leben. Freiburg 1990, S. 209–217.
- Rowlands, Peter: Wochenend-Eltern. Intakte Elternschaft trotz geschiedener Ehe. München 1983.

Gute Anregungen für lebendige »Umgangsmodelle« geben:

- Fthenakis, Wassilios E.: Umgangsmodelle zur kindgerechten Gestaltung der Beziehungen zwischen Eltern und Kinder in der Nachscheidungsphase. In: Familie/Partnerschaft/Recht 4/1995, S. 94 – 98.
- Ofuatey-Kodjoe, Ursula: Zum Wohle des Kindes: Je jünger, desto weniger Kontakt? Zur Fragwürdigkeit von Faustregeln. In: Der Amtsvormund 7/8 1997, S. 233 – 236.
- Ell, Ernst: Psychologische Kriterien zur Umgangsregelung. In: Der Amtsvormund, Oktober 1986, S. 745–752.

»Von meinem Vater weiß ich mehr als meine Freundinnen« – ein Trennungskind erzählt

»Von meiner Mutter und meinem Vater gibt es nur dieses Foto. Komisch, denke ich manchmal: Das sind meine Eltern?«

Kira legt das Bild zur Seite. Zwei Twens stehen dort – Hans und Inge, Arm in Arm vor dem Atomium – und lächeln in die Linse. Brüssel 1970. In solch trauter Zweisamkeit hat sie diese beiden Menschen sonst nie erlebt. Zusammen waren Mutter und Vater nur selten. Wenn, dann für wenige Stunden, zum Beispiel wenn Kira Geburtstag hatte. Manchmal haben sie noch ein Glas Wein getrunken, wenn Hans Kira am Sonntagabend nach Hause brachte.

Kira ist zwanzig Jahre alt und studiert Sozial- und Wirtschaftsgeschichte. »Geplant« war sie nicht. Als ihre Mutter, heute 42, feststellte, daß sie schwanger war, war die Beziehung mit Hans bereits zu Ende. Hans, heute 40, ist Abgeordneter in einem Landesparlament.

»Wie soll der Kontakt zwischen dem Kind und dir denn noch funktionieren?« ist häufig zu hören, wenn Eltern auseinandergehen oder wenn neue Partner auftauchen. Mütter und Väter vergessen dabei, daß Kinder mit »Mehrdeutigkeiten« leben können. Vorausgesetzt, ihre Eltern lassen das zu.

Kira ist mit drei Vätern groß geworden: Mit ihrem, wie sie ihn nennt, »richtigen Vater«, Hans, und mit ihren »sozialen Vätern«: Rudi und Bernd. Dabei war die Bezeichnung »Vater« für sie »total nebensächlich«, vor allem als sie noch kleiner war.

Unter einem Dach haben Kira und Hans nie zusammengelebt. Trotzdem haben beide eine gemeinsame Geschichte.

Kannst du dich noch erinnern, was du mit deinem Vater gemacht hast, als du jünger warst?

»Als ich vier war, da stand mein Vater alle zwei Wochen am Montagnachmittag um fünf Uhr vor dem Kindergarten. Dann sind wir zu ihm gefahren und haben da gespielt. Kochen kann er wie kein zweiter. Wenn ich bei ihm war, gab es immer Pfannkuchen oder Spaghetti. Ich sehe die Maschine, mit der er die Spaghetti gemacht hat, noch deutlich vor mir. Bei Hans war es immer lustig. Wir waren oft im Kindertheater oder sind zu meinen Großeltern, also seinen Eltern, gefahren. Manchmal war ich auch am Wochenende bei ihm.

Ob ich Hans als Vater betrachte? Das kann ich dir gar nicht so genau sagen. Diese Begriffe sind immer so doof. Meine Mutter ist meine Mutter. Klar. Mit meiner Mutter habe ich ja die ganze Zeit zusammengelebt. Und mein Vater? Hans ist mein biologischer Vater, soviel steht fest. Als ich in die Grundschule ging, habe ich auf die Frage ›Wer ist dein Vater?‹ immer geantwortet: ›Ich habe zwei Väter.‹ Meine Mutter hatte mir das so erklärt: ›Der, mit dem ich dich gemacht habe, das ist Hans. Und der, der immer für dich da ist, das ist Rudi.‹

Rudi war der eigentliche Vater für mich. Das war der Freund meiner Mutter. Damit bin ich immer selbstbewußt umgegangen. Wenn jemand nett zu dir ist und sich um dich kümmert, ist es dir als Kind total egal, ob der nun Papa oder Rudi heißt. Rudi hat schon in früher Kindheit die Vaterrolle für mich übernommen. Mit ihm habe ich mehr Zeit verbracht als mit meinem richtigen Vater. Rudi hat sich auch noch um mich gekümmert, als meine Mutter wieder einen neuen Freund hatte. Bis ich vierzehn war, kam er noch einmal in der Woche vorbei, obwohl er da schon verheiratet war und selbst zwei Kinder hatte. Er war damals eine richtige Autoritätsperson für mich. Das war Hans nie. Wenn Rudi gesagt hat: ›Das darfst du und das nicht!‹, galt das so wie bei meiner Mutter.

Mit Rudi, das war Alltag. Wir haben zusammen gefrühstückt und Abendbrot gegessen. Er hat mir Gute-Nacht-Geschichten vorgelesen und hat auf mich aufgepaßt, wenn meine Mutter weg war. Manchmal hat er auch mit mir geschimpft. Rudi hat mir Lesen und Schreiben beigebracht. Natürlich hat er mit mir auch gespielt und gebastelt. So einen Alltag habe ich mit Hans nicht kennengelernt.

Mein jüngerer Bruder hat übrigens einen anderen Vater: Bernd. Der wohnte ungefähr vier Jahre bei uns. Ich habe also praktisch drei Väter. Aber Bernd hat die Vaterrolle nicht so übernommen wie Rudi in meiner früheren Kindheit.

Trotzdem gibt es zwischen meinem richtigen Vater und mir viele Elemente, die eine Beziehung zwischen Vater und Tochter ausmachen: Während meiner Schulzeit habe ich ihn alle zwei Wochen von Freitag bis Sonntag besucht. Seine Freundin war auch oft da. Die mochte ich übrigens wahnsinnig gern.

Das wäre auch blöd gewesen, wenn jemand bei ihm gewesen wäre, den man total bescheuert findet. Wir haben nicht immer nur besondere Sachen wie Kino und so gemacht. Ich habe bei Hans auch gelesen und gemalt, mich also auch alleine beschäftigt. Pfannkuchen und Papa: Das gehört für mich zusammen. Die hat er immer für mich gemacht, wenn ich bei ihm war. Und das Weihnachtskeksebacken. Das machen wir jedes Jahr, auch heute noch. Das hat richtig Tradition. Da haben meine Freunde auch schon mitgemacht.«

Und was ist bei deinem Vater anders im Vergleich zu anderen Vätern?

»Da sind einige Dinge, die ich bei anderen Töchtern und ihren Vätern nicht sehe. Ich rede mit Hans über Sachen, die meine Freundinnen nie mit ihren Vätern besprechen würden: Ich kann ihm zum Beispiel meine Love-Storys erzählen. Ich kenne so viele Mädchen, die werden mit ihrem Vater zusammen alt, aber wissen überhaupt nicht, was er denkt und was er macht. Für viele ist der Vater doch ein Fremder, der mit ihnen bloß in einem Haus wohnt. Der arbeitet, kommt nach Hause und ißt dort sein Abendbrot. Mehr nicht.

Du schreibst ein Buch über Väter ohne Kinder? Ja, so etwas gibt es wohl. Aber es gibt auch viele Männer, die sich als Vater beschissen zu ihren Kindern verhalten. Wie viele Väter gibt es wohl, die da sind und wiederum nicht da sind?

Warum ich mich mit meinem Vater so gut verstehe? Wir hatten nie diesen Alltagsstreß. Hans war nie eine Autoritätsperson für mich. Er konnte mir nie etwas verbieten wie meine Mutter. Wir haben uns immer getroffen, weil wir uns sehen wollten. Und dann schafft man sich natürlich eine ganz entspannte Atmosphäre. Da ist immer etwas Angenehmes, etwas Schönes. Wir können uns prima unterhalten und amüsieren. Wir können uns auch gut über politische Themen streiten. Hans hatte ja sonst nichts mit Kindern zu tun. Deswegen hat er mich schon früh wie eine Erwachsene behandelt.

Meiner Mutter rechne ich es übrigens hoch an, daß sie sich

nie zwischen meinen Vater und mich gestellt hat. Sie hat sich manchmal darüber aufgeregt, daß Hans mich am Wochenende mit leckeren Sachen vollgestopft hat. Für eine Mutter muß das schwer sein: Sie hat den Alltag, und der Vater backt die Pfannkuchen. Der Kontakt zwischen Hans und mir lief aber nie über meine Mutter. Ich habe ihn angerufen, oder er hat mich angerufen. Wenn wir uns sehen wollten, war das okay.«

Das hört sich ja bisher alles sehr positiv an. Aber es gibt doch sicherlich auch Dinge, die dich an Hans stören …

»Klar. So mit zwölf, dreizehn, als ich in die Pubertät kam, da hatte ich auch Streß mit meinem Vater. Ich hatte plötzlich das Gefühl, er will mit mir angeben – mit *seiner* tollen Kira, die in der Schule so gut ist. Dazu hatte er doch überhaupt kein Recht. Das war doch nicht sein Verdienst! Einmal wollte er mich auf eine Betriebsfeier mitnehmen, um mich da vorzuzeigen – *seine* Tochter. Aus Protest habe ich meine zerfetzteste Hose mit Tigermuster angezogen. Es stieß mir auch plötzlich auf, daß er sich so wenig um mich gekümmert hat, als ich klein war. Eine Zeitlang hatte meine Mutter ihm verboten, mich zu sehen. Da war ich fünf oder sechs. Hans hatte sich ein paarmal nicht an die Termine gehalten, wann er mich abholen sollte. Ich war damals wahnsinnig enttäuscht, daran erinnere ich mich noch sehr genau.

Und heute? Das mit dem Vorzeigen hat sich gelegt. Und falls es noch da ist, stört es mich jedenfalls nicht mehr. Er schreibt zum Beispiel auch heute noch als Anrede ›Geliebte Tochter!‹. Mit dreizehn fand ich das schrecklich. Jetzt finde ich das wieder schön. Unser Verhältnis ist sogar intensiver geworden. Ich würde zum Beispiel nie auf die Idee kommen, meine Mutter am Telefon zu fragen, ob sie Lust hat, mit mir spazierenzugehen. In den letzten drei Jahren waren wir immer zwei Wochen im Urlaub – Städtereisen nach Berlin, Prag und Budapest. Das war total schön. Da hatten wir viel Zeit zum Reden. Ich habe ihm erzählt, was ich so mache, und er hat mir viel von sich und seiner politischen Arbeit erzählt. Ich habe ihn richtig ausgequetscht, wie das damals war, mit meiner Mutter. Ich habe ihn gefragt, was er damals gefühlt hat, als meine Mutter schwanger war. Er war total überfordert und fühlte sich der Verantwortung nicht gewachsen. Außerdem war seine neue Freundin eifersüchtig. Er hat mir auch erzählt, daß er in der Zeit, als er manchmal nicht gekommen ist, gerade in therapeutischer Behandlung war. Er hatte damals große Probleme mit seinen eigenen Eltern.

Heute gebe ich ihm keine Schuld mehr, daß er sich damals so wenig um mich gekümmert hat. Mich nerven nur seine Beziehungskisten. Und daß er ein Realo geworden ist.«

11. Weniger Streit durch mehr Hilfe und Beratung

»Klarheit in Scheidungsfamilien kann nicht durch Entweder-Oder-Entscheidungen herbeigeführt werden. Klarheit für Eltern und Kinder in Trennungsfamilien besteht dann, wenn allen Familienmitgliedern klar ist, daß die Kinder künftig Mitglieder zweier Haushalte sind. Aus einem Paar, das einmal eine Liebesbeziehung verbunden hat, müssen Partner werden, die in der Lage sind, eine gemeinsame Aufgabe miteinander abzuwickeln.« (Wera Fischer, Sozialarbeiterin und Mediatorin)

Andere Hilfe könnte vielen Trennungs- und Scheidungsfamilien helfen. Wenn Anwälte, Sozialarbeiter, psychologische Sachverständige und Richter auf jene »Eingriffe« verzichteten, die das akute Trennungsgeschehen festschreiben, oftmals sogar noch anheizen, könnten mehr Eltern nach Trennung oder Scheidung Eltern bleiben. Aber meistens läuft es so: Nach den üblichen Kontakten mit professionellen Trennungsbegleitern ist bei den ehemaligen Partnern auch der letzte Funke an Verständigung und Zusammenarbeit erloschen. Jedes zweite Kind verliert einen Elternteil vollständig – in der Regel seinen Vater. Die andere Hälfte muß sich häufig mit »Umgängen« zufriedengeben, die eher an Großtante Pias Kaffeetafeln als an eine Liebesbeziehung erinnern.

Trennungsbegleiter, die gemeinsam mit den ehemaligen Partnern Streitpotential abbauen *könnten*, gibt es in Hülle und Fülle. Doch den meisten Anwälten, Jugendamtsmitarbeitern, Gutachtern und Richtern fehlt dazu die erforderliche *Ausbildung*, häufig auch das notwendige *Einfühlungsvermögen*. Zu wenige haben das kindeswohlschädliche Kinder-brauchenihre-Ruhe Credo und die althergebrachte Suche nach dem »besseren« Elternteil an den Nagel gehängt.

Die Umfrage »Trennung–Scheidung–Neubeginn« kommt zu dem Ergebnis, daß 82 Prozent der Scheidungspaare sich psychologische Beratung wünschen. 73 Prozent plädieren sogar für eine *Pflicht*beratung. Die Betroffenen hätten also nichts gegen umfassende nichtjuristische Hilfe einzuwenden. Aber nur die wenigsten finden Helfer, die ihnen helfen. Die Hälfte gab an, vergeblich nach einer Beratungsstelle Ausschau gehalten zu haben.

Trennungseltern fordern Hilfe. Aber selbst unter prominenten Vertretern der Scheidungsbranche macht sich *Hilflosigkeit* breit, mitunter sogar Zynismus. So warnt der Berliner Psychologe und Gutachter Dr. Rainer Balloff davor, »die Tatsache häufig vielfältiger, dem Wohl des Kindes abträglicher Konflikte und Zwistigkeiten der Eltern nach einer Trennung« zu bagatellisieren oder zu verleugnen.[100] Ich frage mich: Wem nützen solche pathologischen Zustandsbeschreibungen, solche Fingerzeige auf die Verletztheiten ehemaliger Partner? Den Kindern wohl kaum! Und ihren Eltern?

Daß es nicht einfach ist, zerstrittene Ex-Paare im Interesse ihrer Kinder an einen Tisch zu bekommen, wird kein Scheidungsbegleiter bestreiten. Viele Mütter und Väter lehnen jede Beratung, jede Hilfe ab, weil sie Kritik an ihrem Verhalten befürchten. Doch wer sonst, wenn nicht die Leute vom Fach, könnte Eltern aus ihrer Sackgasse herausführen?

Um festzustellen, daß elterliche Gemeinsamkeiten nicht mehr vorhanden oder gewollt sind, bedarf es keines »psychologischen Sachverstandes«. Großes Vertrauen in sein Handwerk scheint der Psychologe Balloff nicht zu haben: Er

---

100 Balloff, Rainer: Reaktionen der Kinder auf die Scheidung der Eltern bei alleiniger oder gemeinsamer elterlicher Sorge. In: Verband alleinstehender Mütter u. Väter, Landesverband Nordrhein-Westfalen e.V. (Hg.): Gemeinsames Sorgerecht – Zwischen Ideologie und Realität. Essen 1992, S. 35.

befürchtet, daß die »kärglichen Reste« elterlicher Gemeinsamkeiten »eher zerstört als ausgebaut werden«, »indem man, dem heutigen ›systemischen Zeitgeist‹ entsprechend, über Gebühr nicht mehr vorhandene oder gewollte elterliche Gemeinsamheiten herbeiredet bzw. mit Hilfe von Psychotechniken unter Zwang oder Anordnung herbeiberät, herbeitherapiert oder herbeimediatiert«[101].

Ein Aufruf zur Arbeitsverweigerung. Nach dem Motto: »Wir können ja sowieso nichts tun, wenn die Eltern sich zoffen!«

Scheidungsbegleiter mit einer derartigen Arbeitsmoral sollten nach einem anderen Job Ausschau halten. Für sie gilt das gleiche wie für Zahnärzte, die Angst vorm Bohren haben: In der (Scheidungs-)Praxis haben sie nichts zu suchen. Denn von alleine wird ein kranker Zahn nicht gesund.

> »Die Familienrichter sollten sich vor jeder Sitzung fragen, wie sie sich selbst nach einer Scheidung den Kontakt zu ihren eigenen Kindern wünschten.« (ein Vater)
> »Das Gros der professionellen Kindeswohlschützer hat längst Individualität durch Professionalität, mitfühlende ›Anteilnahme‹ an Kindern und ihren Familien durch eine sachlich-bewertende ›Stellungnahme‹ ersetzt.« (Uwe-Jörg Jopt, Familientherapeut)
> »Der juristische Weg macht oft mehr kaputt, als daß er den Paaren hilft.« (ein Richter)

Wie können wir Streitpotential zwischen den Ex-Partnern abbauen, damit beide ihren Kindern als Bezugsperson erhalten bleiben? Wie befähigen wir sie, ihrer Verantwortung als Eltern weiterhin gerecht zu werden? Wie motivieren wir sie, zwischen ihrer gescheiterten Liebe und der fortbestehenden gemeinsamen Liebe zu ihren Kindern zu trennen? Wie bringen wir sie zu praktikablen Arrangements über die zukünftige Betreuung und Versorgung der Kinder? Wie können wir

101 Ebd.

den Kindern die Kontakte zum abwesenden Elternteil sichern?

Mit diesen Fragen sollten sich Trennungs-*Begleiter* auseinandersetzen! Denn oft ist Müttern und Vätern gar nicht bewußt, daß sie ihre Kinder für ihre eigenen Bedürfnisse und Motive instrumentalisieren. Deshalb brauchen sie Hilfe von *Menschen, die sie für die Bedürfnisse ihrer Töchter und Söhne sensibilisieren.* Wenn Helfer ihr Handwerk beherrschen, verstehen sie es, Eltern in ihren menschlich nachvollziehbaren Abwehrversuchen zu zügeln. Sie sagen nicht ja und amen zu deren gegenseitigen Vernichtungs- und Verbannungswünschen. Vielmehr bemühen sie sich, Mutter und Vater wieder über ihr Kind ins Gespräch zu bringen.

Heraus aus dem Konfliktkreis

»Beide Eltern braucht das Kind, auch wenn sie geschieden sind!«

Ginge es nach den Trennungs- und Scheidungskindern, müßten ihre Eltern diesen Aufkleber des Verbandes *Väter für Kinder* gut sichtbar auf dem Autoheck oder über der Türklingel plazieren. Kinder wünschen sich auch nach Trennung ihrer Eltern intensive und konfliktfreie Beziehungen zu Mutter und Vater. Die aber sind just zu dieser Zeit in einer schlechten Verfassung: Ihre Fähigkeit, sich in die Wahrnehmungswelt und Bedürfnisse anderer hineinzuversetzen, sinkt auf einen Tiefstpunkt. Ihr Paarkonflikt verschlingt eine Menge Kraft.

Wie kann auseinanderdriftenden Partnern geholfen werden, die Interessen ihrer Kinder auch in dieser Krisensituation nicht aus den Augen zu verlieren? Wie die Kinder aus dem psychologischen Würgegriff ihrer Eltern befreien? Wie Dialogfähigkeit herstellen? Wie herauskommen aus dem Konfliktkreis?

Faustregeln und Patentrezepte gibt es dafür nicht. Aber es gibt einige Strategien, die Beziehungen zwischen Eltern nicht noch zusätzlich be-, sondern im Normalfall entlasten – Vorgehensweisen, die ehemalige Partner *früher* offen machen für eine gemeinsame Gesprächsbasis, für konstruktive Lösungen. Diese Versuche verzichten darauf, den Betroffenen fertige Marschrouten zu geben. Denn in der Zwangsjacke juristischer Beschlüsse und Verordnungen fühlt sich eine Seite gewöhnlich unterlegen.

Schon heute gibt es Fachkundige, die ihr Möglichstes tun, Familien vor und nach der Trennung zu helfen. Sie arbeiten in allen Scheidungsberufen und versuchen vor allem, gemeinsam mit den Betroffenen mehr Bewußtsein für fortbestehende Elternschaft aufzubauen. Denn schriftliche »Vereinbarungen« sind nicht das Papier wert, auf dem sie geschrieben wurden, solange sie nicht Spiegel verinnerlichter Ansichten sind.

Richtige Helfer leisten deshalb vor allem Überzeugungsarbeit. Kompromisse und Kooperation, das wissen sie, sind Ausdruck von *Einstellungen*, nicht von Dekreten. Oft sind es schon Kleinigkeiten, die Müttern und Vätern die Augen öffnen: Zum Beispiel das Kinderbuch »Papa wohnt jetzt in der Heinrichstraße«[102]. Das liest Franz Dickmeis, Familienrichter und Präsident des Verbandes *Anwalt des Kindes*, gemeinsam mit unversöhnlichen Scheidungs-Gegnern. Die Lektüre hat schon bei so manchem Hardliner einen Bewußtseinsschub für die Wünsche der eigenen Kinder ausgelöst.

102 Maar, Nele und Ballhaus, Verena: Papa wohnt jetzt in der Heinrichstraße. Lohr 1988. Weitere Kinderbücher zum Thema Trennung und Scheidung finden sich auf S. 331.

Frischer Wind in einigen Jugendämtern

»Als Trennungs- und Scheidungsberaterin des Jugendamtes, beauftragt durch das Kinder- und Jugendhilfegesetz, sehe ich es als meine Hauptaufgabe an, das Kind mit seinen Trennungsängsten und seinen Bedürfnissen, beide Elternteile zu behalten, zu vertreten und beide Eltern an ihre Verantwortung für das Wohlergehen ihres gemeinsamen Kindes zu erinnern und in die Pflicht zu nehmen.«
(Helga Schmitz, Bad Honnef)

»Es geht nicht mehr darum, möglichst frühzeitig Verantwortung für die Betroffenen zu übernehmen und damit zu einem Prozeß der Entmündigung beizutragen, sondern es geht darum, Verantwortung dafür zu übernehmen, daß sie wieder befähigt werden, eigenverantwortlich zu handeln. Mit diesem veränderten Arbeitsansatz gelingt es mir sehr häufig, strittige und scheinbar ausweglose Konfliktsituationen von Scheidungseltern in einem gemeinsamen Prozeß aufzulösen und die Konfliktpartner zur Kooperation zu gewinnen.«
(Ullrich Bieker, Jugendamt Kassel)

Bad Salzuflen, Erlangen, Geesthacht, Kassel, Karlsruhe, Landsberg am Lech, Siegburg und Saarbrücken: In den Jugendämtern dieser Städte weht ein neuer Wind. Viele ihrer Mitarbeiter haben auf Fortbildungsseminaren Kenntnisse über die Probleme in Nachscheidungsfamilien erworben. Sie sind vertraut mit pädagogischer und psychologischer Beratungsführung, mit Vermittlungstechniken. Und sie kennen sich aus mit dem rechtlichen Unterbau. Ihre Hauptaufgabe sehen sie darin, die oftmals vollständig eingefrorene Gesprächsbereitschaft zwischen ehemaligen Partnern wieder anzuregen.

Der Gefühlshaushalt von Ex-Partnern ist in diesen Bezirken sicherlich nicht weniger durcheinander als bei Trennungseltern in anderen Teilen der Republik. Hier haben sie jedoch größere Chancen, Impulse für eine fortbestehende gemeinsame Eltern-Verantwortung zu erhalten.

Das Jugendamt bzw. das Amt für Soziale Dienste (ASD) ist gewöhnlich die erste Institution, mit der scheidungswillige Eltern konfrontiert werden. Bislang war der »Hausbesuch vom Jugendamt« den meisten Müttern und Vätern ein rotes Tuch. Sie wußten, daß die Sozialarbeiterin anschließend in einer Stellungnahme für und gegen einen Elternteil votieren würde – kein gutes Klima für vertrauensvolle oder gar spannungsmindernde Gespräche.

Die Arbeit in den Reform-Jugendämtern hat mit den herkömmlichen Eltern-Observationen nichts gemeinsam: Hier stehen Beratung, Information und Aufklärung im Mittelpunkt.[103] Hilfe, so interpretieren ihre Mitarbeiter das *Kinder- und Jugendhilfegesetz*, muß Trennungsfamilien *rechtzeitig* erreichen. »Zur rechten Zeit«: das heißt für die Betroffenen, *bevor* die Fronten durch Sprachlosigkeit und unsachgerechte Eingriffe (Schriftsätze, Gutachten u. a.) hoffnungslos verhärtet sind.

Das Kinder- und Jugendhilfegesetz (KJHG) vom 1. Januar 1991

Im Falle der Trennung oder Scheidung sollen Eltern bei der Entwicklung eines einvernehmlichen Konzepts für die Wahrnehmung der elterlichen Sorge unterstützt werden, das als Grundlage für die richterliche Entscheidung über das Sorgerecht nach der Trennung oder Scheidung dienen kann (§ 17 Abs. 2 KJHG).

---

103 Neue Wege beschreitet hier zum Beispiel der Allgemeine Soziale Dienst in Geesthacht (bei Hamburg): Experten berichten betroffenen Eltern in einer Reihe von vier Informationsabenden über psychosoziale und rechtliche Aspekte von Trennung und Scheidung. Schwerpunktmäßig stellen sie die verfügbaren Hilfsangebote für Eltern und Kinder in der Region dar.

Mütter und Väter, denen die elterliche Sorge nicht zusteht, haben Anspruch auf Beratung und Unterstützung bei der Ausübung des Umgangsrechts. Bei der Herstellung von Besuchskontakten und bei der Ausführung gerichtlicher oder vereinbarter Umgangsregelungen soll in geeigneten Fällen Hilfestellung geleistet werden (§ 18 Abs. 4 KJHG).
Die Informationsbroschüre »Das neue Kinder- und Jugendhilfegesetz« ist zu beziehen beim Bundesministerium für Familie, Senioren, Frauen und Jugend, Postfach 201551, 53145 Bonn.

Über zehn Jahre bastelten Bonner Familienhüter am KJHG. Das Jugendamt Kassel durfte schon seit Mitte der achtziger Jahre mit den neuen Richtlinien arbeiten. »Gemeinsame elterliche Verantwortung im Interesse der Kinder« heißt hier die neue Maxime. Falls eine Sorgerechtsentscheidung im Rahmen des Scheidungsverfahrens bevorsteht, bietet das Jugendamt den Betroffenen Beratung an. »Individuell und ohne Formblatt schreiben wir die Eltern an«, erklärt Abteilungsleiter Helmut Matthey. Die anschließenden Gespräche finden in freundlichen, hellen Zimmern statt. Keine Behördenatmosphäre, in der alle zwei Minuten das Telefon klingelt. Möchten die Eingeladenen nicht zusammen erscheinen, finden erst einmal Einzelgespräche statt. Ob die Ex-Partner die Beratung schließlich annehmen, obliegt ganz ihrer Entscheidung.[104]

»Unsere Hauptaufgabe ist es, Eltern zu motivieren, einen einvernehmlichen Vorschlag an das Gericht zu entwickeln«,

104 Als *Pflichtlektüre* für alle Trennungs- und Scheidungsbegleiter in den Jugendämtern bietet sich an: Weber, Roland/Beck, Lothar: Elterliche Verantwortung und Sozialarbeit. In: Krabbe, Heiner (Hg.): Scheidung ohne Richter. Neue Lösungen für Trennungskonflikte. Reinbek 1991, S. 207–225 (mit vielen praktischen Hinweisen über Gesprächs- und Vermittlungstechniken).

sagt Helmut Matthey. Das »Kasseler Modell« zeigt Wirkungen: 80 Prozent aller Eltern unterbreiten dem Familienrichter einen selbst erarbeiteten Vorschlag, den der Rechtsprecher nur noch zu bestätigen braucht. »Können die Eltern sich nicht einigen, stellen wir beim Gericht einen Antrag auf Fristverlängerung. In der Zwischenzeit werden sie von Mitarbeitern mit der Sonderausbildung ›systemische Familienberatung‹ beraten. Wenn auch das nicht fruchtet, nennen wir ihnen Beratungsstellen in der näheren Umgebung.« Schließlich bleiben, so Matthey, nur vier bis fünf Prozent »hochstrittige Fälle« übrig.

Auch das Kreisjugendamt Landsberg ist der Zeit voraus. »Weil Eltern, die sich trennen wollen, in einer psychischen Ausnahmesituation sind, benötigen sie kurzfristige und frühzeitige Hilfe«, faßt der Sozialpädagoge Günther Hartl zusammen. »Frühzeitige Hilfe« bedeutet für ihn, daß die Familiengrenzen nicht vorschnell festgeschrieben werden – das gilt insbesondere für das obligatorische »Trennungsjahr«. Grundlage der neuen Arbeitsweise sei die »optimale Zusammenarbeit« zwischen Jugendamt und Familiengericht. »Mittlerweile haben sich auch die Anwälte auf unsere Arbeitsweise umgestellt.«

1989 entschieden sich in Landsberg bereits 28 Prozent der Familien für das gemeinsame Sorgerecht – im Bundesdurchschnitt waren es 1 bis 2 Prozent! Die Geschiedenen scheinen es nicht zu bereuen: Bis heute ging im Kreisjugendamt kein einziger Änderungsantrag von gemeinsamer auf alleinige Sorge ein.

Immer mehr Jugendämter weigern sich seit der KJHG-Novelle, dem Richter die herkömmliche Sorgerechtsempfehlung zu liefern: »Wir wollen niemandem bescheinigen: ›Du bist der Gewinner, und du der Verlierer.‹ Eine einseitige Parteinahme würde uns jeden Kontakt zum Unterlegenen verbauen«, sagt Helmut Matthey vom Kasseler Jugendamt. Waren die Vermittlungsbemühungen seiner Mitarbeiter erfolglos, beschränken sie sich darauf, dies kurz mitzuteilen und auf begleitende Hilfsangebote hinzuweisen.[105]

Fortschrittliche Familienrechtler schlagen vor, zwei ganz unterschiedliche Abteilungen in den Jugendämtern zu schaffen: eine Beratungs- und Hilfsangebotsabteilung sowie eine Gerichtshilfeabteilung. Denn wer wird schon vertrauensvolle Gespräche mit einem Sozialarbeiter führen, wenn er anschließend im Gerichtssaal befürchten muß, daß seine eigenen Aussagen gegen ihn verwendet werden!

Jugendamtsmitarbeiter sind also nicht länger die Büttel des Gerichts, sondern Berater und Helfer der Eltern. Eine Beratungs*pflicht* hat der Gesetzgeber Trennungs- und Scheidungsfamilien leider noch nicht vorgeschrieben. »Hilfe zur Selbsthilfe ist nach dem KJHG zu gewähren, nicht mehr, aber auch nicht weniger.«[106] Fehlt den Staatsdienern Zeit oder Qualifikation für eine entsprechende Hilfestellung, können sie Eltern auch an Ehe-, Trennungs- und Scheidungsberatungsstellen weiterleiten.

»Erfolgreiche« Sozialarbeiter machen nichts anderes als »erfolgreiche« Sachverständige: Sie informieren und beraten Paare, die sich trennen wollen, zeigen Schädigungen durch unbedachtes Elternverhalten auf, bringen die Kindesperspektive ein und versuchen mit viel Einfühlungsvermögen, Konflikte zwischen den Ex-Partnern zu beseitigen. Ihre Maxime heißt: Wie können wir dem Kind zwei gute Elternbeziehungen erhalten? »Erfolgreiche« Sozialarbeiter erklären dem Richter, welche Bedürfnisse das Kind nach der Trennung seiner Eltern hat. Sie sagen auch deutlich,

---

105 In § 50 (Mitwirkung in Verfahren vor den Vormundschafts- und den Familiengerichten) Absatz 2 KJHG heißt es: »Das Jugendamt unterrichtet insbesondere über angebotene und erbrachte Leistungen, bringt erzieherische und soziale Gesichtspunkte zur Entwicklung des Kindes oder des Jugendlichen ein und weist auf weitere Möglichkeiten der Hilfe hin.«
106 Coester, Michael (1992) S. 619.

welcher Elternteil die angebotene Zusammenarbeit verweigert.

Ein ausführliches *Verzeichnis der Hilfsangebote* findet sich ab Seite 304.

Mediation – Vermittlung

»Streiten oder Verhandeln – Fremdbestimmung
oder Selbstbestimmung: Diese Frage kann niemand
den Eltern abnehmen.«
(Lothar Beck und Roland Weber,
Familientherapeuten)

Es geht um viel. Um fast alles: Bekommt jemand allein das Sorgerecht für die Kinder? Wer die Wohnung und wer das Auto? Wann darf wer die Kinder wie lange sehen? Wie hoch ist der Unterhalt? Und wie teilen wir den Hausrat? Du willst den alten Sekretär? Dann kriege ich die Spülmaschine und den Farbfernseher! Aber die Geranien bleiben hier ...

Alles gehört im Scheidungs-Potpourri irgendwie zusammen. Zündstoff in Hülle und Fülle. Ist sachliches Trennungsmanagement da überhaupt möglich?

Die meisten Betroffenen würden bei dieser Frage energisch den Kopf schütteln: Mit diesem Menschen? Wie soll das denn bitte funktionieren? Immer wieder brechen Verletzungen und Wunden auf, die man sich in den letzten Monaten und Jahren zugefügt hat. Ein fruchtbarer Nährboden für eine Alles-oder-nichts-Haltung: Wie schlage ich das Beste für mich heraus? Die meisten Trennungsentschlossenen vertrauen dabei ganz ihrem Anwalt.

Es geht auch anders.

Eine wachsende Minderheit von Trennungs- und Scheidungspaaren bemüht sich, gemeinsam mit Fachleuten selbständig einen Kompromiß zu erarbeiten: die für beide bestmögliche Lösung. Ihre Helfer nennen sich »Mediatoren«, auf deutsch: Vermittler.[107] Es handelt sich um Anwälte, Pädagogen, Psychologen oder Psychotherapeuten, die über eine entsprechende Zusatzausbildung verfügen. Sie sind selbständig oder arbeiten in Trennungs- und Scheidungsberatungsstellen.

Mediation: Dahinter verbirgt sich die *vor- und außergerichtliche* Suche nach praktikablen, zukunftsbezogenen *Lösungen im Trennungsfall*. Der Vermittler sieht seine Hauptaufgabe darin, gemeinsam mit dem Trennungspaar unterschiedliche Standpunkte zu entflechten. Dabei begibt er sich in die Rolle eines Moderators: Er versucht, aus Gegnern Verhandlungspartner zu machen. Sein Job ist es, vorhandene Konflikte in konstruktive Bahnen zu lenken, nicht, sie unter den Tisch zu kehren. Der Vermittler distanziert, versachlicht und strukturiert. Er unterstützt das Paar, *eigene* Entscheidungen zu treffen. Wenn der Vermittlungsprozeß erfolgreich verläuft, braucht der Richter die getroffenen Vereinbarungen nur noch abzusegnen.

Ein Mediator ist weder Therapeut noch Schlichter, weder Anwalt noch Richter. Er ist Befähiger, Impulsgeber und Erleichterer, kein autoritärer Entscheider. Als Katalysator und Konfliktsteuerer versucht er, die Selbstregulierungskräfte von ehemaligen Partnern zu fördern und positive Verstärkungen für deren Verhandlungsverhalten zu setzen. Beide Seiten geben dabei den Konflikt nicht aus der Hand – sie selbst bleiben in der Verantwortung. Sie werden nicht durch einen Rechtsanwalt vertreten, sondern sie vertreten sich selbst.

Bei Vermittlung geht es nicht um »kreative Scheidung«, auch nicht um ein harmonisches Happy-End. Es geht um pragmatische Kompromisse, um wechselseitig interessengerechte Vereinbarungen – um *Gewinner-Gewinner-Lösungen*: »Statt einer Entweder-oder-Entscheidung wird nach Und-Lösungen gesucht, statt Sieg oder Niederlage wird doppelter Gewinn oder

---

107 In Großbritannien und Dänemark hat sich der Ausdruck »Conciliation/ Konziliation« durchgesetzt.

zumindest ein fairer Ausgleich angestrebt«[108], erklären die Münchner Mediatoren Gisela und Hans-Georg Mähler.

»Die optimale Voraussetzung zur Mediation ist, wenn die Partner ihre berechtigten Interessen angemessen vertreten können«, sagt der Psychotherapeut Prof. Dr. Reiner Bastine, der an der Universität Heidelberg die Mediation-Beratungsstelle *Hiatus* leitet. Beide Sichtweisen müßten sich im Vermittlungsprozeß gleichberechtigt entfalten dürfen. Dazu gehöre gelegentlich auch, daß der Mediator den schwächeren Verhandlungsteilnehmer unterstütze. Bastine: »Wenn ein solcher Machtausgleich nicht erreichbar ist, empfehlen wir den Klienten in unserer Mediations-Praxis, ihre Regelungen von Anwälten aushandeln zu lassen. Denn der Mediator kann nicht die Aufgabe übernehmen, das Anliegen des Schwächeren dauerhaft zu vertreten, da er sonst parteilich wird.«

In den U.S.A. greifen Scheidungsfamilien seit mehr als zwanzig Jahren auf diesen Weg der Konfliktbearbeitung zurück. Mediation hat sich dort längst als wirkungsvolle Alternative zu den herkömmlichen juristischen Verfahren etabliert. Im Bundesstaat Kalifornien gibt es für strittige Sorgerechts- und Besuchssachen seit 1981 sogar eine Vermittlungs*pflicht*. Mediationsfachmann Roland Proksch: »Betroffene Familien haben mit Hilfe eines Beraters (Mediators) zunächst den Versuch einer eigenverantwortlichen, rechtsverbindlichen Lösung ihrer Konflikte vorzunehmen, ehe sie zu einem gerichtlichen Verfahrensfortgang ihrer Streitigkeit kommen können.«[109]

---

108 Mähler, Gisela und Hans-Georg: Trennungs- und Scheidungsmediation in der Praxis. In: Familiendynamik, H. 4, Oktober 1992, S. 352; vgl. dies. in: NJW 1997, S. 1262ff.

109 Proksch, Roland: Scheidungsfolgenvermittlung (Divorce Mediation) – ein Instrument integrierter familiengerichtlicher Hilfe. In: FamRZ 1989, H. 9, S. 919.
1990 war die »Vermittlung in Familiensachen« bereits in jedem zweiten amerikanischen Bundesstaat gesetzlich vorgeschrieben oder den Richtern zur Durchführung überlassen. Eine Trennungsberatungspflicht vor der Scheidung gibt es auch für finnische Paare.

Viele deutsche Vermittler arbeiten nach dem Konzept von John M. Haynes, einem bekannten amerikanischen Mediator. Haynes, der 25 Jahre in Tarifverhandlungen zwischen Gewerkschaften und Arbeitgebern vermittelte, hat ein eigenes »Mediation Training Institute« in Northport, New York, und ist Sprecher der »Academy of Familiy Mediators«.

»Meine Aufgabe besteht darin«, sagt Haynes hilfesuchenden Paaren, »Ihnen zu helfen, eine Vereinbarung zu finden. Ich vertrete keinen von Ihnen einzeln. Mein Ziel ist die Vereinbarung, mit der Sie beide leben können. Ich werde meine Geschicklichkeit im Vermitteln dazu benutzen, Ihnen zu helfen herauszufinden, in welchen Punkten für eine Vereinbarung Sie übereinstimmen und in welch wichtigen Punkten nicht. Wenn das geschehen ist, werde ich Ihnen helfen, auch über die entscheidenden strittigen Punkte zu verhandeln, damit eine Vereinbarung erreicht werden kann. Ich werde auch im Konflikt zwischen Ihnen vermitteln, so daß der Prozeß produktiv wird und nicht destruktiv.«[110]

Mediation ist stets ein *freiwilliges* Verfahren. Die Vermittlungspartner allein entscheiden darüber, ob sie zu einer Einigung gelangen wollen, gelangen können oder nicht. Zu einem Kompromiß gezwungen werden kann niemand. Jeder kann jederzeit aussteigen. Der juristische Titel »gemeinsame elterliche Sorge« kann, muß aber nicht am Ende einer erfolgreichen Vermittlung stehen. Viel wichtiger ist für den Mediator die Frage: Wie kann ich Eltern animieren, unter komplizierteren Bedingungen gemeinschaftlich Verantwortung für ihre Kinder zu übernehmen? Unter welchem Namen das schließlich geschieht – »alleinige« oder »gemeinsame elterliche Sorge« – ist dabei zuerst einmal Formsache.

Nur wenige Mütter und Väter werden in der »Verleumdungs- und Wutphase« in der Lage sein, miteinander »Sorge-

110 Haynes, John M.: Mediation. Basisinformationen für Interessierte. In: Krabbe, Heiner (Hg.) 1991, S. 133.

und Umgangsregelungen« zu treffen. Mediation setzt voraus, daß beide ihren Trennungskonflikt bereits ein Stück weit überwunden und sich von der »Verletzungs-Kränkungs-Rache-Spirale« (Mähler und Mähler) entfernt haben. Beide müssen sich sicher sein, daß sie die Trennung wollen. Erst wenn sie die neuen Verhältnisse mehr oder weniger hinnehmen und mit den Enttäuschungen zurechtkommen, können sie sich auf einer gesprächsfähigen Ebene begegnen.

Einige Vermittler betonen den *therapeutisch-beratenden* Aspekt der *Mediation:* Trauerarbeit und Vermittlung schließen sich ihrer Ansicht nach nicht aus. Denn ohne Trauer kein Loslassen, ohne Loslassen kein Neuanfang. Wer den Verlust einer Trennung verarbeitet, für den muß der Trennungsschmerz keine Verletzung fürs Leben bleiben: »Ohne Trauerarbeit gibt es auch keinen Frieden mit dem, was war. Seinen Frieden mit der vergangenen Beziehung zu schließen ist aber nötig, sonst gehen Selbstquälerei und Unversöhnlichkeit womöglich noch jahrzehntelang weiter«, sagt der Tübinger Psychotherapeut Hans Jellouschek.

Vermittlung ziele zwar vorwiegend in die Zukunft; trotzdem sei die Vergangenheit des Paares immer präsent. Gefühle dürften deshalb in den Vermittlungsstunden nicht unter den Tisch fallen. »Das elende Unglücklichsein, das da verhandelt wird, muß zugelassen und als eigener Anteil begriffen werden«, meint der Münchener Mediator Stefan Mayer. »Sonst besteht die Gefahr, daß trotz erreichter Lösungen alte Beziehungsmuster und Gefühle erhalten bleiben. Erst wenn beide spüren, daß ich ihre Realität verstehe und ernst nehme, werden auch sie die Vermittlung ernst nehmen und die für ein faires Verhandeln nötigen Kräfte mobilisieren.«

Gefühlsarbeit für Väter

Trennung von Partnerin und Kind: Das ist auch für die meisten Väter ein tiefer Einschnitt. Wie geht Mann mit seiner Traurigkeit, seinen Ängsten um?

Oft gar nicht. Männer sind die größten »Verdrängungskünstler«. Schmerz und Trauer zuzulassen fällt ihnen besonders schwer. Ermuntert ihr Umfeld sie nicht auch, zu vergessen, zu verdrängen, die negativen Eigenschaften ihrer Ex-Partnerin hervorzukehren? Viele Väter berichteten mir, daß ihnen vor und nach der Trennung der richtige Ansprechpartner fehlte. »Einer, der einfach nur mal zuhört. Der einem auch erzählt, was ihm auf der Seele liegt. Jemand, der dir die Augen öffnet«, wie ein Vater es ausdrückte.

Initiativen, die Trennungs- und Scheidungsvätern Unterstützung und Orientierung anbieten, stelle ich ab Seite 304f. vor.

Jede Trennung braucht ihre Zeit

Jede Familie braucht für *ihre* Trennung *ihre* Zeit. Termine im Gerichtssaal werden dieser Tatsache nur im Ausnahmefall gerecht. »Ausreichend Zeit« ist eine wesentliche Voraussetzung für erfolgreiche Vermittlung. Im Durchschnitt benötigen Trennungsfamilien zehn bis zwanzig Stunden, um zu einem Kompromiß zu gelangen, der beide Seiten befriedigt. Der Vermittlungsprozeß kann sich über ein Jahr und länger hinziehen; die meisten Paare benötigen zwischen drei und sechs Monaten. Freiberuflich tätige Mediatoren verlangen pro Sitzung zwischen 150 und 300 DM. Meistens macht sich dieser Einsatz für die Vermittlungspartner »bezahlt«.

Themen sammeln, Optionen entwickeln, verhandeln: Mediation vollzieht sich in aufeinanderfolgenden Phasen. Hannelore Diez vom *Familien-Notruf München* und Heiner Krabbe von der Beratungsstelle *TRIALOG* in Münster gehören zu den

Pionieren in Sachen »Vermittlung«. Mediation läuft nach ihrem Modell in fünf Stufen ab:

In der *ersten Phase* informiert der Vermittler über Ablauf und Regeln der Mediation. Er prüft, ob das Paar für den »freiwilligen Such- und Findeprozeß« überhaupt geeignet ist. Viele Hilfesuchende haben vor dem Informationsgespräch ein ganz anderes Bild von »Vermittlung« gehabt: Sie hoffen, auf einen Schiedsrichter zu treffen, der entscheidet, wer was bekommt. Jetzt erfahren sie, daß der Schlüssel bei ihnen selbst liegt. Mediatoren verlangen, daß beide Eltern einen Beratungsanwalt haben, der sie auf ihre Rechtsansprüche hinweist. Niemand soll mit schlechteren Karten an den Verhandlungstisch kommen.

In der *zweiten Stufe* müssen beide Seiten Daten, Zahlen und Fakten offenlegen – das gilt vor allem für ihre finanziellen Verhältnisse. Anschließend erstellt jeder eine Rangliste der Dinge, über die verhandelt werden soll. Unterhalt rangiert bei den Müttern gewöhnlich an erster Stelle, bei den Vätern die Sorge- und Besuchsregelungen für die Kinder. Weitere Vermittlungsthemen sind: Wohnungszuteilung, pädagogische Absprachen (Schule, Taschengeld, wer geht zum Arzt, wer zum Elternabend? etc.), Ferien- und Betreuungspläne für die Kinder, Umgang mit neuen Partnern, Steuer- und Versicherungsfragen, Pensionsansprüche, Regelungen über mögliche zukünftige Wechsel der Kinder von einem Elternteil zum anderen, berufliche Perspektiven der Partner u. a.

Der Vermittler versucht in dieser Phase, die Streitpunkte in »konfliktfähige Verhandlungspunkte« umzuwandeln. Dabei wird er häufig auf die Gegenseitigkeit des Problems verweisen: Beide Seiten sind von der neuen Konstellation betroffen. Danach einigen sich die Partner mit Hilfe des Mediators darauf, in welcher Reihenfolge sie die Verhandlungspunkte angehen wollen. Der Moderator wird darauf bedacht sein, zuerst die fast unstrittigen, dann die heikleren Punkte »abzuarbeiten« – erste Erfolgserlebnisse stärken die Verhandlungsbereitschaft.

Die *dritte Phase* entscheidet über Gelingen oder Scheitern

der Mediation. Nun geht es an die »harten Brocken«. Die Kunst des Vermittelns besteht jetzt vor allem darin, die Interessen hinter den Positionen zu erkunden und beide Seiten zu ermuntern, Alternativen zu entwickeln. Oft trauen sich die Partner nicht, Vorschläge zu machen. Sie haben Angst, ihre Ideen seien für den anderen nicht akzeptabel. Doch oft bieten sich Eltern jetzt Optionen an, die in naher Zukunft sehr brauchbar sein können. Kommt von seiten der Mediationspartner keine Bewegung in die Verhandlung, wird der Vermittler Wahlmöglichkeiten anbieten, indem er zum Beispiel auf Lösungswege anderer Klienten hinweist.

In dieser *Verhandlungsphase* geht es dem Mediator vor allem darum, die Gefühle und Kräfte der Eltern auf die Sache und in die Zukunft zu lenken: »Wie können wir Ihren Partner dafür gewinnen?« – »Wie wird es Ihnen beiden mit dieser Regelung gehen?« – »Was würde das für Ihren Mann/Ihre Frau/Ihre Kinder bedeuten?« – »Was glauben Sie, braucht Ihr Partner, damit er/sie akzeptieren kann, wie Sie Ihre Interessen wahren?« – »Was wäre, wenn Ihnen Ihr Partner jetzt vorschlagen würde ...?« Mit Hilfe solcher vorausschauenden Fragen versucht der Vermittler, Suchprozesse auszulösen. Denn beide Seiten brauchen Anstöße, um festgefahrene Positionen aufbrechen, um aufeinander zugehen zu können.

Zwei Prinzipien fördern, so Hannelore Diez und Heiner Krabbe, den Prozeß der Konfliktlösung:

1. Beide Eltern übernehmen *Verantwortung für ihre eigenen Interessen.*

2. Jeder *respektiert den anderen.*

Deshalb sollte der Vermittler versuchen, ein Gleichgewicht zwischen diesen, auf den ersten Blick gegensätzlichen Grundsätzen herzustellen. Folgende Techniken stehen ihm hierfür zur Verfügung:

– »den Parteien die auftretenden hemmenden Muster aufzeigen und deren Auswirkungen auf den Gesprächs- und Verhandlungsprozeß verdeutlichen;

- Druck auf die Parteien vermeiden (Zeit geben, Humor, Negativität umwandeln);
- jeder Partei helfen, ihre eigene Wirklichkeit zu erkennen (vereinfachen, zusammenfassen, Gefühle zulassen, positive Feststellungen, orientieren an Gegenwart und Zukunft);
- jeder Partei helfen, die Ansichten der anderen Seite zu verstehen (Verständnisfragen zur anderen Position, Rollen- und Perspektiventausch, Rahmen lockern und öffnen, Vielfalt möglicher Antworten anerkennen);
- beide Seiten darin unterstützen, sich auf eine Lösungsmöglichkeit einzustellen, die für beide wechselseitig fair und durchführbar erscheint (Wechselseitigkeit des Problems benennen, gemeinsame, sich überschneidende Interessen und Ziele betonen).«[111]

Bleiben in der Verhandlungsphase noch Punkte offen, wird der Mediator die Eltern ermuntern, sich bei weiteren Fachleuten – z.B. Steuer- und Rentenberatern, Immobilien- und Bankfachleuten – Rat zu holen. Danach wird im *vierten Vermittlungsschritt* eine Mediationsvereinbarung (»Memorandum«) erstellt, die beide Seiten mit ihrem Beratungsanwalt besprechen. Die Ex-Partner sollten genau wissen, auf welche rechtlichen Positionen sie verzichten, nur dann können freiwillige Ergebnisse Bestand haben. Anschließend formuliert ein Notar oder ein Anwalt den Vertrag.

Bevor das Gesamtpaket geschnürt wird, sollten beide Seiten einige Punkte ausprobieren: Ist die getroffene Besuchsregelung praktikabel? Wie geht es den Kindern dabei? Kommen Mutter und Vater mit ihren finanziellen Mitteln aus? Bewähren sich die Vereinbarungen in dieser *Testphase* nicht, gilt es, andere Lösungen zu finden. Dann wird der Mediator die Eltern ermuntern, erst einmal kurzfristige Abmachungen zu

111 Diez, Hannelore/Krabbe, Heiner: Was ist Mediation? Praktische Gebrauchsanleitung für ein außergerichtliches Vermittlungsverfahren. In: Krabbe, Heiner (Hg.) 1991, S. 124 f.

treffen. Vor allem Besuchsregelungen und Unterhaltszahlungen sollten nicht bis an das Lebensende ausgehandelt werden.

In der *letzten Phase* tritt das Übereinkommen in Kraft und erhält meist eine rechtsgültige, verbindliche Fassung. Der Familienrichter wird sich einem sauber erarbeiteten Kompromiß nicht in den Weg stellen und braucht ihn nur noch zu beurkunden. Einige Vermittlungspartner verzichten aus steuerlichen Gründen (zunächst) auf einen Scheidungsantrag und arbeiten mit einer notariell beurkundeten Vereinbarung.

In der Praxis kann es nun erneut zu Problemen kommen. Deshalb sollten sich die früheren Partner darauf einigen, bei Schwierigkeiten erst einmal ihren Mediator – nicht die Anwälte – aufzusuchen. Aber auch sonst lohnt es sich, in regelmäßigen Abständen »TÜV« zu machen, um die getroffenen Vereinbarungen mit dem Vermittler zu überprüfen und gegebenenfalls abzuändern.

Vielleicht wäre die Entscheidung des Richters ähnlich ausgefallen wie die Mediationslösung der Eltern. Waren die Vermittlungsstunden also nur ein kostspieliger Spaß? Nein! Der Beschluß des Richters wäre unter ganz anderen emotionalen Vorzeichen zustande gekommen. Entscheidend bei der Vermittlung ist eben auch der Weg, nicht nur das Ziel. Die gemeinsame Anstrengung ermöglicht es den meisten Ex-Partnern, alte Schuldrechnungen schneller fallenzulassen und einen tragfähigen Umgang für die Zukunft zu entwickeln.

»Wir brauchen liebevolle Berater!«

Aus einem Gespräch mit dem Hamburger
Trennungs- und Scheidungsberater Michael Blank

»Als Vermittler versuche ich, mit den Betroffenen zu einem Kompromiß zu gelangen, der für beide erträglich ist – vor allem für die Kinder. Eltern und Kindern muß erlaubt sein, den neuen Rahmen im Alltag erst einmal auszuprobieren. Wenn sie das eine ganze Zeit eingeübt haben, sehen die meisten, daß ihre Vereinbarungen praktikabel sind.

Ich muß meine Klienten in ihren Ängsten ernst nehmen. Ich darf sie nicht lächerlich machen, wie man das regelmäßig in Gutachten und Sozialarbeiterberichten lesen kann. Wenn man sich den Ängsten der Klienten aussetzt, selbst angstfrei ist und nicht überträgt, mache ich regelmäßig folgende Erfahrung: Auch der Elternteil, der größere Ängste mit in diese Gespräche hineinbringt, ist bald ein ganzes Stück weit bereit, sie einfach so stehenzulassen und einmal etwas Neues auszuprobieren. Wesentliche Ursachen für Streitereien und Bedrängnisse entfallen ja, wenn beide nicht mehr unter einem Dach zusammenleben.

Als humaner, behutsamer und – ich sage das bewußt: liebevoller – Berater sollte man beiden Seiten klarmachen, daß es nicht ausreicht, einfach nur einen Schalter im Kopf umzustellen. Mutter und Vater müssen die Auswirkungen der Nachscheidungsbedingungen erst einmal *erleben*, und zwar über eine gehörige Zeit. Als Vermittler muß man um diesen *Prozeß* wissen. Ich muß die Ratsuchenden ermuntern, dabei Geduld zu haben. Sie sollten sich eine Chance geben, mit ihren eigenen Empfindungen zu erfahren, daß ein Weiterleben unter den veränderten Bedingungen möglich ist. Das betrifft vor allem den Umgang mit dem gemeinsamen Kind.

Diese Dinge lassen sich regeln, ohne den anderen zu bevormunden und zu übervorteilen.«

Erste Erfahrungen mit Mediation

Die »Probleme während der Ehe werden das Elternpaar nach der Trennung einholen, weil sie damals wie jetzt ungelöst die gleichen sind. Daran werden noch so viele Stunden Mediation von noch so professionellen Beratern nichts ändern.«[112]

Dieser Vorbehalt stammt von der hessischen Rechtsanwältin Cornelia Werner-Schneider und wird von vielen ihrer Berufskollegen geteilt. Wen wundert's: Schließlich würde ein breitflächig ausgebautes »Vermittlungsnetz« viele Familienadvokaten um Schriftsätze, Honorare und Ansehen bringen.

Noch wird der »Kampf ums Kind« als Fortsetzung partnerschaftlicher Differenzen meist klassisch juristisch geführt. Daß dabei die Konflikte nicht ab-, sondern im Normalfall zunehmen, habe ich ausführlich dargestellt. Leider wissen erst wenige Trennungspaare über Vermittlung Bescheid. Woher auch? Anwaltskanzleien gibt es an fast jeder Straßenecke. Mediatoren aber sind selbst in Großstädten gewöhnlich an einer Hand abzuzählen. Die Informationen in Tageszeitungen, in Illustrierten und im Fernsehen sind dürftig.

Viel Gutes gibt es über Vermittlung zu berichten. Schaut man in Fachveröffentlichungen, finden sich dort fast immer positive Meldungen. Erste Einsichten über US-amerikanische Vermittlungsprogramme lieferte der Nürnberger Mediationsexperte Roland Proksch: 40 bis 65 Prozent der Mediationspaare erzielen im Scheidungsland Nummer eins eine Vereinbarung; einige Programme kommen sogar auf eine Erfolgsquote von 70 bis 80 Prozent. *Außerdem* gelangen zwanzig bis dreißig von einhundert Trennungswilligen zu zeitlich begrenzten Einigungen oder zu Teilvereinbarungen.[113] Im Vergleich zu anderen Scheidungspaaren haben Mediationspaare nach der Scheidung weniger Meinungsverschiedenheiten, sie halten ihre »Umgangsregelungen« öfter ein, wenden sich seltener wieder an das Gericht und haben weniger Auseinandersetzungen wegen des Unterhalts.

112 Werner-Schneider, Cornelia: Was heißt denn hier neutral? – Die Zauberformel Mediation.. In: VAMV (1992), S. 57.
Werner-Schneider: »Ich befürchte, daß über das ›Kindeswohl‹, Mediation und das gemeinsame Sorgerecht die Frauen einen Teil ihrer mühsam errungenen Emanzipation, d. h. weibliche Freiheit, opfern sollen« (ebd., S. 59).
113 Proksch, Roland (1989), S. 921.

Vielleicht bringen ja die Ergebnisse der ersten deutschen Vermittlungsstudie etwas Bewegung in die Trennungs- und Scheidungs(begleiter-)Szene: Im *Pilotprojekt Erlangen* wurde Scheidungspaaren Vermittlung vom Jugendamt angeboten – als Standardangebot staatlicher Familienhilfe. Die Vermittlungsofferte ging ausschließlich an Mütter und Väter, die sich nicht auf das »Sorge- und Umgangsrecht« für ihre Kinder einigen konnten.

Die Untersuchung bestätigt den amerikanischen Trend: Zerstrittene Paare kommen mit Vermittlung zu deutlich besseren Ergebnissen als ohne. »In den Vermittlungssitzungen selbst wurde deutlich, daß Eltern – auch bei hohem Streitpotential – befähigt sind oder durch die Vermittlungsintervention befähigt werden können, konstruktiv zu streiten und durch kooperative Kommunikation zu einer einvernehmlichen Lösung zu gelangen«, resümiert Projektleiter Proksch.

Das Erlanger Pilotprojekt: Mediation im Jugendamt – was sagen die Betroffenen?

- Der Vermittler brachte unsere Diskussion immer wieder auf die wesentlichen Punkte: 96,3 Prozent
- Das Vermittlungsverfahren war für mich sehr übersichtlich: 88,5 Prozent
- Vermittlung würde ich meinen Freunden weiterempfehlen: 83,3 Prozent
- Ich war mit der Vermittlung sehr zufrieden: 78,5 Prozent
- Die Vermittlung half mir, meine eigentlichen Probleme, Interessen und Streitpunkte herauszuarbeiten: 66,7 Prozent
- Während der Vermittlung wurde nicht zuviel Zeit mit alten und vergangenen Konflikten vertan: 63,0 Prozent
- Durch die Vermittlung haben wir eine gute Lösung für das Sorgerecht unserer Kinder gefunden: 50,0 Prozent
- Durch die Vermittlung haben wir eine gute Lösung für das Umgangsrecht für unsere Kinder gefunden: 45,8 Prozent

58,8 Prozent der Eltern hielten bereits vor der Vermittlung sehr viel davon, daß beide weiterhin gemeinsam für ihre Kinder Sorge und Verantwortung tragen, nach der Mediation 66,6 Prozent. Der Vergleich mit Erlanger »Kontrollgruppeneltern«, die nicht am Vermittlungsverfahren teilnahmen und ihre Streitigkeiten ausschließlich mit Anwälten und Richtern austrugen, bestätigt den streitverschärfenden Einfluß der etablierten Verfahrensinterventionen: »Keine Zusammenarbeit« fand vorher zwischen 29,6 Prozent dieser Eltern statt, nach dem Richterspruch erhöhte sich die Sprachlosigkeit auf 48,1 Prozent.[114]

Acht von zehn Erlanger Eltern, die nach dem Zufallsprinzip ausgewählt worden waren, entschieden sich für ein erstes (Einzel-)Informationsgespräch mit dem Mediator. Schließlich votierten zwei Drittel der angeschriebenen Paare für das Vermittlungsverfahren. Von diesen erreichten 72 Prozent eine Vereinbarung; 28 Prozent beendeten die Mediation vorzeitig.[114]

Viele Eltern sagten, daß sie selbst angesichts ihrer vorherigen Konflikte und Streitereien von ihrer einvernehmlichen Lösung überrascht waren. Nur wenige hatten zunächst erwartet, zu eigenen Ergebnissen zu kommen, denn ihre Beziehung war *vor* der Mediation »durch deutliche Feindseligkeiten« sehr belastet: Die Mehrzahl der Vermittlungspaare berichtete über offene Konflikte, über Ärger und Zorn – von Kommunikation und Kooperation war in der Regel nicht viel übriggeblieben. Mehr als die Hälfte aller Befragten war *vor* der Vermittlung

---

114 Ders.: Vermittlungsangebote als Hilfe zur Konfliktregelung für Eltern in Trennung und Scheidung. Ein Praxismodell zur Mitwirkung der Jugendhilfe in familiengerichtlichen Verfahren nach §§ 50, 17 KJHG. In: Jugendhilfe (1991), S. 357. Die Daten habe ich entnommen aus Proksch, Roland: Vermittlung (Mediation) in streitigen Sorge- und Umgangsrechtsverfahren. Erfahrungen aus einer Praxisstudie. In: Familiendynamik, H. 4, Oktober 1992, S. 395–414.

nicht in der Lage, sich sachlich auseinanderzusetzen und zusammenzuarbeiten.

Das Erlanger Modell sollte Schule machen. Ob in naher Zukunft einmal alle Eltern die *Möglichkeit* erhalten werden, ihre Probleme außerhalb der etablierten »Streitschienen« zu regeln, ist jedoch sehr unwahrscheinlich. Momentan stehen Angebot und Nachfrage nach ausgleichender Trennungshilfe noch in einem beunruhigenden Ungleichgewicht. Es besteht Grund zu der Annahme, daß sich der Apparat von »Kindeswohlschützern« mit – sachlich falschen – Hinweisen auf »Sachzwänge und Kostenfragen« neuen (Vermittlungs-)Wegen noch lange in die Quere stellen wird. Alte Familienrechtshüte, das wurde mir während der Recherchen zu diesem Buch immer wieder deutlich, sind nur sehr langsam auszumisten.

Mediation gibt Anlaß zur Hoffnung. Aber selbst, wenn es tausendmal so viele »Pilotprojekte« gäbe, wird es sie immer geben: Trennungs- und Scheidungseltern, die durch keine Beratung, durch keine Therapie, durch keine noch so ausgetüftelte Vermittlung zu besänftigen sind. Trennungsarbeit wird immer ein schweres Stück Arbeit sein. Doch diese Anstrengung lohnt sich. Denn mühsam errungene Vereinbarungen wird keine Seite so schnell wieder umpusten. Gemeinsame, einvernehmliche Lösungen werden sich im Alltag besser bewähren als standardisierte Beschlüsse von Amtspersonen.

Bei Vermittlung geht es nie um *die* perfekte, die immerwährende Lösung. Aber auch ohne abschließende Vereinbarung ist sie für die meisten Vor- und Nachtrennungsfamilien ein Schritt in Richtung *mehr* Kooperation und Kommunikation: Paare mit abgebrochener Mediation finden gewöhnlich eine friedlichere Lösung als jene, die von Anfang an nur auf ihre Anwälte vertraut haben. Insofern bleibt zu hoffen, daß Mediation als Gegenentwurf und Ergänzung zum juristischen Verfahren an Bedeutung gewinnen wird.

Leider gibt es in Deutschland erst wenige Mediatoren. Kontaktadressen vermittelt die

Bundes-Arbeitsgemeinschaft für Familien-Mediation (BAFM), Haspelstr. 24, 35037 Marburg, Tel.: 06421/250 94/6, Fax 06421/15989; Internet-Adresse: http://home.t-online.de/home/0642127262-0001/bafm.htm

Die BAFM informiert auch über Aus- und Weiterbildung in Mediation sowie über Kurse und Seminare für Psychologen, Sozialarbeiter und Juristen. Über Adressen von Familienmediatoren verfügen auch einige Jugendämter sowie Trennungs- und Scheidungsberatungsstellen.

Viele praktische Hinweise über Mediation für Hilfesuchende und Helfende liefert Heiner Krabbe (Hg.): Scheidung ohne Richter. Neue Lösungen für Trennungskonflikte; Reinbek 1991. Besonders lohnenswert sind die Aufsätze von Hannelore Diez und Heiner Krabbe: Was ist Mediation? – Praktische Gebrauchsanleitung für ein außergerichtliches Vermittlungsverfahren (S. 109–131) sowie von John M. Haynes: Mediation. Basisinformationen für Interessierte (S. 132–147).

Die Fachzeitschrift *Familiendynamik* (Klett-Cotta) widmet sich in Heft 4 vom Oktober 1992 ausführlich dem Thema »Familien-Mediation«. Besonders lesenswert: Mähler, Gisela und Hans-Georg: Trennungs- und Scheidungsmediation in der Praxis (S. 347–372) sowie Proksch, Roland: Vermittlung (Mediation) in streitigen Sorge- und Umgangsrechtsverfahren. Erfahrungen aus einer Praxisstudie (S. 395–414).

Informativ sind auch:
– Bundeskonferenz für Erziehungsberatung (Hg.): Scheidungs-Mediation. Möglichkeiten und Grenzen. Münster 1995.
– Duss-von Werdt, Josef u.a.: Mediation: Die andere Scheidung. Verlag Klett-Cotta 1995.
– Haynes, John M. u.a.: Scheidung ohne Verlierer. Ein neues Verfahren, sich einvernehmlich zu trennen. Mediation in der Praxis. München 1993.

12. »Wir müssen den seelischen Mißbrauch von Kindern verhindern!«

Interview mit Prof. Dr. Uwe-Jörg Jopt

Prof. Dr. Uwe-Jörg Jopt ist Professor für Psychologie an der Universität Bielefeld. Der Familientherapeut und Trennungs- und Scheidungsberater ist an zahlreichen Familiengerichten als psychologischer Sachverständiger tätig. Nach eigener Scheidung widmet er sich »dem oft menschenverachtenden Umgang des Staates mit Trennungskindern«. Von vielen Kollegen wird er als »Nestbeschmutzer« stark angefeindet.

In seinem Buch *Im Namen des Kindes – Plädoyer für die Abschaffung des alleinigen Sorgerechts* (Rasch und Röhring 1992) dokumentiert er den »›strukturellen Wahnsinn‹ eines hochkarätigen Apparates beruflicher Scheidungsbegleiter«. Das »Kindeswohl«, sagt Jopt, ist zu einer »leeren Worthülse« verkommen.

»Väter ohne Kinder«, was fällt Ihnen da spontan ein, Herr Jopt?

Das erlebe ich jeden Tag, und ich kann nicht sagen, welches Beispiel schlimmer ist: der Kontaktverlust eines 77jährigen, nichtehelichen Vaters oder das zynische Verbot eines Gerichts, wonach einem nichtehelichen Vater untersagt wurde, seinem Kind drei Zeilen per Postkarte zu schicken. Die Szenerie im deutschen Nichtehelichenrecht war bis zum 30. Juni 1998 schlichtweg pervers und menschenverachtend. Was die Rechte nichtehelicher Kinder betrifft, waren wir lange europäisches Schlußlicht.

Ich habe mit vielen Vätern gesprochen, denen nach Trennung von der Partnerin jeglicher Kontakt zum Kind unterbunden wurde.

Hier zahlt das Kind den Tribut für eine Mutter, die unfähig

ist, ihre Eigenproblematik, ihre Wünsche nach bedingungsloser Abgrenzung zum Ex-Partner vom Kind getrennt zu halten. Das Kind wird dieser Unfähigkeit geopfert.

Wenn wir wirklich ernst machen wollen mit der Verfassung, die ja nicht Mütter in ihren psychologisch vielleicht verstehbaren »Beschränkungen« und Ängsten schützt, sondern die Bedürfnisse und Rechte von Kindern, dann muß der Staat alles Denkbare unternehmen, um diesen seelischen Mißbrauch von Kindern zu verhindern. Wenn es der Staat nicht tut, tut es keiner.

Wo liegen die Wurzeln für diese Verweigerungshaltung, die wir beim sorgeberechtigten Elternteil nach Trennung oder Scheidung häufig antreffen?

Ich sehe ein ganzes Bündel von Motiven, die nicht alle gleichzeitig, die in unterschiedlicher Mischung auftreten. Da ist zum Beispiel die Unfähigkeit, zwischen meinen persönlichen Erwachseneninteressen nach Trennung vom Partner, der mich enttäuscht und verletzt hat, und dem Bedürfnis meines Kindes zu unterscheiden. Erwachsenenbedürfnisse und Kindesbedürfnisse werden einfach gleichgesetzt. Zunehmend habe ich mit Fällen zu tun, bei denen die Wurzeln für dieses Abgrenzungsbedürfnis nur noch in sozialen, tiefenpsychologischen Schichten der Mutter zu suchen sind. Rational sind sie nicht mehr zu verstehen. Das sind die schwersten Fälle. Wenn Sie mich fragen, wo die Motivation für dieses Abgrenzungsbedürfnis liegt, dann hat das immer mit der Lebensgeschichte, mit der Kindheitsgeschichte dieses Erwachsenen selbst zu tun.

Warum diese bedingungslose Abschottung des Kindes vom Vater? Ich erkläre es mir heute so, daß in der durch die Trennung reaktivierten Kindheitskrise – mangelnde Geborgenheit, mangelnde Akzeptanz, letztlich mangelndes Geliebtsein – das eigene Kind zum einzigen Garanten, zum Symbol für die Unerschütterlichkeit und Konstanz einer Liebesbeziehung schlechthin gerät.

Kann man diese Ausgrenzerinnen, von denen Sie sprechen, überhaupt zur Verantwortung ziehen?

Wir Psychologen können besonders gut verstehen, weshalb ein Heimkind wieder leicht auf abschüssige Wege kommt. Kein Mensch käme auf den Gedanken zu sagen: »Deshalb bist du für dein Tun aber nicht mehr verantwortlich, Kind.« Analog genauso hier: Wir verstehen die neurotischen Ängste der abschottenden Mutter. Aber Verstehen ist das eine. Das andere ist, was wir mit den Rechten, den legitimen Ansprüchen des Kindes in bezug auf seine eigene Lebensqualität machen. Ich bin der Meinung, daß niemand das Recht hat, seine eigenen Bedürfnisse, so legitim die auch sein mögen, auf dem Rücken Abhängiger, hier also der Kinder, zu befriedigen. Vor diesem Mißbrauch müssen wir die Kinder schützen.

Wieviel Vater braucht ein Kind?

Soviel wie möglich. Vater soviel wie möglich und Mutter soviel wie möglich. Aus der Sicht eines Kindes ist die Familie eine Lebensgemeinschaft aus Kind, Mutter und Vater, im Hintergrund Großeltern, Onkel und Tanten. Dazu gehören auch noch Freunde und vielleicht auch Mimi, die Katze. Dieser psychosoziale Kosmos ist sein Leben, seine Identität. Das ist kein Beiwerk, sondern das ist der Kern seiner kindlichen Persönlichkeit.

Vor diesem Hintergrund ist jede Einschränkung notwendigerweise ein massiver Einschnitt für diese kleine kindliche Persönlichkeit, und ich kann nicht begreifen, woher wir im Trennungs- und Scheidungsfall das Recht ableiten, diese Einschränkungen ohne Not vorzunehmen. Wenn man davon überzeugt ist, daß dieser psychosoziale Kosmos zu einer gesunden psychosozialen Entwicklung, zur Liebes- und Beziehungsfähigkeit eines Kindes gehört, dann kann es nur einen Gedanken geben: Wie sichere ich dem Kind diese Leute?

Würden Sie sogar so weit gehen und sagen: Besser ein schlechter Vater als gar kein Vater?

Besser das Kind im Spannungsfeld seiner Eltern als gar kein Kontakt zu einem Elternteil: Diesen Satz würde ich vorbehaltlos unterschreiben. Wenn »schlechter Vater« heißt, daß der Vater sein Kind mißbraucht, sage ich natürlich: Nein, kein Kontakt! Wenn »schlechter Vater« jedoch allein die bewertende Sicht der sorgeberechtigten Mutter widerspiegelt, kann ich nur nachdrücklich davor warnen, vorschnell die Norm- und Wertvorstellung eines Elternteils als Kriterium für schlecht oder gut zu machen.

Besuchsväter berichten nach der Trennung häufig von dem Dilemma, daß die seltenen Treffen mit ihren Kindern zu Jahrmarktsaktivitäten verkümmern.

Im Rahmen der herkömmlichen Umgangsregelung erhalten die Vater-Kind-Kontakte eine Exklusivität, die im normalen Lebensalltag einer intakten Familie nicht anzutreffen ist. Ich kann verstehen, daß Väter sich zwei Wochen lang auf das Wochenende freuen, an dem sie mit ihrer Tochter oder ihrem Sohn zusammensein dürfen. Von daher neigen sie dazu, diesen Tag oder diese zwei Tage zu einem Erlebnis, zu einem Höhepunkt zu machen. Natürlich hat diese Form der Kontaktgestaltung herzlich wenig mit einer natürlichen Vater-Kind-Begegnung zu tun.

Den Kindern wünsche ich, daß sie Väter haben, die ihnen soviel wie möglich von ihrer Natürlichkeit und ihrer Eigentlichkeit zeigen. Genau das ist es, was Kinder sich wünschen. Natürlich gehe ich mit meinen eigenen Kindern auch mal in den Safari-Park. Das hat aber nicht diese Ausschließlichkeit im Rahmen unserer Begegnung. Den Vätern möchte ich raten, mehr Alltag in das Miteinander hineinzubringen.

Ich weiß, daß viele Besuchsväter Angst haben, an Attraktion zu verlieren – Angst, daß ihre Kinder sich abwenden könnten. Sie sollten sich aber klarmachen, daß sie keinem etwas nützen, wenn sie sich zum Hampelmann machen. Ich möchte die Väter beruhigen und ermutigen: Eure Kinder wollen keinen Hampelmann-Papa! Die sind sogar noch sehr viel mehr angetan und beeindruckt, wenn sie ihren Vater als lebendigen Alltagsmenschen kennenlernen, der an so einem

Wochenende einfach herüberbringt: Kind, ich hab dich lieb. Mehr wollen die Kinder gar nicht.

Was können Gericht und Jugendamt tun, wenn ein Elternteil sein Sorgerecht mißbraucht?

Meine Position ist ja sehr klar, auch wenn sie nur von wenigen geteilt wird. Ich glaube, daß die Verhaltensweisen in der Sorgerechtsauseinandersetzung aus zwei Elementen resultieren: Das eine ist der Faktor Mensch – seine Biographie, seine Geschichtlichkeit. Das andere ist der Rechtsrahmen, der dieses Verhalten ermöglicht, zuläßt oder unmöglich macht. Wenn ich hier Veränderungen schaffen will, dann muß ich beiden Faktoren Rechnung tragen.

Sind alle Bemühungen fehlgeschlagen, beide Eltern für die Bedürfnisse ihrer Kinder zu sensibilisieren, bleibt nur der rechtliche Raum. Hier ist der »staatliche Wächter«, sind Gericht und Jugendamt, gefragt. Ich bin dafür, wo immer es hakt, dem Elternteil, der hier in der Ex-klusivposition des Machthabers steht – Sorgerecht hat mit Macht zu tun –, diese Macht zu nehmen. Das ist für mich sogar verfassungsrechtliches Gebot: demjenigen, der es erkennbar nicht schafft, seine Eigenproblematik hinter die Bedürfnisse seines Kindes zu stellen, und sein Kind vom anderen Elternteil abschottet, diese Rechtsmöglichkeit, die er als Sorgerechtsinhaber hat, zu nehmen. Dann habe ich das Kind noch nicht weg von ihm, aber ich habe zumindest einen ersten Schritt getan, um von staatlicher Seite zu signalisieren: Das nehme ich nicht hin. Ich bin nicht willens, das Kind der Eigenproblematik eines Elternteils zu opfern und diesem ausgrenzenden Elternteil noch das Sorgerecht zu verleihen. Der Elternteil, der die Beziehungen seines Kindes stört, be- oder gar verhindert, darf auf keinen Fall mit dem Gütesiegel alleiniger Elternverantwortung ausgestattet werden!

Ihre Kritiker sind der Meinung, daß Kinder aus Trennungs- und Scheidungsfamilien zur Ruhe kommen müssen. Garant dafür sei das alleinige Sorgerecht eines Elternparts.

Das ist Unfug. Das ist eine Mär, die sich durch das Familienrecht zieht, seitdem wir das gemeinsame Sorgerecht diskutieren. Dahinter steckt die Illusion, daß es eine rundherum befriedete, nichtinstrumentelle Eltern-Kind-Beziehung gebe. Instrumentalisierte Kinder, wohlgemerkt aus Ehen, sind das tägliche Brot des Familientherapeuten. Aber kein Mensch käme auf die Idee zu sagen: Diese Kinder werden mißbraucht, und deshalb muß hier sorgerechtlich eingegriffen werden.

Aber eine Zwangsberatung im Trennungs- und Scheidungsfall wollen Sie auch nicht?

Doch, bedingungslos!»Zwangsberatung« sagen meine Kritiker, ich nenne das lieber»Pflichtberatung«. Eine Pflichtberatung, die einzig und allein dazu dient, dem instrumentalisierten Kind aus seiner seelischen Notlage herauszuhelfen. Um in diese Richtung zu wirken, kann es in meinen Augen überhaupt keinen Zwang geben: Zwang wurde bislang vielmehr von unserem Scheidungsunrecht ausgeübt, das gewöhnlich einen Elternteil aus seiner bis dahin selbstverständlichen Verantwortung für die gemeinsamen Kinder herauskatapultiert.

Warum plädieren Sie so nachdrücklich für das gemeinsame elterliche Sorgerecht nach Trennung oder Scheidung?

Der Titel»gemeinsames Sorgerecht«, das möchte ich ausdrücklich betonen, ist nicht das Ziel. Das gemeinsame Sorgerecht ist der Name für ein Programm, vielleicht für das schwerste Programm, das es gibt: Wie können zwei ehemalige Partner Elternschaft praktizieren? Das gemeinsame elterliche Sorgerecht ist der Rahmen, in dem man dieses neue Lebens- und Familienmodell, das uns kein Mensch gelehrt hat, umsetzt. Ein Rahmen, in dem Eltern trotz Trennung, trotz Scheidung dennoch große Stücke Gemeinsamkeit für die gemeinsamen Kinder leben können.

Wenn ein Elternteil sagt: Ich will nicht kooperieren; wenn er dem Kind die Kontakte zum anderen Elternteil verweigert, dann muß man schleunigst gucken, ob das Kind dann nicht zu dem Elternteil wechseln kann, der dieses Problem nicht hat. Wir haben wahnsinnige Angst, ein Kind, das über Jahre bei seiner Mutter gelebt hat, zum Vater übersiedeln zu lassen. Ich halte diese Angst in vielen Fällen für unbegründet. Welches ist der größere Preis für ein Kind: An der Seite einer gestörten Mutter gefangengehalten zu werden oder an der Seite eines offenen, zulassenden, risikofreudigen Vaters zu leben? Zu leben für den Preis, daß es die emotionale Gebundenheit – Bindung mag ich das hier nicht nennen, das ist ja mehr eine emotionale Gefesseltheit – an die Mutter aufgibt.

Leider wird es immer eine Vielzahl von Kindern geben, denen gar nichts anderes übrigbleibt, als sich zu spalten und zwischen zwei Liebeswelten hin und her zu pendeln: der mütterlichen und der väterlichen. Das ist das, was ich vorhin den Faktor Mensch nannte.

Sie kommen als Familientherapeut mit vielen Vätern zusammen, die ihre Kinder überhaupt nicht sehen dürfen.

Was ich regelmäßig erlebe, das sind Eltern, zumeist Väter, die beim Gedanken an den oftmals über Jahre anhaltenden Kontaktverlust zu ihren Kindern in tiefste Verzweiflung geraten. Ich kann diese Betroffenheit sehr gut verstehen. Nehmen Sie diesen 77jährigen Vater, der seine Tochter nicht sehen darf: Es sträuben sich einem die Nackenhaare.

Gibt es Möglichkeiten, einem Vater zu helfen, der unter der totalen Trennung von seinem Kind leidet?

Das Mittel kenne ich noch nicht. Soll ich einem ausgegrenzten Elternteil helfen, sich von seinem Kind seelisch zu lösen, obwohl dieses Kind vielleicht einen Kilometer entfernt lebt und er es aus der Ferne sieht? Ich weiß es nicht. Ich mag darüber auch nicht nachdenken, welche Techniken sich entwickeln ließen, um hier der menschenverachtenden Realität noch einen Grad von Aushaltbarkeit zu verschaffen.

Gibt es da gar keinen Ausweg, keine Hilfe?

Händchen halten und weinen lassen. Vielleicht finden manche in Selbsthilfegruppen, in Gruppen Gleichbetroffener ein Stück Stärke, eine Stütze. Das ist wirklich ein schwieriger Prozeß. Ist das Kind tot, kannst du in den Prozeß der Trauerarbeit eintreten. Dann kannst du weinen, und irgendwann bist du wieder soweit, um ja zu sagen zu einer veränderten, einer ärmeren neuen Realität. Was soll ich aber einem Menschen sagen, für den sein Kind, das wenige Kilometer entfernt lebt, ein Stück seiner Identität ist? Ich weiß es nicht. Wissen Sie etwas?

Ein Anwalt erzählte mir, er gebe Vätern in diesem Fall den folgenden Tip mit auf den Weg: »*Zieht euch zurück und wartet. Eure Kinder werden sich schon bald wieder bei euch melden.*« *Nach meiner Erfahrung melden sich die Kinder jedoch erst nach vielen Jahren, meist erst in der Pubertät, aus eigenem Antrieb. Viele ausgegrenzte Väter berichteten mir, daß sie ihre Kinder auch aus diesem Grund nicht einfach ad acta legen können.*

Auch ich würde grundsätzlich sagen: nicht lockerlassen! Nicht das Kind in Ruhe lassen, weil man denkt, so schütze ich es vor den Konfliktmühlen einer abschottenden Mutter. Das ist meistens ein ganz grauenvoller Bumerang: Erfolgte die Trennung vom Vater schon frühzeitig, kommen die Kinder eben nicht drei Jahre später wieder. Wenn sie kommen, dann zumeist erst, wenn sie groß sind. Und dann weinen zwei Menschen einer Geschichte hinterher, die nicht nachholbar ist, die unwiederbringlich weg ist.

Wenn Kind und Vater sich seit Jahren nicht mehr gesehen haben, werden sie einander fremd, nicht nur im äußerlichen Sinne. Da hat das Kind im Kopf: Das ist mein Vater, und der Vater hat im Kopf: Das ist meine Tochter oder mein Sohn. Doch was fehlt, ist die Intimität in der Begegnung miteinander, die ohne regelmäßige Kontakte nicht herstellbar ist. Ich kenne eine ganze Reihe dieser Vater-Kind-Beziehungen, die dann später wieder auflebten. Da ist die Seele weg. Deshalb mein Plädoyer: Vater, laß nicht locker!

Aber das sagt sich so leicht. Es gibt ja diese Beschlüsse, daß Väter sich ihren Kindern nicht weiter als 500 Meter nähern dürfen. Wie soll so ein Vater es bloß anstellen, den Kontakt nicht abbrechen zu lassen? Da bin ich mit meinem Latein am Ende und weiß nur eines: Radikal in die andere Richtung schauen und fragen, wie wir diese strukturelle Gewalt abschaffen können!

Unser Familienrecht wird fortan stärker von den Rechten des Kindes, nicht von den Egoismen der streitenden Eltern ausgehen. Richtig. Für mich hat jedes Kind natürliche Rechte. Zu den vorrangigsten natürlichen Rechten eines Kindes gehört das Recht, in der Geborgenheit, in der Sicherheit, in der Intimität der exklusivsten Menschen, die es in seinem Leben gibt, aufwachsen zu können: mit den Eltern. Das ist für mich ein Kindesrecht und muß nicht dauerhaftes Zusammenleben heißen.

Sollen Kinder und Väter, die sich aufgrund frühzeitiger Elterntrennung nicht kennen, Kontakt aufnehmen? Selbstverständlich. Das ist für mich eine Sache von Ethik und Moral. Auch hier muß man vom Kind her schauen: Welche Ansprüche an dieses Leben hat ein Kind? Wir Erwachsenen sind verpflichtet, diese kindlichen Ansprüche zu erfüllen! Das Recht des Kindes auf den anderen Elternteil ist unantastbar, ganz gleich, ob Mama und Papa zusammenleben oder nicht.

Es ist sinnvoll, den Vater so früh wie möglich in das Leben des Kindes hereinzubringen, vor allem dann, wenn seine Mutter ohne neuen Partner lebt und das Kind kein Vaterangebot hat. Das gilt aber auch, wenn das Kind bereits einen anderen, einen sozialen Vater hat. Kinder haben keine Probleme, daß sie auf einmal zwei Papas haben – das sind Probleme der Erwachsenen. Für mich gilt aber auch ein menschliches Gebot dem Vater gegenüber: Einem Vater, der Vater sein will, sollte die Mutter das Kind nicht vorenthalten!

Noch ein ganz anderer Aspekt: Wir leben in einer Zeit hochgradiger Veränderungen, vor allem im Verständnis von Partnerschaft und Familie. Für die nächste Kindergeneration wird es schon ein Stück Normalität sein, im Laufe ihres Kinderlebens verschiedene Familienformen kennenzulernen: Ehe oder nichteheliche Lebensgemeinschaft über einige Jahre, dann nach Trennung der Eltern mit einem Elternteil, dann nach Heirat dieses Elternteils gemeinsam mit einem Stiefelternteil, und diese Beziehung geht auch wieder in die Brüche – die Wiederscheidungsquote ist höher als die Scheidungsquote. Wir müssen uns Gedanken machen, wie wir über diesen Wandel hinweg ein Stück Konstanz, was da Kindeswohl heißen soll, hinwegtransportieren können. Ich weiß nur eines: Die für das Kind verläßlichsten und sichersten Menschen sind Eltern, die ihm Eltern sein wollen.

Drei Väter-Gruppen sind heute auszumachen: Väter, die ihre Kinder durch das Leben begleiten; Verdrücker, die sich aus der Verantwortung stehlen und ihr Kind Kind sein lassen ...

... und es gibt Väter, die darum betteln und flehen, Vater sein zu dürfen, aber nicht gelassen werden. In der Tat gibt es diese Väter, wo die Mütter betteln und flehen: »Sei unseren Kindern ein Vater!« – aber die Väter wollen nicht. Es macht keinen Sinn, darüber zu lamentieren und dann alle Väter zu verteufeln, wie viele Feministinnen das tun. Die einzige Frage, die wir uns stellen müssen, kann nur die sein: Was können wir tun, um solche Väter im Interesse ihrer Kinder einzufangen?

In der Regel sind auch diese Väter keine Schweine oder Bündel von Gleichgültigkeit. Die waren auch einmal Kinder. Wenn ein Vater sich so salopp davonmacht, spiegelt dies im Grunde das Verständnis einer Vaterrolle wider, das er in seiner eigenen Kindheit von seinem Vater kennengelernt hat. Genau dort müssen wir ihn abholen. Das heißt auch hier: Pflichtberatung für flüchtige Väter. Eine Beratung ist auch für diese Väter das richtige Auffangbecken. Wenn ich als Berater einen Kontakt mit so einem Vater habe, höre ich mir dessen Geschichte an und frage ihn: »Wie hast du deinen Vater erlebt? Wie hättest du ihn gerne erlebt?« Ich bin überzeugt, daß dann oft ein Prozeß von Nachdenklichkeit in Gang kommt.

Auch die sogenannten »neuen Väter« fallen ja nicht vom Himmel. Bei aller Lächerlichmachung aus feministischer Ecke: Tatsache ist, daß sich ein Bewußtseinswandel bei den Vätern vollzieht. Der hat seine Wurzeln mit Sicherheit nicht in den Herkunftsfamilien.

Beratung, Hilfe und Vermittlung

1 »Väteraufbruch für Kinder«

Vereine, die sich für eine aktive Vaterschaft *vor und nach* Trennung oder Scheidung engagieren:

- *Männerforum für Gleichberechtigung und Menschlichkeit*, c/o Hartmut Völp, Pfeiffersweg 3, 22307 Hamburg, Tel. 040/692 95 85, Fax 040 691 55 20, eMail: hartmut.voelp@t-online.deInternet-adresse: http://www.cs.tu-berlin.de/ralfo/manrun/manrun.htm
- *Mannege, Information und Beratung für Männer e.V.*, Friedrichstr. 165, 10117 Berlin, 0 30/2 08 21 57
- *Väter-Beratung Köln*, Friedr.-Ebert-Str. 2, 50996 Köln-Rodenkirchen, Tel. 0021/93535 2317
- *Väterprojekt Münster/Väterberatung*, Holzschuhmacher Weg 22, 48161 Münster, Tel. 02534/2796

- **Väteraufbruch für Kinder e.V.**
  Im Internet unter: http:/www.pappa.com/vafk
  Bundesgeschäftsstelle:
  Hilmar Stracke, Druffelsweg 21, 48653 Coesfeld, Tel./Fax 02541-5542, eMail: 025415542-0001@t-online.de
  Väteraufbruch-Hotline: 01805-120120

Kontaktstellen und Ortsgruppen:

Aachen Manfred Jörres 0241-873500 **Albstadt** Susanne Fuß 07431-51459 **Berlin** Günter Gempp 030-6182564 **Berlin-Brandenburg** Horst Schmeil 030-3363040 **Bochum** Axel Zebeck 0234-474084 **Bremen** Willi Itzstein 0421-234351 **Coesfeld** Hilmar Stracke 02541-5542 **Dortmund** Frank Pihl

0231-478345 **Dresden** Ferdinand Erbe 0351-2840089 **Düsseldorf** Ewald Wolf 0211-233648 **Eckernförde** Matthias Gloge 04351-87275 **Eggstedt/Dithm.** Klaus Martens 04830-1018 **Flensburg** Immo Veress 0461-180695 **Frankfurt/Main** Michael Pyper 06081-16967 + 069-94419286 (Väterbüro) **Freiburg** Michael Ranft 0761-701684 **Fulda** Bernd Moser 0661-21143 **Göttingen** Ralf Ruhl (Männerbüro) 0551-46161 **Gräfen/Nitzendorf** Klaus Sander 03695-840456 **Gütersloh** Norbert Panczyk 05241-46499 **Hamburg-Ost** Harry Schreiber 040-6954243 **Hamburg-West** Jochen Schmidt 040-7429094 **Hannover** Manfred Joppke 0511-629402 **Haunetal/Osth.** Karl-Heinz Humburg 06672-1550 **Ingolstadt** Franz Hörner 0841-52430 **Jena** Dr. Ernst Glaser 03641-391707 **Kempten** Winfried Sopkowiak 0831-202050 **Kiel** Markus Alber 0431-391987 **Köln** 0221-9726845/6 (Väter-Projekt) + Thomas Martin 0221-8370155 **Landsberg** Guido W. Fetsch 08191-22292 **Lippe-Detmold** Peter Lauhöfer 05238-1277 **Lübeck** Andreas Beldowski 0451-3882240 **Marburg** Arnulf Meyer 06421-46882 **München** 089-3541491(Väterbüro) **Münster/Westf.** Wolf-Günter Grieser 0251-215765 **Neumünster** Arne Düring 04321-77994 **Niestetal/Nordhessen** Achim Mathusek 0561-526237 **Nürnberg-Feucht** Rainer Herzog 09128-6660 **Ölsnitz/Vogtland** Dietrich Schwarzer 037421-24490 **Paderborn** Peter Lanhöfer 05238-1277 **Passau** Richard Kühberger 0851-30759 **Premnitz/Bdb.** Ulrich Mattetat 03386-84501 **Reutlingen** Thomas Sochart 07022-959230 **Stuttgart** Henning Schläger 0711-5496158 **Wiesbaden** Michael Schrohe 06122-980659 **Wuppertal** Paul Bludau 0202-7388524 **Würzburg** Thomas Weber 0931-285990

»Kinder brauchen für ihre gesunde Entwicklung die gelebte Nähe von Mutter und Vater«, heißt der Leitspruch von *Väteraufbruch für Kinder.* »Wir wollen Väter dafür gewinnen, sich um ihre Kinder zu kümmern, mehr mit ihnen zu leben und die Hälfte von dem zu übernehmen, was bisher die Mütter zumeist alleine gemacht haben. «Also müssen Väter und Mütter Kinderbetreuung und Berufsarbeit besser vereinbaren können (elternorientierte Arbeitszeitflexibilisierungen, Vaterschafts- und Erziehungsurlaub, nettolohnbezogenes Elternurlaubsgeld, ausreichendes und qualifiziertes Netz öffentlicher Kinderbetreuungseinrichtungen etc.).

Der Verein organisiert Kinderbetreuung durch Väter bei öffentlichen Veranstaltungen. Am »Vatertag« wirbt er mit Aktionen und Kinderfesten für ein neues Vaterbild.

Väteraufbruch für Kinder engagiert sich auch für ein gemeinsames Sorgerecht für alle Eltern – vor und nach der Trennung. Väter mit »Umgangs«- und Sorgerechtsproblemen erhalten in Selbsthilfegruppen, bei Ansprechpartnern sowie auf Seminaren wertvolle Informationen und Beratung.

• *Berlin-Brandenburger Väterinitiative e.V.*, Burgstr. 22, 10178 Berlin, Tel. 030/242 72 06

Das Angebot dieses Modellprojekts richtet sich in erster Linie an Väter, die von sozialen, psychischen und rechtlichen Problemen durch Trennung oder Scheidung betroffen sind. Aber auch bei Fragen rund um die Themen Vaterschaft, Vaterrolle, Vereinbarkeit von Familie und Beruf finden Väter Ansprechpartner. Die *Väterinitiative* hilft Vätern, die Beziehung zum Kind zu erhalten oder aufzubauen. Das Angebot umfaßt Einzelge-spräche, Kontaktvermittlung zu ähnlich Betroffenen, Gruppengespräche zum gegenseitigen Erfahrungsaustausch sowie Veranstaltungen und allgemeine Informationen.

Zeitschriften:

* PAPS – Zeitung für Väter
Vier PAPS-Ausgaben gibt es für 24 DM frei Haus. Ein Muß für jeden Vater! Abos unter Tel. 0361-4408 203 oder Fax: 0361/4408 306; Redaktion: Gerhard Schleicher, Altenbergstr. 17, 70180 Stuttgart, Tel.: 0711/60 48 28, Fax: 0711/60 48 29,

e-mail: Red.PAPS t-online.de – Internet: http:/home.t-on-line.de/home/red.paps/paps.htm

* Moritz – Zeitschrift für Männer in Bewegung; Adalbertstr. 25, 10179 Berlin, Tel.: 030/279 34 64

- **Väter im Internet:**
- paPPa.com e.V. – Eltern im Internet, Pf. 1105, 12532 Berlin, Tel. 030/864 21-211, Fax -219 oder Tel./Fax 030/815 21 98, eMail: webmaster@paPPa.com – Internet-Adresse s.u. Wer sich in Sachen Männer- und Väterbewegung sowie Familienrecht auf dem laufenden halten will, braucht einen Computer mit Internetanschluß. Die Internet-Initiative paPPa.com bietet ein hervorragendes Informations- und Kommunikationsforum – in dem es manchmal auch hoch hergeht. Ziel von paPPa.com ist die Förderung gemeinsamer Elternverantwortung und des Selbsthilfeprinzips. Unter der Internet-Adresse

  http://www.paPPa.com

  gibt es u.a.: einen Veranstaltungskalender; Informationen über Initiativen und Verbände, die sich für die Interessen der Kinder einsetzen; Berichte über engagierte Mediatioren, Psychologen, Richter, Anwälte und Gutachter; Gerichtsurteile, Gutachten und Presseberichte; Hilfestellung bei der Gestaltung eigener elektronischer Informationsangebote; eine Fallsammlung Betroffener; Informationen zum Kindschaftsrecht und zum »Mißbrauch mit dem Mißbrauch«.

2 »Beide Eltern braucht das Kind, auch wenn sie geschieden sind!«

Initiativen, Verbände und Vereine, die sich für fortbestehende, gemeinsame Elternverantwortung nach Trennung oder Scheidung einsetzen:

- *Verband Anwalt des Kindes e.V.* (VAK), Siegelweg 28, 30519

Hannover, Tel./Fax 0511/8386731 – eMail: adk@berlin. snafu.de

- *Anwalt des Kindes* engagiert sich besonders für die von Trennung und Scheidung ihrer Eltern betroffenen Kinder und Jugendlichen. Die *VAK*-Idee: In familienrechtlichen Auseinandersetzungen sollte ein Anwalt des Kindes – in Form eines interdisziplinär besetzten Beraterteams – die Eltern beraten und zwischen ihnen vermitteln. Ziel: den Kontakt des Kindes zu beiden zu erhalten.
- *Bündnis für Kinder und Menschenrechte* - Parents FOREVER Germany e.V., Herberger Weg 11, 14167 Berlin, Tel.+Fax 030/8152198, eMail: buendnis@pappa.com – Internet-Adresse: http://www.paPPa.com/buendnis-pfg Schwerpunkt: Öffentlichkeitsarbeit für Kinder- und Elternrechte.
- *DIALOG Zum Wohle des Kindes e.V.*, Auf dem Dreisch 1, 45888 Gelsenkirchen, Tel. 0209/142 300, Fax 0209 143 318, eMail: ms.dialog @t-online.de – Internet-Adresse: http://www.paPPa.com/dialogr Bundesgeschäftsstelle: Stillohweg 22, 22889 Tangstedt bei Hamburg, Tel./Fax 04199/1250 Zentrales Anliegen: gemeinsames Sorgerecht als Regelfall. Mutter und Vater sollen ihren Kindern auch nach Trennung oder Scheidung in gemeinsamer Elternverantwortung erhalten bleiben. *DIALOG* setzt sich zudem für eine neue, konfliktreduzierende Arbeitsweise in allen Scheidungsberufen ein. Gesprächskreise, Ortsgruppen und Ansprechpartner in vielen Städten.
- *Initiativgruppe Jugendamtsgeschädigte*, Annastr. 9, 70327 Stuttgart, Tel.+Fax 0711/333 753, Internet-Adresse: http://www.paPPa.com/ja/jag_adr.htm
- *Initiative Streitfall Kind e.V.* (ISK) – Beratung bei Trennung und Scheidung, Wörlitzer Straße 39, 12689 Berlin, Tel. 030/931 60 16
- *ISUV / VDU e.V.*, Interessenverband Unterhalt und Famili-

enrecht (Bundesgeschäftsstelle), Bauvereinstr. 30, 90119 Nürnberg, Tel. 0911/550 478, Fax 0911/533 074, eMail: op_continuum_q@kaiserslautern.netsurf.de – Internet-Adresse: http: //privat.schlund.de/isuv

Die größte deutsche Familienrechtsorganisation. Mitglieder erhalten den *ISUV-VDU-Report* mit Rechtstips und ausführlichen Informationen über die neueste Rechtsprechung sowie Merkblätter, Tabellen und Steuertips zu aktuellen Themengebieten. Ortsgruppen in vielen Städten. Große Urteilssammlung.

– *SKIFAS e.V.* – Bundesweite Vereinigung zum Schutz des Kindes in seiner Familie vor sexuellen Mißbrauchsverdächtigungen, Postfach 51 01 38, 13361 Berlin, Tel.+Fax 030/336 30 40, eMail: skifas@paPPa.com – Internet-Adresse: http://www.paPPa.com/ skifas

– *Väter für Kinder (VfK)* - Initiative für Kind, Familie, Menschenrechte e.V., Postfach 380268, 80615 München, eMail: vfk@aol.com – Internet-Adresse: http://users.aol.com/VfK

Der Verein setzt sich vor allem für die Beachtung der von der Bundesrepublik Deutschland ratifizierten Menschenrechtsverträge ein und informiert über internationale Rechtsentwicklungen.

– *Verein Humane Trennung und Scheidung (VHTS)*, Schneppenhorstweg 5, 13627 Berlin, Tel. 0 30/3 82 70 52

Aktuelles Verzeichnis im Internet unter http://www. kidnet. de

3 Dialog zum Wohle der Kinder

An folgende Trennungs- und Scheidungsberatungsstellen können Sie sich wenden. »(**M**)« bedeutet: Hier wird hilfesuchenden Eltern auch Mediation (Vermittlung) angeboten.

- *Arbeiterwohlfahrt – Beratungsstelle für Eltern, Kinder und Jugendliche,* Plievierpark 5, 81737 München, 0 89/6 37 15 00
- *Arbeitskreis Humane Scheidung,* Georg-Staber-Ring 6, 83022 Rosenheim, 0 80 31/8 64 14
- *Arbeitskreis Partnerschaftskrise, Trennung und Scheidung e.V.* (**M**), Schneckenhofstr. 27, 60596 Frankfurt a. M., 069/ 620604 und 72 43 79 sowie 72 16 73 (Auskunft Mediation)
- *Arbeitskreis Scheidungskinder der sozial-ethischen Arbeitsstelle Hamm,* Jägerallee 5, 59071 Hamm, 0 23 81/87 68–69
- *Augsburger Kreidekreis,* Prinzregentenstr. 2, 86150 Augsburg, 0821/3 79 46
- *Beratungsstelle für Getrenntlebende und Geschiedene,* Diakonisches Werk, Gotenstr. 27, 53175 Bonn-Bad Godesberg, 0228/35 60 04
- *Dreieck e.V. – Verein zur Förderung der Beratung in Familienkrisen bei Trennung und Scheidung,* Kapitelstr. 30, 41460 Neuss, 0 21 01/2 74-072 und -074
- *Elterntrennungsberatung Hannover,* c/o Jugendpsychologischer Dienst der Landeshauptstadt Hannover, Ihmepassage 4, 30449 Hannover, 05 11/1 68-37 56
- *Ent-Scheidung, Verein zur Beratung bei Familienkrisen, Trennung und Scheidung e.V.,* Reichsstr. 45–47, 53125 Bonn, 0228/25 74 74
- *Familiennotruf München* (**M**), Pestalozzistr. 46, 80469 München, 0 89/26 91 94
- *Hiatus e.V.* (**M**), Hilfen und Angebote bei Trennung und Scheidung, Praxis- und Forschungsstelle für Psychotherapie und Beratung des Psychologischen Instituts der Universität Heidelberg, Hauptstr. 47–51, 69117 Heidelberg, 0 62 21/54 73 50–52
- *IETE, Intakte Elternschaft trotz Tennung / Scheidung* (**M**), Germersheimer Str. 26, 81541 München, 0 89/49 64 11
- *Projekt Kugel – Kinder und getrennte Eltern, Kontakt- und Beratungsstelle für von Trennung betroffene Eltern und Kinder,* Camillo-Sitte-Platz 3, 45136 Essen, 02 01/26 51 65

- *Psychosoziale Beratungsstelle in Familienkrisen* **(M)**, Günterstalstr. 41, 79102 Freiburg, 07 61/7 87 61 und 7 85 86
- *Trennungsberatung Stuttgart*, Kontakt: 0711/604830
- *Trialog e.V.* **(M)**, Von-Vincke-Str. 6, 48147 Münster, 0251/55485
- *Vertrauensstelle für Ehe-, Partnerschafts- und Trennungsberatung*, Winterhuder Weg 31, 22085 Hamburg, 0 40/29 84–34 53
- *Zusammenwirken im Familienkonflikt e.V.* (M), Wilhelmsaue 133, 10715 Berlin, 0 30/8 61 01 95

Auch die *Jugendämter* vermitteln Adressen von Trennungs- und Scheidungsberatungsstellen. Ein Verzeichnis der *Erziehungs- und Familienberatungsstellen* in *öffentlicher Trägerschaft* (informiert zugleich über Einrichtungen der Kinder- und Jugendpsychiatrie) ist erhältlich bei der

- *Bundeskonferenz für Erziehungsberatung e.V.*, Amalienstr. 6, 90763 Fürth, 09 11/77 89 11–12.

4 Vermittlung/Mediation bei Trennung oder Scheidung

- *Bundes-Arbeitsgemeinschaft für Familien-Mediation (BAFM), Haspelstr. 24, 35037 Marburg, Tel.: 06421/250 94/6, Fax 06421/15989; Internet-Adresse: http://home.t-online.de/home/ 0642127262-0001/bafm.htm*

Interessenten können bei der BAFM eine Adressenliste der regionalen Mediations-Anbieter und -Arbeitskreise anfordern.

- *Arbeitsgemeinschaft Mediation,* Günthersburgallee 75, 60389 Frankfurt, Tel.: 069/469 23 50
- *Fokus, Forum Konfliktlösungen und Scheidungs-Mediation e.V.,* Reuterweg 65, 60323 Frankfurt, Tel.: 069/17 27 10

- *Arbeitskreis Mediation Bonn/Köln,* Schloßstr. 47, 53115 Bonn, Tel.: 0228/22 21 16
- *Deutsche Anwaltsakademie im Deutschen Anwaltsverein,* Arndtstr. 43, 53113 Bonn, 02 28 / 26 07–83
- *Eidos Projekt Mediation,* Südliche Auffahrtsallee 57, 80639 München, 0 89/1 78 20 69
- *Institut für Mediation und Scheidungsberatung,* Samerhofstr. 15a, 81247 München, 0 89/88 54 93
- *Praxis- und Forschungsstelle für Psychotherapie und Beratung des Psychologischen Instituts der Universität Heidelberg,* Hauptstr. 47–51, 69117 Heidelberg, 062 21/54 73 40
- *Institut für soziale und kulturelle Arbeit,* Untere Krämersgasse 3, 90403 Nürnberg, 09 11/22 78 99

Soviel Unterhalt bekommt ein Kind

(Stand: Juni 1998)

Der Unterhalt für Kinder wird in den alten Bundesländern meist nach der »Düsseldorfer Tabelle« berechnet. Von OLG zu OLG wird sie ein wenig unterschiedlich ausgelegt. Die folgenden Informationen habe ich dem ISUV/VDU-Merkblatt »Düsseldorfer Tabelle – Leitlinien zum Unterhalt« entnommen. Bezugsadresse s. S. 308.

Altersstufe der Kinder	bis 5 Jahre	6-11 Jahre	12-17 Jahre (vgl. Anm. 8)	Ab 18 Jahren (vgl. Anm. 7, 8)	Bedarfs-kontroll-betrag in DM
Regelunterhalt (s. S. 100 f.)	349	424	502		
Unterhalt nach Netto-einkommen des Unter-haltspflichtigen in DM	349	424	502	580	1300/1500

Gruppe					
1 bis 2400	349	424	502	580	1300/1500
2 2400-2700	375	450	530	610	1600
3 2700-3100	400	480	565	650	1700
4 3100-3600	435	525	615	705	1800
5 3600-4200	475	570	675	780	1950
6 4200-4900	515	620	735	850	2100
7 4900-5800	565	680	805	930	2300
8 5800-6800	615	740	875	1010	2500
9 6800-8000	665	805	945	1085	2800
über 8000	nach den Umständen des Falles				

Anmerkungen:
1. Die Tabelle weist monatliche Unterhaltsrichtsätze aus, bezogen auf einen gegenüber einem Ehepartner und zwei Kindern Unterhaltspflichtigen. Für die neuen Bundesländer gelten reduzierte Sätze.

Bei einer größeren/geringeren Anzahl Unterhaltsberechtigter sind Ab- oder Zuschläge in Höhe eines Zwischenbetrages oder durch Einstufung in niedrigere/höhere Gruppen angemessen. Bei überdurchschnittlicher Unterhaltslast ist Anmerkung 6 zu beachten. Zur Deckung des notwendigen Mindestbedarfs aller Beteiligten – einschließlich des Ehepartners – ist gegebenenfalls eine Herabstufung bis in die unterste Tabellengruppe vorzunehmen. Reicht das verfügbare Einkommen auch dann nicht aus, erfolgt eine Mangelberechnung.

2. Berufsbedingte Aufwendungen sind vom Einkommen abzuziehen, wobei bei entsprechenden Anhaltspunkten eine Pauschale von 5 Prozent – mindestens 90 DM, bei geringfügiger Teilzeitarbeit auch weniger, und höchstens 260 DM monatlich – des Nettoeinkommens geschätzt werden kann. Übersteigen die berufsbedingten Aufwendungen die Pauschale, sind sie insgesamt nachzuweisen.

3. Berücksichtigungsfähige Schulden sind in der Regel vom Einkommen abzuziehen.

4. Der notwendige Eigenbedarf (Selbstbehalt) des nicht erwerbstätigen Unterhaltspflichtigen beträgt monatlich 1300 DM, des erwerbstätigen Unterhaltspflichtigen monatlich 1500 DM. Hierin sind bis 650 DM Miete einschließlich umlagefähiger Nebenkosten und Heizung (Warmmiete) enthalten. Der Selbstbehalt kann angemessen erhöht werden, wenn dieser Betrag im Einzelfall erheblich überschritten wird und dies nicht vermeidbar ist.

Der angemessene Eigenbedarf beträgt gegenüber volljährigen Kindern in der Regel mindestens monatlich 1800 DM. Darin ist eine Warmmiete bis 800 DM enthalten.

5. Der Bedarfskontrollbetrag des Unterhaltspflichtigen ab Gruppe 2 ist nicht identisch mit dem Eigenbedarf. Er soll eine ausgewogene Verteilung des Einkommens zwischen dem Unterhaltspflichtigen und den unterhaltsberechtigten Kindern gewährleisten. Wird er unter Berücksichtigung auch des Ehepartnerunterhalts unterschritten, ist der Tabellenbetrag der nächst niedrigeren Gruppe, deren Bedarfskontrollbetrag nicht unterschritten wird, oder ein Zwischenbetrag anzusetzen.

6. Bei volljährigen Kindern, die noch im Haushalt der Eltern oder eines Elternteils wohnen, ist in der Regel ein Zuschlag in Höhe der Differenz zwischen der 2. und 3. Altersstufe der jeweiligen Gruppe vorzunehmen. Die so errechneten Beträge werden in der Tabelle in der vierten Altersstufe ausgewiesen (FamRZ 1995, 1323).

Der angemessene Gesamtunterhaltsbedarf eines Studierenden, der nicht bei seinen Eltern oder einem Elternteil wohnt, beträgt in der Regel monatlich 1050 DM. Dieser Bedarfssatz kann auch für ein Kind mit eigenem Haushalt angesetzt werden, wobei berufsbedingte Aufwendungen gemäß Anmerkung 2 abzuziehen sind.

7. Die Ausbildungsvergütung eines in der Berufsausbildung stehenden Kindes, das im Haushalt der Eltern oder eines Elternteils wohnt, ist vor ihrer Anrechnung in der Regel um einen ausbildungsbedingten Mehrbedarf von monatlich 150 DM zu kürzen. Lebt das Kind in einem eigenen Haushalt, sind berufsbedingte Aufwendungen gemäß Anmerkung 2 abzuziehen.

8. In den Unterhaltsbeträgen (Anmerkung 1 und 6) sind Beiträge zur Kranken- und Pflegeversicherung nicht enthalten.

Leitlinien zum Kindesunterhalt

I. Ermittlung des anrechenbaren Einkommens des Unterhaltspflichtigen

1. Zum Einkommen gehören grundsätzlich alle Einkünfte und geldwerten Vorteile, insbesondere Arbeitsverdienst, Renten und Zinsen.

   Auch das mietfreie Wohnen im eigenen Heim ist als wirtschaftliche Nutzung des Vermögens anrechenbares Einkommen, wenn sein Wert den auf das Heim bezogenen Schuldendienst (Zins und in der Regel Tilgung) sowie die verbrauchsunabhängigen Nebenkosten übersteigt. Der Wohnvorteil entspricht nicht ohne weiteres der Marktmiete. Vielmehr kann er in Höhe einer ersparten angemessenen Miete bei der Unterhaltsberechnung angesetzt werden, wenn es nicht zumutbar ist, die Wohnung aufzugeben. Angemessen ist vielfach eine ersparte Miete von etwa einem Drittel der zum Lebensunterhalt zur Verfügung stehenden Mittel (vgl. BGH, FamRZ 1989, 1160 ff.; 1995, 869 ff.).

   Vom Einkommen sind Steuern und Vorsorgeaufwendungen abzuziehen. Zu diesen zählen die Aufwendungen für die gesetzliche Kranken-, Pflege-, Renten- und Arbeitslosenversicherung oder die entsprechende private Vorsorge in angemessenem Umfang.

2. Urlaubs- und Weihnachtsgeld sowie geldwerte Zuwendungen des Arbeitgebers sind Einkommen. Sie werden auf das Jahr umgelegt und voll mit den Nettobeträgen angerechnet.

   Höhere einmalige Zuwendungen (etwa Abfindungen und Jubiläumszuwendungen) können auf einen längeren Zeitraum umgelegt werden (vgl. BGH, FamRZ 1982, 250, 252; 1987, 359, 360).

3. Überstundenvergütungen werden in der Regel in vollem Umfang dem Einkommen zugerechnet, soweit sie in gerin-

gem Umfang anfallen oder berufsüblich sind (BGH, FamRZ 1980, 984) oder wenn der Mindestbedarf minderjähriger Kinder nicht gedeckt ist. Sonst ist die Anrechnung unter Berücksichtigung des Einzelfalles nach Treu und Glauben zu beurteilen.

4. Auslösungen und Spesen sind nach den Umständen des Einzelfalles anzurechnen. Soweit solche Zuwendungen geeignet sind, laufende Lebenshaltungskosten zu ersparen, ist diese Ersparnis in der Regel mit 1/3 des Nettobetrages zu bewerten und dem anrechenbaren Einkommen zuzurechnen.

5. Vermögenswirksame Leistungen vermindern das Einkommen nicht. Jedoch sind dem Pflichtigen etwaige Zusatzleistungen des Arbeitgebers für die vermögenswirksame Anlage zu belassen.

6. Berufsbedingte Aufwendungen: s. *Anmerkung 2!*

7. Krankengeld ist Einkommen. Das gilt auch für Unfallrenten und sonstige Renten mit Einkommensersatzfunktion. Besteht infolge der Krankheit oder des Unfalls ein erhöhter Bedarf, ist ein entsprechender Betrag abzusetzen, der ggf. geschätzt werden kann.

8. Auch Sozialleistungen, die für Aufwendungen infolge eines Körper- oder Gesundheitsschadens gewährt werden, z.B. Grundrenten, Blindengeld, sind Einkommen. Jedoch gilt die – widerlegbare – Vermutung, daß die Aufwendungen nicht geringer sind als die Sozialleistungen (§ 1610 a BGB).

9. Pflegegeld ist Einkommen der Pflegeperson, soweit es Pflegeleistungen abgilt (vgl. BGH, FamRZ 1987, 259, 261).

10. Wohngeld ist nur insoweit als Einkommen zu berücksichtigen, als es nicht überhöhte Wohnkosten deckt (vgl. BGH, FamRZ 1982, 587, 590; 1985, 374, 375).

11. Arbeitslosengeld und Arbeitslosenhilfe sind Einkommen des Unterhaltspflichtigen. Sozialhilfe bleibt unberücksichtigt. Zum Unterhaltsberechtigten vgl. Nr. 24.

12. Freiwillige Zuwendungen Dritter sind nur dann als Einkommen anzusehen, wenn dies dem Willen des Dritten entspricht.

13. Schulden können je nach den Umständen des Einzelfalles (Art, Grund und Zeitpunkt des Entstehens) das anrechenbare Einkommen vermindern. Dabei sind die Belange von Unterhaltsgläubiger, Unterhaltsschuldner und Drittgläubiger gegeneinander abzuwägen (vgl. BGH, FamRZ 1986, 254, 256 f.; 1990, 266, 267; 1992, 797, 798).

14. Leben im Haushalt des Unterhaltspflichtigen eigene minderjährige Kinder, so kann sich sein anrechenbares Einkommen um Betreuungskosten mindern, die auch geschätzt werden können (vgl. BGH, FamRZ 1991, 182, 184).

15. Kindergeld wird bei der Bemessung des Kindesunterhalts nicht berücksichtigt (siehe im übrigen unter Nr. 28 bis 31). Kinderzulagen und Kinderzuschüsse zur Rente sind, wenn die Gewährung des Kindergeldes entfällt (§ 65 I EStG), in dessen Höhe wie Kindergeld zu behandeln (BGH, FamRZ 1981, 28, 29). Im übrigen gehören sie zum Einkommen.

II. Unterhaltsbedarf des unterhaltsberechtigten Kindes

a) Bedarf nach der Düsseldorfer Tabelle

16. Bei der Eingruppierung ist der Bedarfskontrollbetrag zu beachten: Dieser ist nicht identisch mit dem Eigenbedarf, sondern soll nur helfen, das Einkommen ausgewogen zu verteilen. Bleibt dem Unterhaltspflichtigen nach Abzug des Ehegattenunterhalts und der Tabellenbeträge für die Kinder weniger als der Bedarfskontrollbetrag, so stehen die Tabellenbeträge, die sich nach dem Einkommen ergeben, in einem Mißverhältnis zu dem, was dem Schuldner für seinen eigenen Bedarf verbleibt. Deshalb sind in einem solchen Fall die Bedarfsbeträge der Kinder der – niedrigeren – Tabellengruppe zu entnehmen, in welcher der Bedarfskontrollbetrag gewahrt ist. Unter Umständen können Zwischenbeträge angesetzt werden. Zur Deckung

des notwendigen Bedarfs aller Beteiligten einschließlich des Ehepartners ist ggf. eine Herabstufung bis in die unterste Tabellengruppe vorzunehmen.

17. Der sorgeberechtigte Elternteil, der in einem Haushalt ein minderjähriges Kind versorgt, braucht für dieses neben dem anderen Elternteil in der Regel keinen Unterhalt zu leisten. Etwas anderes kann sich ergeben, wenn sein Einkommen bedeutend höher als das des anderen Elternteils ist (vgl. BGH, FamRZ 1984, 39, 40 f.) oder wenn der angemessene Bedarf des anderen Elternteils bei Leistung des Unterhalts gefährdet wäre (§ 1603 II S. 2 BGB; vgl. BGH FamRZ 1991, 182, 184). In diesem Fall kann die Unterhaltspflicht des anderen Elternteils angemessen herabgesetzt werden oder entfallen.

18. Volljährige Kinder: s. *Anmerkung 6!*

19. Studierende Kinder: s. *Anmerkung 6!*

20. Die Haftungsquote von Eltern, die beide für ein volljähriges Kind unterhaltspflichtig sind, bemißt sich nach dem Verhältnis ihrer anrechenbaren Einkommen abzüglich ihres angemessenen Eigenbedarfs (in der Regel mindestens 1.800 DM) und abzüglich der Unterhaltsleistungen an vorrangig Berechtigte.

21. Sind beide Elternteile für ein volljähriges Kind unterhaltspflichtig, das im Haushalt eines Elternteils lebt, so wird der Bedarf des Kindes in der Regel nach dem zusammengerechneten Einkommen der Eltern aus der Düsseldorfer Tabelle abgelesen. Für die Haftungsquote gilt Nr. 20. Ein Elternteil hat jedoch höchstens den Unterhalt zu leisten, der sich allein nach seinem Einkommen der Düsseldorfer Tabelle ergibt; hierbei ist Nr. 16 (siehe auch Anmerkung 1 der Düsseldorfer Tabelle) zu beachten.

b) Deckung des Bedarfs des Kindes

22. Eigenes Einkommen des Kindes mindert grundsätzlich den Bedarf. Es ist wie das anrechenbare Einkommen des

Verpflichteten zu berechnen, wobei nachfolgende Besonderheiten gelten.

23. BAföG-Leistungen sind als Einkommen anzusehen, auch soweit sie als (unverzinsliches) Darlehen gewährt werden (vgl. BGH, FamRZ 1985, 916 f.). Dies gilt nicht für Vorausleistungen nach §§ 36, 37 BAföG.

24. Arbeitslosenhilfe ist kein anrechenbares Einkommen des Unterhaltsberechtigten, soweit der Unterhaltsanspruch wegen ihrer Gewährung übergeleitet ist oder noch übergeleitet werden kann (vgl. BGH, FamRZ 1987, 456, 458). Sozialhilfe gehört nicht zum Einkommen des Berechtigten. Jedoch kann die Geltendmachung von Unterhalt durch den Hilfeempfänger treuwidrig sein, wenn er infolge des Ausschlusses des Anspruchübergangs (vgl. § 91 I S. 3, II S. 1 und 2 BSHG) – insbesondere für die Vergangenheit – durch die Sozialhilfe und den Unterhalt mehr als seinen Bedarf erhalten würde (vgl. BGH, FamRZ 1993, 417, 419).

25. Ausbildungsvergütung s. *Anmerkung 7!*

20. Das Einkommen eines minderjährigen Kindes, das von einem Elternteil betreut und erzogen wird, ist nicht nur auf den Bedarf anzurechnen, sondern kommt auch dem betreuenden Elternteil zugute, und zwar in der Regel zur Hälfte (vgl. BGH, FamRZ 1980, 1109, 1111 f.; 1981, 541, 543; 1988, 159, 161).

Das Einkommen eines volljährigen Kindes, das im Haushalt eines nicht unterhaltspflichtigen Elternteils lebt und dadurch einen geringeren Bedarf hat (vgl. Nr. 18), kann teilweise auf den Unterhalt, teilweise auf die vom nicht unterhaltspflichtigen Elternteil erbrachten Naturalleistungen (z.B. die Gewährung von Wohnung) angerechnet werden.

III. Leistungsfähigkeit

27. Der notwendige Eigenbedarf (Selbstbehalt) des nicht erwerbstätigen Unterhaltspflichtigen beträgt gegenüber minderjährigen Kindern im Falle des § 1603 II BGB mindestens 1300 DM, bei Erwerbstätigkeit des Pflichtigen mindestens 1500 DM, dies in der Regel auch bei geringfügiger Erwerbstätigkeit. Der angemessene Eigenbedarf gegenüber volljährigen Kindern (§ 1603 I BGB) beträgt im Regelfall mindestens 1800 DM. Im notwendigen Selbstbehalt sind bis 650 DM, im angemessenen Selbstbehalt sind bis zu 800 DM Miete einschließlich umlagefähiger Nebenkosten (Warmmiete) enthalten. Der Selbstbehalt kann angemessen erhöht werden, wenn dieser Betrag im Einzelfall erheblich überschritten wird und dies nicht vermeidbar ist.

IV. Behandlung des Kindergeldes

28. Das Kindergeld ist grundsätzlich zwischen den Eltern im Verhältnis ihrer Unterhaltsleistungen zu verteilen. Dabei steht die Pflege und Erziehung eines minderjährigen Kindes dem Unterhalt gleich.

29. Der Einfachheit halber wird der Ausgleich bei der Berechnung des Kindesunterhalts wie folgt vorgenommen: Wird das Kindergeld an den Elternteil ausgezahlt, der das minderjährige Kind pflegt und erzieht, so vermindert sich der Unterhalt des Kindes um die Hälfte des Kindergeldes. Bezieht der Unterhaltspflichtige das Kindergeld für das minderjährige Kind, das der andere Elternteil pflegt und erzieht, so erhöht sich der Unterhalt um die Hälfte des Kindergeldes.

30. Bei volljährigen Kindern ist das Kindergeld bedarfsdeckend anzurechnen, soweit es dem Kind zugewendet wird (vgl. BGH, FamRZ 1986, 151, 152). Letzteres ist in der Regel anzunehmen, wenn das volljährige Kind mit dem Kindergeldempfänger in einem Haushalt lebt. Ist der Kindergeldempfänger nicht zum Unterhalt verpflichtet, so

ist das Kindergeld entsprechend Nr. 26 II unter Umständen nur teilweise bedarfsdeckend anzurechnen.

31. Kindergeld, das für mehrere gemeinschaftliche Kinder gezahlt wird, ist jedem der Kinder mit gleichem Anteil zuzurechnen. Ist das Kindergeld für ein gemeinschaftliches Kind deshalb höher, weil ein nicht gemeinschaftliches Kind berücksichtigt wird (Zählkind), so ist nur der Betrag auszugleichen, der ohne Berücksichtigung des Zählkindes gezahlt würde.

Auch der Vorteil, der einem Elternteil dadurch entsteht, daß bei ihm ein gemeinschaftliches Kind als Zählkind das Kindergeld für ein nicht gemeinschaftliches Kind erhöht, wird nicht ausgeglichen (vgl. BGH, FamRZ 1981, 26 ff.; 1981, 650, 651; 1987, 270, 271).

Abkürzungen

AG	Amtsgericht
Az.	Aktenzeichen
BGB	Bürgerliches Gesetzbuch
BVerfG	Bundesverfassungsgericht
EGMR	Europäischer Gerichtshof für Menschenrechte
EMRK	Europäische Menschenrechtskonvention, auch: Konvention zum Schutze der Menschenrechte und Grundfreiheiten
FamRZ	Zeitschrift für das gesamte Familienrecht
FGG	Gesetz über die freiwillige Gerichtsbarkeit
FuR	Familie und Recht
GG	Grundgesetz
IPBPR	Internationaler Pakt über bürgerliche und politische Rechte
KJHG	Kinder- und Jugendhilfegesetz
LG	Landgericht
NJW	Neue Juristische Wochenzeitschrift
OLG	Oberlandesgericht
ZfJ	Zentralblatt für Jugendrecht
ZRP	Zeitschrift für Rechtspolitik

Literaturempfehlungen

(besonders wertvolle Titel sind fettgedruckt)

Ahrons, Constanze R.: Die Familie erhalten, wenn die Ehe zerbricht. Die gute Scheidung. München 1995.

Anderson, W. und Fischer, Wera: Welchen Beitrag können Sozialarbeiter im Rahmen des Kinder- und Jugendhilfegesetzes (KJHG) zur Sicherung des Kindeswohls bei Trennung/Scheidung der Eltern leisten? In: ZfJ 8/1993, S. 319 – 327.

Baumgarten-Weymar, Sigrid/Tewes, Uwe und Wolff, Gustel: Vom Recht am Kind. Reinbek 1990.

Beal, Edward W./Hochman, Gloria: Wenn Scheidungskinder erwachsen sind. Psychische Spätfolgen der Trennung. Frankfurt a. M. 1992.

Beck, Ulrich/Beck-Gernsheim, Elisabeth: Das ganz normale Chaos der Liebe. Frankfurt a.m. 1990.

Benedek, Elissa P./Brown, Catherine F.: Scheidung: Wie helfe ich unserem Kind? ...während der Trennung und danach. Problemlösungen für Kinder aller Altersstufen. Traumatische Erfahrungen vermeiden. Stuttgart 1997.

Bernhardt, Hanspeter u.a.: Wir bleiben Eltern trotz Scheidung. Das gemeinsame Sorgerecht als Chance. München 1995.

Brauns-Hermann, Christa u.a. (Hg.): Ein Kind hat das Recht auf beide Eltern. Neuwied 1997.

Breithaupt, Marianne: Rechte für Mütter und Väter. Was Alleinerziehende und Paare ohne Trauschein wissen müssen. Reinbek 1998.

Britt, Inge: Ich brauche euch doch beide. Kinder aus geschiedenen Ehen. Frankfurt a.M. 1985.

Brötel, Achim: Der Anspruch auf Achtung des Familienlebens. Rechtsgrund und Grenzen staatlicher Einwirkungsmöglichkeiten in familiäre Rechtspositionen nach der Europäischen Konvention zum Schutze der Menschenrechte und Grundfreiheiten. Baden-Baden 1991.

Brötel, Achim: Der Rechtsanspruch des Kindes auf seine Eltern – Positionsbeschreibung anhand der Europäischen Menschenrechtskonvention (EMRK) und der UN-Kinderrechtekonvention (KRK). In: Der Amtsvormund 1996, S. 746 – 766.

Bullinger, Hermann: Wenn Männer Väter werden. Schwangerschaft, Geburt und die Zeit danach im Erleben von Männern. Überlegungen – Informationen – Erfahrungen. Reinbek 1991.

Bundeskonferenz für Erziehungsberatung e.V. (Hg.): Trennung und Scheidung. Materialien zur Beratung. Fürth 1992.

Bundeskonferenz für Erziehungsberatung (Hg.): Scheidungs-Mediation. Möglichkeiten und Grenzen. Münster 1995.

Buskotte, Andrea (Hg.): Ehescheidung: Folgen für Kinder. Ein Handbuch für Berater und Begleiter. Hamm 1991.

Butollo, Willi: Die Suche nach dem verlorenen Sohn. Von der Lebendigkeit des Totgeschwiegenen. München 1993.

Dickmeis, Franz: Praktische Umsetzung einer familienfreundlichen Zusammenarbeit der Jugendhilfe und des Familien- und Vormundschaftsgerichts. In: Der Amtsvormund 1993, S. 865 – 882.

Dolto, Françoise: Scheidung – wie ein Kind sie erlebt. Stuttgart 1990.

Duss-von Werdt, Josef u.a.: Mediation: Die andere Scheidung. Verlag Klett-Cotta 1995.

Ell, Ernst: Psychologische Kriterien zur Umgangsregelung. In: Der Amtsvormund, Oktober 1986, S. 745–752.

Fassel, Diane: Ich war noch ein Kind, als meine Eltern sich trennten... Spätfolgen der elterlichen Scheidung überwinden. München 1994.

Figdor, Helmuth: Kinder aus geschiedenen Ehen. Zwischen Trauma und Hoffnung. Mainz 1991.

Fischer, Wera: Kindschaftsrechtsreform: Bemerkungen zum Kindeswohl aus sozialarbeiterischer Sicht. Ein Plädoyer für mehr Kindorientiertheit bei Entscheidungen im Zusammenhang mit Trennung/Scheidung. In: ZfJ 1997, S. 235 – 249.

Friedl, Ingrid/Maier-Aichen, Regine: Hauptsache eine Familie? Wie Kinder in Stieffamilien leben. In: Psychologie heute, September 1991, S. 46–53.

Friedl, Ingrid/Maier-Aichen, Regine: Leben in Stieffamilien. Familiendynamik und Alltagsbewältigung in neuen Familienkonstellationen. Weinheim/München 1991.

Friedman, Gary J.: Die Scheidungs-Mediation. Anleitungen zu einer fairen Trennung. Reinbek 1994.

Fthenakis, Wassilios E.: Umgangsmodelle zur kindgerechten Gestaltung der Beziehungen zwischen Eltern und Kinder in der Nachscheidungsphase. In: Familie/Partnerschaft/Recht 4/1995, S. 94 – 98.

Gaier, Otto R.: »Manchmal mein' ich, ich hätt' auf der Welt nix verloren«. Scheidungskinder erzählen. Hamburg 1988.

Gaier, Otto R.: Der Riß geht durch die Kinder. Trennung, Scheidung und wie man Kindern helfen kann. München 1991.

Gardner, Richard A.: The Parental Alienation Syndrome: A Guide for Mental Health and Legal Professionals. Cresskill (New Jersey) 1992.

Goldstein, Sonja / Solnit, Albert J.: Wenn Eltern sich trennen. Was wird aus den Kindern? Stuttgart 1989.

Greßmann, Michael: Neues Kindschaftsrecht. Bielefeld 1998.

Hahn, Jochen/Lomberg, Berthold/Offe, Heinz (Hg.): Scheidung und Kindeswohl. Beratung und Betreuung durch die scheidungsbegleitenden Berufe. Heidelberg 1992.

Haynes, John M. u.a.: Scheidung ohne Verlierer. Ein neues Verfahren, sich einvernehmlich zu trennen. Mediation in der Praxis. München 1993.

Herbort, Bernd: Bis zur letzten Instanz. Bastei Lübbe 1996.

Jäckel, Karin: Der gebrauchte Mann. Abgeliebt und abgezockt – Väter nach der Trennung. München 1997.

Jopt, Uwe-Jörg: Nacheheliche Elternschaft und Kindeswohl – Plädoyer für das gemeinsame Sorgerecht als anzustrebenden

Regelfall. In: Zeitschrift für das gesamte Familienrecht 1987, H. 9, S. 875–886.

Jopt, Uwe-Jörg: Psychologie und Kindeswohl; Plädoyer für einen neuen Sachverstand im Familienrecht. In: Hahn, Jochen/Lomberg, Berthold/Offe, Heinz (Hg.): Scheidung und Kindeswohl. Heidelberg 1992, S. 169–196.

Jopt, Uwe-Jörg: Im Namen des Kindes. Plädoyer für die Abschaffung des alleinigen Sorgerechts. Hamburg 1992.

Kentler, Helmut: Leihväter – Kinder brauchen Väter. Reinbek 1989.

Keyserlingk, Linde von: Liebe aus der Ferne. Wie Kinder mit dem abwesenden Vater in Kontakt bleiben. Freiburg 1983.

Wolfgang Klenner: Rituale der Umgangsvereitelung bei getrenntlebenden oder geschiedenen Eltern. Eine psychologische Studie zur elterlichen Verantwortung. In: FamRZ 1995, S. 1529 – 1535.

O.-Kodjoe, Ursula/Koeppel, Peter: The Parental Alienation Syndrome (PAS). In: Der Amtsvormund 1/1998, S. 9 – 26.

Koeppel, Peter: Das deutsche Kindschaftsrecht kennt das Wort »Liebe« nicht. In: FamRZ 1992, H. 1, S. 31.

Koeppel, Peter: Die gemeinsame elterliche Sorge bei Scheidung im Lichte der EMRK und des UN-Zivilpakts. In: Der Amtsvormund 1993, S. 601 – 610.

Koeppel, Peter (Hg.): Kindschaftsrecht und Völkerrecht im europäischen Kontext. Luchterhand 1996.

Krabbe, Heiner (Hg.): Scheidung ohne Richter. Neue Lösungen für Trennungskonflikte. Reinbek 1991.

Lenzen, Dieter: Vaterschaft. Vom Patriachat zur Alimentation. Reinbek 1991.

Mackscheidt, Elisabeth: Loyalitätsproblematik bei Trennung und Scheidung – Überlegungen zum Kindeswohl aus familientherapeutischer Sicht. In: Zeitschrift für das gesamte Familienrecht 1993, H. 3, S. 254–258.

Mackscheidt, Elisabeth/Tull, S.: Hilfen für Eltern und Kinder bei Trennung und Scheidung. In: Katholische Bundesarbeitsgemeinschaft für Beratung (Hg.): Kirchliche Beratung – Hilfe zum Leben. Freiburg 1990, S. 209–217.

Mähler, Gisela/Mähler, Hans-Georg: Trennungs- und Scheidungsmediation in der Praxis. In: Familiendynamik, H. 4, Oktober 1992, S. 347–372.

Mähler Georg, u.a.: Faire Scheidung durch Mediation. Ein neuer Weg bei Trennung und Scheidung. Gräfe und Unzer Verlag 1994.

Marchewka, Bernd (Hg.): Weißbuch sexueller Mißbrauch. Holos Verlag 1996.

Marone, Nicky: Gute Väter – selbstbewußte Töchter. Die Bedeutung des Vaters für die Erziehung. Frankfurt 1992.

Matussek, Matthias: Die vaterlose Gesellschaft. Überfällige Anmerkungen zum Geschlechterkampf. Reinbek 1998.

Napp-Peters, Anneke: Scheidungsfamilien. Interaktionsmuster und kindliche Entwicklung. Aus Tagebüchern und Interviews mit Vätern und Müttern nach Scheidung. Eigenverlag des Deutschen Vereins für öffentliche und private Fürsorge. Frankfurt a.M. 1988.

Napp-Peters, Anneke: Familien nach der Scheidung. München 1995.

Oelkers, A.: Die Rechtsprechung zum Umgangsrecht – eine Übersicht der letzten fünf Jahre. In: FamRZ 1995, S. 1385 ff.

Ofuatey-Kodjoe, Ursula: Zum Wohle des Kindes: Je jünger, desto weniger Kontakt? Zur Fragwürdigkeit von Faustregeln. In: Der Amtsvormund 7/8 1997, S. 233 – 236.

Onken, Julia: Vatermänner. Ein Bericht über die Vater-Tochter-Beziehung und ihren Einfluß auf die Partnerschaft. München 1993.

Petri, Horst: Verlassen und Verlassenwerden. Stuttgart 1991.

Piaget, Jean: Die Bildung des Zeitbegriffs beim Kinde. Frankfurt a. M. 1974.

Pieper, Michael: Die wichtigsten Änderungen durch das neue Kindschaftsrecht. In: FuR 1998, H. 1, S. 1 – 5.

Pilgrim, Volker Elis: Muttersöhne. Reinbek 1989.

Pilgrim, Volker Elis: Vatersöhne. Reinbek 1993.

Plattner, Ilse E.: Entsprechen deutsche Sorge- und Umgangsrechtsentscheidungen dem Zeitempfinden des Kindes? In: Zeitschrift für das gesamte Familienrecht 1993, H. 4, S. 384–386.

Plogstedt, Sibylle: Niemandstochter. Auf der Suche nach dem Vater. München 1991.

Prestien, Hans-Christian: Zur Wiederherstellung der Selbstverantwortung der Familienmitglieder: Der/Die RichterIn als Drehscheibe interdisziplinärer Zusammenarbeit. ZfJ 1995, S. 166 – 170.

Proksch Roland: Vermittlung (Mediation) in streitigen Sorge- und Umgangsrechtsverfahren. Erfahrungen aus einer Praxisstudie. In: Familiendynamik, H. 4, Oktober 1992, S. 395–414.

Proksch, Roland: Prävention als Leitlinie des neuen Kinder- und Jugendhilferechts – Konsequenzen für die sozialpädagogische Praxis. ZfJ 1995, S. 89 – 95.

Ricci, I.: Mutters Haus – Vaters Haus. Trotz Scheidung Eltern bleiben. München 1992.

Rohnstock, Katrin Hg.): Ex. Trennungsgeschichten. Berlin 1997.

Rottmann, Verena S./Strohm, Holger: Scheidungsopfer: Mann. Ein juristischer Ratgeber zu Trennung, Scheidung, Unterhalt und Sorgerecht. München 1994.

Rowlands, Peter: Wochenend-Eltern. Intakte Elternschaft trotz geschiedener Ehe. München 1983.

Rummel, Carsten: Die Freiheit, die Reform des Kindschaftsrechts und das »ganz normale Chaos der Liebe«. In: ZfJ 1997, S. 202 – 214.

Sanders, Rainer: Unseren Kindern zuliebe... Die gemeinsame elterliche Sorge und Verantwortung. Hamm 1991.

Sauerborn, Werner: Vater Morgana? Notwendigkeit, Voraussetzungen und Ansatzpunkte eines wesentlichen Wertewandels bei Vätern. In: WSI Mitteilungen 11/1992, S. 735–743.

Scarpatetti-Lohr, Ilse: Scarpatettis Scheidungsratgeber. Pflichtlektüre vor der Scheidung. Weinheim 1995.

Schmidt, Andreas: Kinder mit Vätern – Väter mit Kindern: Chancen und Hindernisse nach Trennung oder Scheidung. In: Amt für Jugend (Hg.): Familie: ... Männersache? Hamburg 1994, S. 29 – 34.

Schnack, Dieter/Neutzling, Rainer: Kleine Helden in Not. Jungen auf der Suche nach Männlichkeit. Reinbek 1992,

Schnack, Dieter/Gesterkamp Thomas: Hauptsache Arbeit? Männer zwischen Beruf und Familie. Reinbek 1996.

Schnack, Dieter/Neutzling, Rainer: Die Prinzenrolle. Über die männliche Sexualität. Reinbek 1993.

Schnack, Dieter/Neutzling, Rainer: »Der Alte kann mich mal gern haben!« Über männliche Sehnsüchte, Gewalt und Liebe. Reinbek 1997.

Schneider, Peter: Paarungen (Roman). Berlin 1992.

Schwab, Dieter / Wagenitz, Thomas: Einführung in das neue Kindschaftsrecht. In: FamRZ 1997, S. 1377 – 1383.

Spangenberg, Brigitte: Umgangsvermittlung mit Methoden der Mediation und mit modernen Kommunikationsstrategien (NLP). In: Der Amtsvormund 7/1997, S. 557 – 561.

Stein, Susanne: Wenn die Liebe zerbricht: Wie Sie es schaffen, Ihre Trennung positiv zu bewältigen. München 1992.

Stern, Felix: Penthesilias Töchter. Was will der Feminismus? Universitas Verlag 1998.

Stoltenberg, Annemarie/Meier, Rainer: Wie zersäge ich mein

Kind? Erfahrungen und Gespräche mit Scheidungskindern. Hamburg 1993.

Strecker, Christoph: Versöhnliche Scheidung. Familienrecht für Nichtjuristen. Weinheim 1994.

Teyber, Edward: So helfen Sie Ihrem Kind im Scheidungsfall. Hamburg 1996.

Wieseotte, Gerhard/Will, Ursula: Vater für 30 Stunden. Besuchsmütter und -väter erzählen. Mainz 1993.

Wilde, Barbara: Eine Familie bleiben. Das Gemeinsame Sorgerecht – Ein neuer Weg bei Ehescheidungen. München 1989.

Bücher zum Thema Trennung und Scheidung für Kinder und Eltern

Brown, Laurene und Marc: Scheidung auf Dinosaurisch. Ein Ratgeber und Bilderbuch für Kinder und Eltern. Reinbek 1988.

Cleary, Beverly: Ruf doch mal an, Papa. Wien 1986, ab ca. 12 J.

Donelly, Elfie: Tine durch zwei geht nicht. Hamburg 1990, ab ca. 10 J.

Maar, Nele und Ballhaus, Verena: Papa wohnt jetzt in der Heinrichstraße. Lohr 1988, ab ca. 5 J.

Meine Eltern trennen sich! Buch zum Lesen und Ausfüllen. Verlag Pro Juventute, ab 9 J.

Nöstlinger, Christine: Der Zwerg im Kopf. Weinheim 1989, ab 6 J.

Peter, Max/Krauß, Friderike: Das Geheimnis des Regenbogens. Verlag Pro Juventute.

Riha, Susanne: ... und mittendrin Cornelia. Wien 1988, ab ca. 12 J.

Spangenberg, Brigitte: Märchen für Scheidungskinder. Humboldt Taschenbuchverlag, ab 5 J.

Uebe, Ingrid: Die Zeit, als Papa kochen lernte. Würzburg 1989, ab ca. 10 J.

DAS RESPEKTIERTE KIND

Erziehen ohne Streß

Kinder haben ihren eigenen Entwicklungsplan, den wir nicht allzusehr stören sollten. Sie verfügen über weitaus mehr Fähigkeiten, als wir glauben, und wollen von sich aus ihre Erfahrungen mit anderen und der Welt machen. Kinder brauchen Zeit zum Träumen und Spielen, keine kreativen Schablonen, sondern Räume zum Ausleben ihrer Phantasie und Liebe, sie brauchen Achtung, Vertrauen und Grenzen. Hierin liegt nach Jackson der Schlüssel für ein entspanntes Verhältnis zwischen Eltern und Kindern. Erziehen ist Nähe aufbauen und im rechten Moment loslassen können, von Anfang an. Mit vielen Beispielen aus der Erziehungspraxis beschreibt und diskutiert die Autorin intelligent und lebendig die Entwicklung vom Baby bis zum Jugendlichen und zeigt, worauf es ankommt.

Deborah Jackson
Das respektierte Kind
Erziehen ohne Streß
Aus dem Englischen von Heike Brandt
368 Seiten. Broschur.
ISBN 3-88679-819-4

BELTZQUADRIGA

Auf der Grundlage von Briefen besorgter Eltern beantwortet die bekannte französische Psychoanalytikerin Françoise Dolto Fragen zu beinahe allen Alltagsproblemen, die in der Erziehung von Kindern und Jugendlichen auftreten können. Ihr Buch, das in mehreren Auflagen erschienen ist, gilt heute als Standardwerk eines erfolgreichen Elternratgebers.

»Ein außergewöhnliches Buch, auch in der Art und Weise, wie Françoise Dolto die Themen angeht.« *Frauenfunk Hessischer Rundfunk*

»Ein Buch, das eine bedeutende Rolle bei der Vorbeugung krankmachender Kindheitserfahrungen spielen kann.« *Hamburger Morgenpost*

Françoise Dolto
Alltagsprobleme mit Kindern und Jugendlichen
Die ersten fünf Jahre
Wenn die Kinder älter werden
Aus dem Französischen von Sylvia Koch
608 Seiten. Gebunden. ISBN 3-88679-207-2

Die Erziehung in den ersten Lebensjahren ist mitentscheidend für die Zukunft unserer Kinder. Ausgehend von ihrer Praxis als Psychoanalytikerin bringt Françoise Dolto in diesem Buch Alltags- und Erziehungsprobleme mit Kindern in ihren ersten Lebensjahren zur Sprache. Dabei stehen jene Entwicklungsschritte des Kindes im Vordergrund, die es erfolgreich bewältigen muss, um Selbständigkeit und innere Autonomie zu erreichen. Eine gelungene Bewältigung dieser Schritte (z.B. die Entwöhnung, das Sauberkeitstraining, die Motorik und soziale Beziehungen) macht unsere Kinder stark für alle Aufgaben, die das nachfolgende Leben stellt.

Françoise Dolto
Kinder stark machen
Die ersten Lebensjahre
Aus dem Französischen von S. und C. Koch
312 Seiten. Broschur.
ISBN 3-88679-85724-1